U0331157

国际经验与
本土实践

教育信息化推进
战略研究

顾小清 ——— 著

华东师范大学出版社

图书在版编目(CIP)数据

国际经验与本土实践：教育信息化推进战略研究/顾小清
著.—上海：华东师范大学出版社，2019
ISBN 978 - 7 - 5675 - 8690 - 1

Ⅰ.①国…　Ⅱ.①顾…　Ⅲ.①教育工作—信息化—研究—
中国　Ⅳ.①G43

中国版本图书馆 CIP 数据核字(2019)第 108585 号

国际经验与本土实践：教育信息化推进战略研究

著　　者　顾小清
策划编辑　王　健
特约审读　程云琦
责任校对　王丽平
装帧设计　卢晓红

出版发行　华东师范大学出版社
社　　址　上海市中山北路 3663 号　邮编 200062
网　　址　www.ecnupress.com.cn
电　　话　021 - 60821666　行政传真 021 - 62572105
客服电话　021 - 62865537　门市(邮购)电话 021 - 62869887
地　　址　上海市中山北路 3663 号华东师范大学校内先锋路口
网　　店　http://hdsdcbs.tmall.com

印刷者　上海锦佳印刷有限公司
开　　本　787×1092　16 开
印　　张　21.5
字　　数　307 千字
版　　次　2019 年 7 月第 1 版
印　　次　2019 年 7 月第 1 次
书　　号　ISBN 978 - 7 - 5675 - 8690 - 1
定　　价　68.00 元

出版人　王　焰

(如发现本版图书有印订质量问题,请寄回本社客服中心调换或电话 021 - 62865537 联系)

绪　论

　　信息技术对教育的作用日益受到人们的关注，教育信息化正是促进信息技术与教育深度融合的重要保障。2015 年 5 月 23 日，第一届国际教育信息化大会在青岛召开，中共中央总书记、国家主席习近平在贺信中指出："中国坚持不懈推进教育信息化，努力以信息化为手段扩大优质教育资源覆盖面。我们将通过教育信息化，逐步缩小区域、城乡数字差距，大力促进教育公平，让亿万孩子同在蓝天下共享优质教育、通过知识改变命运。"习近平主席的贺信指出了中国教育信息化的目标是大力促进教育公平，共享优质教育资源。教育信息化是实现教育现代化和"人民满意的教育"的重要手段。在教育信息化作用日益凸显的背景下，如何借鉴世界发达国家的教育信息化经验，如何吸收中国本土教育信息化的成果，从而有效推进中国教育信息化建设和发展，成为学界和教育管理者共同面临的时代课题。本书旨在以国际比较的视角，审视我国教育信息化进程，通过梳理并分析教育信息化近 20 年的国际推进战略以及本土推进实践，以期为中国教育信息化的战略制定和实践发展提供可预期、可实现的发展建议。

　　第一章从历史的角度，回顾了近 20 年来国际和国内的教育信息化实践。首先对中国教育信息化进行回顾，并以世界上其他国家教育信息化的回顾作为参照，讨论教育信息化的推进战略。对中国教育信息化的回顾，主要是对近 20 年中国教育信息化的政策衍变、工程推进、战略升级等三个方面进行阐述。对世界上其他国家教育信息化进行回顾，以美国、澳大利亚、芬兰这三个发达国家为典型代表进行介绍。对教育信息化的建设与影响进行讨论，吸取了中国及世界上其他国家的教育信息化经验，得到教育信息化建设内容框架，即基础设施建设与应用、数字教育资源、信息技术教育应用、教师信息技术应用能力提升、教育信息化政策等五个方面，然后从技术本身的存在、教学目标的转变、教师教学设计方式的转变、教学过程的转变、对技术的态度的变迁、教育与技术的赛跑等六个方面分析了教育信息化对教育的革命性影响。

第二章从顶层设计的角度,研究教育信息化在国家政策和教育变革中的使命。立足全局,从国家宏观的教育政策、信息化政策在各方面、各层次、各要素的统筹规划上,根据政府对教育信息化相关内容的表述,推知其在国民经济发展过程中的使命变化。已有政策、规划统计显示,受教育信息化概念的组成和内涵影响,教育信息化主要出现在两类国家政策中,一类是国家信息化战略,另一类是国家教育改革与发展规划。由此,第二章以技术与教育两个基本元素为切入点,首先通过国际(聚焦于日本、韩国)、国内横向比较和基于历史发展的纵向推演,分析教育信息化在国家教育改革发展与信息化建设中所承载的使命,重点探究其对于教育发展的作用与影响;然后通过对我国改革开放以来教育信息化发展历程进行梳理和回顾,总结各时期的特点和焦点,以期为新时代教育现代化建设和国家现代化建设贡献思路与方案指引。

第三章从国家层面的专项教育信息化政策入手,研究教育信息化政策对教育信息化建设和实践的推动作用。首先通过整理近20年美国、英国、新加坡三国有关教育信息化推进的重要战略,对其教育信息化推进战略进行脉络梳理,关注国际先行者对教育信息化的规划和发展,并通过对比分析,探究这三个国家教育信息化战略中的共通特质,解释不同国情下这三个国家均能取得教育信息化不俗成效的相同或相似成因,即如何利用ICT(信息通信技术)变革教育形态和重塑教育流程,为我国教育信息化的推进提供启示和思考;然后,在对比我国教育信息化现状的基础上,总结了这三个国家教育信息化战略制定和推进过程中的有效措施,通过分析教育信息化政策发挥其实践推动力和统筹协调力的有效经验与实现路径,反思我国教育信息化建设,并为我国教育信息化的长远发展提供借鉴和建议。

第四章从公平和质量的角度,研究信息化在基础教育发展中的核心诉求和保障。首先从国际比较的视角出发,通过与美国、澳大利亚两国基础教育信息化建设和发展的多方位比较,审视我国基础教育信息化的发展状况;然后,聚焦典型的教育信息化创新应用,分析基础教育信息化在促进教育公平和提高教育质量方面的作用及问题,并为我国基础教育信息化的可持续发展提供战略建议。

第五章从开放和创新的角度,研究信息化在高等教育发展中的主要推进和应用。首先通过对比分析美国、英国、德国、芬兰、日本、韩国等发达国家的高等教育信息化发展动态,总结其建设和发展经验,并在此基础上,审视我国高等教育信息化发展战略部署和设施建设现状;然后,通过具体论述高等教育信息化在国际和国内的应用发展,分析高等教育信息化在开放共享和创新实践两大核心主题上的发展趋势及推进进程,以此明晰了我国高等教育信息化发展的未来方向。

第六章从支撑和引领的角度,研究信息化在职业教育发展中的关键作用和着力点。首先,关注国际视野中的职业教育信息化进程,通过对比分析德国、日本两国的职业教育信息化战略实施和实践发展,审视我国与发达国家的职业教育信息化差异,明确我国职业教育信息化的发展方向;然后,在明确发展方向的基础上,探究信息化为职业教育带来的创新性应用,探析信息化对我国职业教育现代化的支撑作用,以及引领职业教育新发展的落实和保障途径,以此提出了促进我国职业教育信息化的推进建议。

第七章从非正规教育领域入手,研究信息化在非正规教育中的发展和应用。首先,分析非正规教育对正规教育的补充和拓展作用,进而梳理国际视野下非正规教育信息化的发展和实践,提出了信息化在非正规教育中的典型创新应用和巨大发展空间;然后,在大有可为的基础上,分析了信息化在非正规教育领域中孕育(进行中)的颠覆性创新实践,在充分吸取国际非正规教育信息化建设经验的基础上,探讨了我国非正规教育信息化面临的问题,并提出了相应的建议。

第八章从来自教育信息化实践一线的案例入手,研究教育信息化在一线发展中的问题、瓶颈和对策。首先,通过对比分析美国和我国各自教育信息化一线实践中的案例,呈现这两个国家迥异的教育信息化发展历程中相似的问题挑战以及共通的经验启示;然后,在对比分析的基础上,审视并剖析我国教育信息化在一线推进和实践中的瓶颈,并提出相应的突破途径和建议。

第九章在全面总结教育信息化国际经验和国内实践的基础上,研究在新的历史时期我国教育信息化推进的战略和路径。首先从基础教育、高等教育、职业教育、非正规教育等四方面以及政策、环境、资源、队伍、应用、技术或产品提供六维度全面呈现我国教育信息化推进和发展的现状；其次，在明晰教育信息化发展规律和实践进程的基础上，提出继续完善国家教育信息化体系建设，以持续深化信息技术与教育的融合创新；最后，在总结分析教育信息化国际经验和国内实践的基础上，结合我国国情，以形成"中国特色教育信息化发展路子"为目标，提出我国教育信息化发展的方向和路径。

面对新时期下教育信息化的历史任务，我们应梳理我国教育信息化在基础教育、高等教育、职业教育和非正规教育阶段的政策、环境、资源、队伍、应用等领域的推进现状，借鉴欧美等教育发达国家在该领域的成功经验，探寻具有中国特色的教育信息化发展之路。中共十九大报告指出"要加快实现教育现代化，办好人民满意的教育"。按照中共中央的战略部署，在本世纪中叶建成富强民主文明和谐美丽的社会主义现代化强国。我国的教育现代化也应在 2050 年之前实现。朝着这样一个目标，中国的教育信息化工作应该在原有成就的基础上继续大踏步前进，以信息技术切实推进教育公平、提升教育质量，促成中国教育现代化的早日实现。我们相信，在中共中央的领导下，中国的教育信息化实践者们一定能够齐心协力，用教育信息化带动实现教育现代化。

目 录

第八章　管中窥豹：教育信息化在一线 / 265

第一章

历史回顾：教育信息化 20 年概览

第一节　中国教育信息化的回顾

一、中国教育信息化政策衍变

教育信息化是我国国民经济和社会信息化的重要组成部分,是构建现代化国民教育体系、形成学习型社会的内在要求。以教育信息化带动教育现代化,实现教育跨越式发展,是我国教育事业改革与发展的战略选择。教育信息化是国家信息化体系的重要组成部分,是我国教育改革发展的重要内容。在我国,教育信息化已进入到深入发展阶段,国家出台了一系列政策指导教育信息化的发展,我国教育信息化推进工作已取得显著成效。政策法规年表可以看作我国教育信息化发展进程的缩影。信息化作为一项重要战略决策,在引领教育事业发展中的作用越来越显著。而且,教育信息化的发展离不开教育信息化政策的制度设计保障。

20 世纪末,对于教育信息化基础设施的建设主要集中在计算机硬件设备和计算机网络两大领域。最初的尝试是中国广播电视大学的信息基础设施于 1995 年左右开始实施,而且中央电大和部分省级电大已经建成或正在建设计算机点对点通信网络。当时一些特殊的机构比如广播电视大学对于计算机网络的需求已经客观存在。为了满足校园信息化及网络课程建设的需要,各高校也在 20 世纪末开始建设学校的服务器机房和校园网络。

2010 年 7 月,《国家中长期教育改革和发展规划纲要(2010—2020 年)》指出其战略目标是：到 2020 年,基本实现教育现代化,基本形成学习型社会,进入人力资源强国行列。重点关注教育信息化进程,以及教育和信息化的深度融合,力抓科教兴国和人才强国战略。[①]

[①] 中共中央办公厅,国务院办公厅.国家中长期教育改革和发展规划纲要(2010—2020 年)[EB/OL]. http://www. moe. edu. cn/publicfiles/business/htmlfiles/moe/moe_838/201008/93704. html,2018 - 02 - 03.

　　2012 年 3 月，《教育信息化十年发展规划(2011—2020 年)》中明确指出"我国教育信息化已经取得显著进展，但与人民群众的需求和世界发达国家水平相比还有明显差距"，"以教育信息化带动教育现代化……是加快从教育大国向教育强国迈进的重大战略选择"，强调在信息技术时代，通过技术促进教育的创新与变革，是加快教育信息化进程的重大选择，并明确提出了发展目标就是"使我国教育信息化整体上接近国际先进水平"，对教育改革和发展充分显示支撑与引领作用。① 此外，《教育信息化十年发展规划(2011—2020 年)》明确提出了建设国家教育云基础平台，要求充分整合和利用各级各类教育机构的信息基础设施，建设覆盖全国、分布合理、开放开源的基础云环境。②

　　2012 年 9 月，时任国务委员刘延东副总理在全国教育信息化工作电视电话会议上提出："'十二五'期间，要以建设好'三通两平台'为抓手"，这也成为促进信息技术与教育融合的重要支撑。③ "三通两平台"政策是教育信息化的政策基石，此后，2015 年以来关于教育信息化的相关政策紧锣密鼓地发布，表明国家对教育信息化的重视和决心。

　　2016 年 2 月教育部发布《2016 年教育信息化工作要点》，要求全面完善"三通两平台"建设与应用，重点推动"网络学习空间人人通"，深化普及"一师一优课、一课一名师"活动，加大教育信息化培训和典型示范推广力度，为"十三五"教育信息化工作谋好篇、开好局。

　　2016 年 6 月教育部发布了《教育信息化"十三五"规划》，指导思想和发展目标也明确指出，"充分发挥信息技术对教育的革命性影响作用"，"基本建成'人人皆学、处处能学、时时可学'、与国家教育现代化发展目标相适应的教育信息化体系"。④ 《教育信息化"十三五"规划》决定大力推进"三通两平台"建设与应用，完善偏远农村中小学信

① 教育部. 教育部关于印发《教育信息化十年发展规划(2011—2020 年)》的通知[EB/OL]. http://old. moe. gov. cn/publicfiles/business/htmlfiles/moe/s3342/201203/xxgk_133322. html，2018 - 02 - 25.
② 吴砥，彭娴，张家琼，罗莉捷. 教育云服务标准体系研究[J]. 开放教育研究，2015(5)：92—100.
③ 杨宗凯. "三通两平台"促进教育教学创新——以苏州教育信息化发展实践为例[J]. 中国教育信息化，2014(18)：17—20.
④ 教育部. 教育部关于印发《教育信息化"十三五"规划》的通知[EB/OL]. http://www. moe. gov. cn/srcsite/A16/s3342/201606/t20160622_269367. html，2018 - 02 - 03.

息化基础设施建设,深入开展"一师一优课、一课一名师"活动,完善国家教育资源公共服务体系,充分利用市场机制建设在线开放课程等优质数字教育资源等。

2016 年出台的《教育现代化(教育信息化领域)专题研究报告》指出,我国教育信息化的发展目标是:到 2020 年,我国教育信息化整体上接近国际先进水平,对教育现代化的支撑引领作用充分显现;到 2030 年,我国教育信息化总体水平进入世界先进行列,基本实现信息技术驱动下教育体系的全面创新和深度变革。要想达成我国教育信息化的发展目标,我们需要通过一个更加敏锐的视角,进一步了解国际教育信息化发展动态,以服务全局和长远发展的理念比较我国与发达国家的教育信息化差异,定制高屋建瓴的推进战略。

2016 年 12 月,国务院发布了《"十三五"国家信息化规划》,要求利用信息化手段不断扩大优质教育资源覆盖面,构建网络化、数字化、个性化、终身化的教育体系。

2017 年 2 月,教育部发布了《2017 年教育信息化工作要点》,要求基本实现具备条件的学校互联网全覆盖、网络教学环境全覆盖,大幅度提高接入带宽 10 M 以上的中小学比例;基本形成国家教育资源公共服务体系框架。国家教育资源公共服务平台实现与全部省级平台及一批市县级平台、企业平台互联互通;资源服务供给能力进一步提升,组织开发农村中小学教学资源、开展职业教育资源库、教师参加"一师一优课、一课一名师"活动"晒课"。针对不同信息化教学应用模式,试点组建若干区域、学校联盟。出版教育部第一批教育信息化试点优秀案例集;基本完成全国中小学教师信息技术应用能力提升工程;完成教育厅局长教育信息化专题培训。

2017 年 7 月,国务院发布《新一代人工智能发展规划》,支持开展形式多样的人工智能科普活动,鼓励广大科技工作者投身人工智能的科普与推广,全面提高全社会对人工智能的整体认知和应用水平。实施全民智能教育项目,在中小学阶段设置人工智能相关课程,逐步推广编程教育,鼓励社会力量参与寓教于乐的编程教学软件、游戏的开发和推广。建设和完善人工智能科普基础设施,充分发挥各类人工智能创新基地平台等的科普作用,鼓励人工智能企业、科研机构搭建开源平台,面向公众开放人工智能研发平台、生产设施或展馆等。支持开展人工智能竞赛,鼓励进行形式多样的人工智能科普创作。鼓励科学家参与人工智能科普。

我国教育信息化政策的不断出台，一方面紧跟信息技术的发展步伐，另一方面是在着力解决中国教育信息化建设中的均衡和质量问题。经过"十二五"的发展，我国教育信息化基础设施建设整体水平已得到较大改善，但地区之间依然存在严重的不均衡现象。东部地区及城市地区信息化基础设施丰富，而西部地区及偏远农村则比较匮乏，截至 2016 年底，农村学校还有超过 20％未接入网络（数据来源：教育部教育信息化战略研究基地（华中）.中国教育信息化发展报告（2016）［M］.北京：人民教育出版社，2017.）。[①] 在国家政策层面上，虽然关于教育信息化评估的内容在相关政策中都曾提及，但未形成宏观通用、科学合理的教育信息化评估标准和评估工具。[②] 今后制定我国教育信息化政策，会着力解决教育均衡和质量问题。

二、 中国教育信息化工程推进

（一）教育信息化标准的推进

我国在教育信息化标准建设方面的推进，主要体现在教育部教育信息化技术标准委员会的工作上。截至 2018 年 2 月，教育部教育信息化技术标准委员会已经成立了各标准工作组，如指导类标准工作组、学习资源类标准工作组、学习者类标准工作组、学习环境类标准工作组、教育管理类标准工作组、多媒体教学环境类标准工作组、电子课本与电子书包类工作组、虚拟实验与学习工具类工作组、在线课程工作组。各标准工作组围绕其关注的信息化标准来推进研究制定工作。

为了保证国家级精品资源共享课的有效开发和普及共享，我国根据《教育部关于国家精品开放课程建设的实施意见》（教高〔2011〕8 号）和《教育部办公厅关于印发〈精品资源共享课建设工作实施办法〉的通知》（教高厅〔2012〕2 号）的精神，发布了国家级

---

① 吴砥，余丽芹，李枞枞，尉小荣.发达国家教育信息化政策的推进路径及启示［J］.电化教育研究，2017（9）：
　　5—13，28.
② 吴砥，尉小荣，卢春，石映辉.教育信息化发展指标体系研究［J］.开放教育研究，2014，20（1）：92—99.

精品资源共享课建设技术要求,明确提出"网络课程打包应符合'CELTS—9.1 内容包装:信息模型规范'或'SCORM 1.3'"。①

教育信息化标准与教育信息化建设内容相对应,包括共享课程,还涉及环境建设、平台、互操作、资源、人员信息技术应用能力(包括领导力)等方面。我国还在借鉴国际标准组织发布的云计算标准的基础上,结合各省市、地区的教育云建设和应用实践,研制了教育云服务技术标准体系。②

(二)"三通两平台"项目

2012 年时任国务委员刘延东副总理提出"三通两平台"建设,"三通"是指"宽带网络校校通、优质资源班班通、网络学习空间人人通","两平台"是指"教育资源公共服务平台、教育管理公共服务平台"。目前教育信息化投入持续增长,主要就是为了建设"三通两平台"。

"三通两平台"建设取得了突破性进展,我国中小学互联网接入率由 2011 年的不足 25％上升到 85％,43％的学校实现多媒体教室全覆盖,部分省市率先实现了百分之百的学校接入互联网。教学点数字教育资源全覆盖项目使全国拥有 64000 多个教学点,解决了教学点缺少的难题,满足了 400 多万名偏远地区孩子接受教育的需求。开通网络学习空间的数量从 2012 年的 60 万人增长到 4200 多万人。国家教育资源公共服务平台已经与 26 个地方的平台互联互通并且共享资源,访问人次以亿计,资源下载达数千万次。国家教育资源云服务体系初步形成。教育管理公共服务平台形成了两级建设、五级应用的新格局。全国学生、教职工、教育机构等管理信息系统和国家级数据中心基本建成,形成了学校"一校一码"、学生"一人一号"的创新管理模式。③

---

① 教育部高教司. 国家级精品资源共享课建设技术要求(2012 年版)[EB/OL]. http://www. moe. gov. cn/publicfiles/business/htmlfiles/moe/s6288/201206/137333. html,2017－10－19.
② 吴砥,王杨春晓,彭娴. 教育信息化标准研究综述[J]. 电化教育研究,2018.
③ 教育部科技司. 教育部关于印发刘延东副总理在第二次全国教育信息化工作电视电话会议上讲话的通知[EB/OL]. http://www. moe. gov. cn/srcsite/A16/s3342/201601/t20160120_228489. html,2015－12－29.

(三) 数字化教育资源建设项目

我国对于数字化教育资源的建设一直十分重视,颁布了一系列政策法规指导数字教育资源的投资建设,包括新世纪网络课程建设工程、国家精品课程等项目。这些资源建设项目重在建立全面、系统化的资源库,以加快我国教育资源公共服务体系的建立。

在数字化资源建设方面,"十二五"期间已建设完成 1000 门精品视频公开课和 5000 门国家精品资源共享课,旨在加强优质教育资源开发和普及共享,进一步提高高等教育质量,促进服务学习型社会建设。[1] 此外,还有海量的微课教学资源在全国微课比赛中大量涌现,各中小学教师也投入到数字化资源建设的队伍中,积极开发校本数字课程资源。

(四) 中国教师教育技术能力培训项目

2004 年,教育部颁布了《中小学教师教育技术能力标准(试行)》,随后又在全国开展了教师教育技术能力培训计划,采取培训、考试、认证等措施,把我国教师信息技术培训引向了"全面提高教师教育技术应用能力,促进技术在教学中的有效运用,全面提高广大教师实施素质教育的能力水平"的培训。

中国教师教育技术能力普遍得到提高。至今,占我国教师总数 50% 以上的 600 多万名中小学教师,5 万多名中小学校长、20 多万名职业院校教师参加信息技术应用能力培训,全国县区以上教育厅局长均参与全员信息化培训。[2]

(五) 其他

为调动中小学各学科教师利用信息技术开发数字资源,提高课堂成效,国家开展

---

① 教育部科技司. 教学信息化必须面向教改实际[EB/OL]. http://www. moe. gov. cn/s78/A16/s5886/
s7822/201608/t20160801_273594. html, 2016 – 07 – 26.
② 教育部科技司. 教育部关于印发刘延东副总理在第二次全国教育信息化工作电视电话会议上讲话的通知
[EB/OL]. http://www. moe. gov. cn/srcsite/A16/s3342/201601/t20160120_228489. html, 2015 – 12 – 29.

了"一师一优课"优质数字教育资源的评比活动。为培养创新创业型人才，提高学生教师的产学研实践意识，2015 年 10 月举办了首届中国"互联网＋"大学生创新创业大赛。为推动技术创新创造，李克强总理大力推行"大众创业、万众创新"，创客教育在全国中小学掀起浪潮。

三、 中国教育信息化战略升级

中国教育信息化从战略层面来看，近 20 年来经历了三个阶段。这三个阶段可以分别概括为从无到有的阶段、1.0 阶段、2.0 阶段。

（一）从无到有的阶段

1978 年，在邓小平同志的倡议下，中央广播电视大学成立。1978 年 3 月 18 日，时任国务院副总理方毅在全国科学大会上的报告中强调："要逐步实现教育手段的现代化，发展电化教育，充实和改善学校的实验设备。"那时起就提出了要实现"教育手段的现代化"，但还是没有提及教育信息化的问题。尽管电化教育本身，从某种视角而言，也属于教育信息化的一个发展阶段，但是"教育信息化"这个概念或者理念并没有被树立。自成立以后的十余年，中央广播电视大学在继续教育领域发挥了很大的作用，其技术手段主要是依靠卫星和电视。

到了 20 世纪 90 年代，随着信息技术的兴起，中央广播电视大学的技术手段面临着更新换代的挑战。从 1998 年到 2006 年，这段时间可以被认为是中国教育信息化"从无到有"的阶段。

1998 年 10 月，教育部将现代远程教育工程列入"面向 21 世纪教育振兴计划"。1999 年 6 月，中共中央、国务院发布《关于深化教育改革全面推进素质教育的决定》，其第 15 条明确提出"大力提高教育技术手段的现代化水平和教育信息化程度"，"国家支持建设现代远程教育网络"。这个时候，"教育信息化"的概念在国家正式政策文件中被提出来。可以说，信息技术的发展和现代远程教育工程的启动，对国家提出"教育信息化"的战略起到了非常大的促进作用。

2002 年,教育部办公厅印发了《〈教育管理信息化标准〉实施办法(试行)》和《〈教育管理信息化标准〉应用示范区建设实施办法(试行)》。在这两个文件里,"教育管理信息化"首次被明确地提出来。这也意味着,国家教育信息化工作在教育管理层面开始推动。教育信息化的突破,在教育管理方面推进有着天然的优势。

2006 年,教育部办公厅印发了《教育部办公厅关于成立教育信息化工作办公室的通知》。在这个通知文件中,提出:"为适应构建学习型社会和教育现代化的需要,进一步加强教育信息化建设,教育部决定成立教育信息化工作办公室,挂靠在科学技术司,作为'教育信息化领导小组'的办事机构。教育信息化工作办公室的主要职能是:负责统筹协调、统一管理各级各类教育信息化建设的共性问题;负责研究制定宏观规划和相关政策,推进教育电子政务、基础设施建设、资源整合共享、网络安全保障、标准化、信息技术研发与应用、信息化人才培养;负责重大项目审批与管理等相关工作。"可以说,教育部教育信息化工作办公室的成立,标志着国家正式把"教育信息化"列入工作层面。

(二) 教育信息化 1.0 阶段

雷朝滋[①]认为,中共十九大之前,称为"教育信息化 1.0";从中共十九大以后,则进入"教育信息化 2.0"时代。笔者认为,从 2006 年教育部成立教育信息化工作办公室到 2017 年中共十九大召开,这个阶段是中国教育信息化 1.0 阶段。中共十九大之后,可以被认为是中国教育信息化 2.0 阶段。

杨宗凯[②]认为,教育信息化 1.0 时代重点关注量变,强调应用驱动、融合发展。信息技术的进步对教育产生重要影响,从一定程度上倒逼教育信息化发展。在教育信息

[①] 雷朝滋. 教育信息化从 1.0 走向 2.0——新时代我国教育信息化发展的走向与思路[EB/OL]. http://www. edu. cn/xxh/focus/li_lun_yj/201803/t20180303_1587698. shtml, 2018 - 03 - 10.
[②] 杨宗凯. 教育信息化 2.0 的颠覆与创新[EB/OL]. http://www. ict. edu. cn/news/n2/n20180104_46718. shtml, 2018 - 01 - 17.

化 1.0 时代,信息技术的重要作用逐步受到重视,各地在逐步完善硬件设施的基础上,打破原有"批量生产"式的流水线教学模式,推进信息技术在教育教学中的普遍应用,实现数字教育资源的共建和共享,初步形成数字资源服务体系。例如国家层面,进一步提升信息化基础设施建设水平,鼓励信息化支持下的教育教学改革,并提供符合信息化课程标准的学习工具和资源;在地区和学校层面,提高教师利用信息技术手段进行教学的水平,培养学校管理者的信息化领导力,积极推动示范学校的创建,信息化教育的雏形开始显现。总体来看,中国教育信息化 1.0 阶段的特征可以归结为"基础建设＋设备配套＋应用探索"。

(三) 教育信息化 2.0 阶段

中国教育信息化 2.0 时代的核心目标就是以教育信息化全面推动教育现代化,全面提升教育品质,构建新时代教育的新生态。杨宗凯[1]认为,教育信息化 2.0 时代重点关注质变,注重创新引领、生态变革。进入 2.0 时代,信息技术不仅仅是教学的工具和手段,而是成为与教育共生、融合的整体。教育信息化 2.0 不仅使物理环境、学习内容等教学形态、流程、模式上发生变化,而且从更深的层面上改变了教育生态系统,致力于实现人的现代化。从人才培养模式上看,教育信息化 2.0 借助远程通信、人工智能等技术,提供丰富多样的教育资源和个性化的学习支持,实现随时、随地、随需学习。从教育系统上看,教育信息化 2.0 致力于构建面向全社会的新型教育生态,促进学习型社会的建设,形成灵活开放的终身教育体系。从教育服务功能上看,利用信息技术实现教育优质均衡和创新发展,为终身学习提供丰富的教育资源公共服务。从教育管理上看,科学布局构建教育业务管理信息系统,全面提升教育治理能力,推进基于大数据的教育决策。总体上就是要推动由"教育信息化"向"信息化教育"的转型发展,构建全新的教育生态,实现更加开放、更加公平、更加优质的教育。

---

① 杨宗凯. 教育信息化 2.0 的颠覆与创新[EB/OL]. http://www.ict.edu.cn/news/n2/n20180104_46718. shtml, 2018 - 01 - 17.

任友群①认为，教育信息化2.0将呈现以下五大特征：第一，教育信息化2.0将更以"体验"为依归。"体验"是"人"的体验，以往的教育信息化建设更为注重的是业务、行为和流程，注重的是物与事，但教育的基础和根本是"人"，教育信息化只有以人为本、从人出发、归结于人才能真正发挥出效能。第二，教育信息化2.0将更以"数据"为基础。不同于以信息技术(Information Technology)为基础的教育信息化1.0，教育信息化2.0以数据技术(Data Technology)为基础，将一切参与主体、教育元素、教育行为数据化是教育信息化2.0的基本特征。第三，教育信息化2.0将更以"联接"为要义。教育信息化1.0更加注重的是教育单位与教育体系内部的联接，但为了更好地因应社会对教育的要求，新时代的教育信息化将从教育内部"小联接"走向教育与其他各领域的"大联接"，可以想见，教育信息化2.0下的教育边界将更为模糊。第四，教育信息化2.0将更以"开放"为策略。事实证明"开放"与"共享"是信息时代促进各项事业发展的有效策略，教育信息化2.0将在充分保障信息安全的基础上，充分开放各类数据，实现教育大数据的全社会的共同挖掘、共同获益。第五，教育信息化2.0将更以"智能"为目标。破解当前各项教育难题的根本还是在于能不能将优质教育资源经济地、有针对性地投向学习者。建设更加智能、更加自动的教育信息化既是破解这一难题的根本途径，也是教育信息化2.0的一大建设目标。

教育信息化2.0的提出，意味着中国教育信息化迈入了新的阶段。中国教育信息化从无到有、从1.0阶段迈入2.0阶段，标志着中国教育信息化战略在不断升级。中国的教育信息化建设将会为推动中国教育现代化做出全面贡献。

---

① 任友群. 为教育信息化2.0时代打CALL[EB/OL]. http://www. ict. edu. cn/news/n2/n20171226_46487. shtml，2018 - 01 - 17.

第二节　世界其他国家教育信息化的回顾

对世界其他国家教育信息化进行回顾,有利于借鉴其经验,促进我国教育信息化建设事业。与中国教育信息化一样,各国教育信息化也着力于教育信息化建设的内容。教育信息化建设内容所涵盖的主要方面,如教育信息化政策、ICT 基础设施建设、数字教育资源、教师培训等,自然成为回顾世界各国教育信息化的视角。下面我们从这个视角出发,对典型的几个发达国家的教育信息化进行回顾,对教育信息化 20 年的面貌作初步的国际比较。

一、美国教育信息化回顾

(一) 教育信息化政策

美国联邦政府高度重视教育信息化的发展,投入大量资金,随着时代发展颁布一系列相关政策或行动计划等,逐步提升和加深应用。美国教育信息化政策主要是以 NETP 的不断推出而呈现。1996 年至今,美国教育部已经颁布了 6 个国家教育技术计划,分别是 NETP1996《使美国学生做好进入 21 世纪的准备：迎接技术素养的挑战》(*Getting America's Students Ready for the 21st Century：Meeting the Technology Literacy Challenge*)[①]、NETP2000《e-Learning：把世界级的教育放到每个儿童的指尖》(*e-Learning：Putting a World-Class Education at the Fingertips of All Children*)[②]、NETP2005《走向美国教育的新黄金时代：网络、法律和当今的学生如何

---

① U. S. Department of Education. Getting America's Students Ready for the 21st Century：Meeting the Technology Literacy Challenge. A Report to the Nation on Technology and Education [EB/OL]. http：//files. eric. ed. gov/fulltext/ED398899. pdf, 2018 - 02 - 01.

② U. S. Department of Education. E-Learning：Putting a World-Class Education at the Fingertips of All Children. The National Educational Technology Plan [EB/OL]. http：//files. eric. ed. gov/fulltext/ED444604. pdf, 2018 - 02 - 01.

变革着对教育的期待》(*Toward a New Golden Age in American Education：How the Internet，the Law，and Today's Students are Revolutionizing Expectations*)①、NETP2010《改革美国教育：技术助力学习》(*Transforming American Education：Learning Powered by Technology*)②、NETP2016《为未来而学习：重新构想技术在教育中的角色》(*Future Ready Learning：Reimagining the Role of Technology in Education*)③以及 NETP2017《重新构想技术在教育中的角色：2017 年国家教育技术规划更新》(*Reimagining the Role of Technology in Education：2017 National Education Technology Plan Update*)④。这些计划的推出和实施为美国教育信息化的发展提供了坚实的政策保障。

NETP1996 的目标是：经过培训，美国的所有教师都能够帮助学生通过电脑与网络进行学习；所有的教师与学生都能够在教室里使用多媒体电脑；所有的教室都要连到信息高速公路；有效的软件与在线的学习资源都是学校课程不可分割的组成部分。

NETP2000 的目标是：使所有的教师与学生不管是在教室、学校、社区还是在家里都能够使用信息技术；使所有的教师都能够有效使用技术帮助学生获取更高的学业成就；使所有的学生都有一定的信息技能与素养；通过研究与评价来推动技术的教学应用；通过应用数字化内容与应用网络来改变教学。

NETP2005 提出了 7 个主要步骤：一是加强各级各类教育行政机构的领导；二是创新预算，使技术应用能够获得资助，同时又能保证技术应用有利于学生学习；三是改

---

① U. S. Department of Education. Toward a New Golden Age in American Education：How the Internet，the Law，and Today's Students are Revolutionizing Expectations [EB/OL]. http://files. eric. ed. gov/fulltext/ED484046. pdf，2018 - 02 - 01.

② U. S. Department of Education Office of Educational Technology. Transforming American Education：Learning Powered by Technology [EB/OL]. https://www. ed. gov/sites/default/files/netp2010. pdf，2018 - 02 - 01.

③ U. S. Department of Education Office of Educational Technology. Future Ready Learning：Reimagining the Role of Technology in Education [EB/OL]. https://tech. ed. gov/files/2015/12/NETP16. pdf，2018 - 02 - 01.

④ U. S. Department of Education Office of Educational Technology. Reimagining the Role of Technology in Education：2017 National Education Technology Plan Update [EB/OL]. https://tech. ed. gov/files/2017/01/NETP17. pdf，2018 - 02 - 01.

进教师培训，如提高教师教育的质量、提高新教师使用技术进行教学的能力等；四是支持 e-Learning 与虚拟学校；五是鼓励使用宽带网，只有通过密集地应用才能让教师与学生明白宽带网的好处；六是使用数字内容，鼓励师生使用多媒体的、在线的资源来替代传统的纸质教材；七是建设一体化的数据系统，用它来收集资源、提高管理效能、通过在线的学生业绩评估给教育者实施个性化教学提供参考。

NETP2010 提出了一个技术支持的学习模型，并且确定了该模型的 5 个关键领域：学习、评估、教学、基础设施和生产力。5 个关键领域再加上为了实现教育系统变革而实施的研究与开发，共 6 个部分组成了 NETP2010 的主体。每个部分都包含一个目标与若干个为了实现该目标的行动方案。学习的目标是："不管在校内还是在校外，所有学习者都能够享受有趣而自由的学习经历以使他们在全球化的网络社会中成为积极、创新、渊博与道德的一员"；评估的目标是："各级教育系统利用技术来测量一些重要的数据，并使用测量数据持续改善教育"；教学的目标是："专业的教育者通过技术接受个人或团队的支持以使他们能够更加有效地教学"；基础设施的目标是："所有的学生与教育者能够随时随地使用综合基础设施以促进学习"；生产力的目标是："各级教育系统充分利用技术的优势重新设计结构与流程以优化人力、金钱与时间的利用效率并且提升学习效果"。这些目标基本上都围绕改善教育、促进学习。

NETP2016 的核心目标为号召社会多方参与，通过技术提高教育的公平性、促进所有学习者获取教育资源，实现人人享有的、随时随地可获得的教育。NETP2016 的基本框架由简介、学习、教学、领导力、评估、基础设施、总结和附录 8 个部分组成，其中学习、教学、领导力、评估和基础设施为主体内容。NETP2016 希望所有学习者都有公平接受教育的机会，提高教育资源的可获得性；重新设计教师培养方案，为教育工作者提供技术支持和多方面的联通，以实现更有效的教学；建立协作领导的机制；在所有的教育机构中实施通用设计原则；提升技术使能的评估，使评估能嵌入数字化教学活动和资源中，提供学习者学习过程的实时反馈；建立健全基础设施，以满足当前及未来的联通目标。

NETP2017 是对 NETP2016 小规模的更新和增补，核心目标和主体内容与

NETP2016 基本相同。通过对美国教育信息化实践和最新教育技术发展的考察，进一步强调了利用学习科学指导学校技术应用、开发更有效的数据决策和技术评估工具、利用技术促进学习者的非正式学习和重视学校网络与数据安全四方面内容。

通过 NETP 这六个版本的目标或内容，能看到美国联邦政府在紧跟信息技术的发展步伐而不断地推出适合于美国国情的教育技术政策。这些规划和战略对于推动美国教育信息化发展至关重要。

(二) ICT 基础设施建设

美国教育信息化设施建设方面的巨大成就，是美国社会各方包括联邦政府在内巨大投入带来的结果。据统计，1998 年，为了实施教育技术行动计划，美国投入了 510 亿美元的巨额资金，用于设备购置、技术支持、程序软件、数字教材、在线服务、更新和维修等方面的资金支持。美国全国学校和图书馆的联网计划在 5 年中的投入是 20 亿美元，地方学区在新技术方面的投入每年大约是 40 亿美元；联邦通信部门在帮助学校和图书馆联网方面的投入大约是每年 22.5 亿美元；各电话和计算机公司也在资金、硬件、服务和技术等方面对学校的联网工作给予了大力支持。[①]

在 NETP 的推动以及各方面的资金投入下，美国教育信息化在 ICT 基础设施建设方面取得重大进展。1996 年之前，美国只有 4% 的学校生机比能够达到 5：1，而 9% 的教师能够上网。到 2002 年秋季，美国已经实现 99% 的学校接入互联网，教室接入互联网也达到了 92%，并且全国平均生机比也达到了 4.8：1。各种新技术设备和工具不断涌入美国各层级各类型校园，体现着美国的教育强国水平。[②]

美国教育信息化的基础设施建设也得到了很多企业的支持。如美国通信和计算机公司积极支持教育信息化的建设，不仅提供资金支持、设备支持和网络服务，还积极与大学合作进行研究、企业培训、合作办大学等。美国第二大电信公司 MCI 不仅与国

---

① 周敦. 美国教育信息化的发展及对我国的启示[J]. 教育与职业，2009(14)：164—166.
② 同上.

家自然科学基金会合作开发调整服务网络系统,建立了大学通信服务项目,还为大学提供适合于教师和学生的高质量、低收费的通信和商业服务以及必要的计算机设备等。近几年,随着 MOOC 的兴起,一大批 MOOC 公司与美国各大高校合作推出 MOOC 课程。诸多 MOOC 公司以其技术优势助推着美国教育信息化在软件平台上的发展。

（三）数字教育资源

教学资源建设作为美国教育信息化中的关键环节,形成了极为丰富的网上教学资源。这些资源大部分由学校教师做好资源的教学设计,由多媒体公司制作。许多信息技术公司为了自身发展而大量投入,建立起具有教育职能的网站,制作大量的教学资源。美国许多大学都设有网络教育学院,开展网络教学,进行软件开发,积极向国外销售或提供热门专业的在线课程与学位,通过电子手段输出教育,开拓国外教育市场。与此同时,美国也涌现出许多专门开展基于技术的远程教育公司,提供各种形式的网上教学服务,提供面向教师和班级的服务、面向学校的服务。尽管美国十分重视知识产权,但在建设网上教育资源上却持相当开放的态度,加上政策的支持,只要不是出于营利目的,网上教育资源均可以免费使用。目前在国际上产生广泛影响的资源,主要来自三大 MOOC 平台提供商——Coursera、Udacity、edX,以及一些顶尖大学的公开课程,如哈佛大学、耶鲁大学。还有一些比较有特色的教育资源,比如可汗学院的数学课程,也在全球范围内产生了深远的影响。

（四）教师培训

2000 年,美国总统克林顿签署了题为《2000 年教育目标》的教育改革法案。该法案基本继承了布什总统在《2000 年的美国》中所提出的教育改革目标和措施。在新教育法案的指导下,美国联邦政府预计在三年中每年拨款 10 亿美元,用于建立全国性的课程和测评标准,资助师资培训,提高旨在促进现有教师职业发展的各种活动的数量、质量和针对性。各州、区优先考虑并制订系统的计划,为教师提供更多的发展机会。

各相关协会、组织、媒体公司及其他私立机构也将在此方面发挥更大作用。美国教育部用于培训未来教师教育技术的专门机构——PT3（the U. S. Department of Education's Preparing Tomorrow's Teachers to Use Technology），要求国会拨款1.5亿美元，2004年培训新教师100万人。美国于2002年制定了《国家教师教育技术标准》，其中的"全体教师的教育技术标准"，详细规范了教师信息技术知识与能力的基本构成和要求，规范了教师培训的质量，提供了有关教师培训模式和计划的示范与支持。

在提高教师信息技术应用水平与能力方面，网络技术提供了重要的师资培训渠道，借助远程教育培训教师正成为热潮。康州远距离教学指导委员会就已将从幼儿园到大学的教师进修计划作为委员会的重要任务之一，并已和42所高校、12所中小学合作开展了内容丰富的远程教育项目，建成了一套成熟的网上学习模块。该州远程教育在线注册学生数正在以每年增加一倍的速度增长，目前已达到4000多人。耶鲁大学为提高当地中小学教师的信息技术水平提出了一套培训计划：免收学费，并给予接受培训的教师适当补助，但教师必须根据培训内容写出有针对性的、与教师的教学实际紧密相关的教案；需要接受培训的教师，首先要向耶鲁大学提出申请，在之后的12个月里，教师要和教授一起商讨培训课程及内容，等所有培训方案都定下来以后，才能开始真正的培训。这是一种十分个性化的培训方式，具有很强的针对性。在培训过程中，教师一方面学习掌握新技术，另一方面也在思考如何将这些东西教给学生。在高等教育方面，美国也建立健全了一套对教师合理评估的机制，其中学生对教师教学水平的评价占重要的地位，进而推动教师积极求变、学习和创新，积极尝试、运用新技术来改善、提高教学水平，保障教学质量，获得学生的肯定和认同。

二、 澳大利亚教育信息化回顾

（一）国家教育信息化规划

澳大利亚联邦政府致力于制定将ICT应用教育领域的国家规划。由联邦政府，澳大利亚政府委员会和教育、学前儿童发展和青年事务部长理事会联合推进，数字教育革命计划为推动澳大利亚教育信息化发挥了重要作用。在 2008—2014 年间，总计 19 亿美元被分配以实现下列目标①：通过国家中学计算机基金，为所有 9—12 年级中学生提供新的 ICT 设备，在 2011 年底实现生机比 1∶1 的目标；为澳大利亚学校高速宽带连接的配置速度至少达到 100 Mbps 提供支持；支持系统性的改变，提高澳大利亚各地教师和学校领导者在教学和学习过程中使用 ICT 的水平；支持探索使用 ICT 进行专业学习的创新项目和研究，包括国家培训系统的开发和培训课程的认证标准；提供符合澳大利亚课程的数字学习工具、资源和基础设施，通过在线学习和访问，使家长参与孩子的教育；建立能够为学校在设置 ICT 方面提供重要帮助的支持机制。

（二）ICT 基础设施建设

澳大利亚国家中学计算机基金——数字教育革命中的旗舰项目，为所有中学提供了新的 ICT 设备，以实现 14—17 岁（9—12 年级）学生的生机比达到 1∶1。共计投入 18 亿美元，相当于数字教育革命全部基金的 95％，指定用于购买计算机，这使得澳大利亚在 2011 年 12 月实现了该目标。这项基金与希望学校使用自己的基金支持 ICT 的期望相独立，鼓励在交互式白板、数字投影仪、数字相机和其他技术的下一步投资。

此外，政府拨付 8000 万美元以支持澳大利亚的所有学校配置高速宽带连接，这也是数字教育革命的一部分，其将配合澳大利亚国家层面更广泛的电信项目——由宽带、电信和数字经济部运作的国家宽带网。该项目旨在实现超过 90％的家庭、学校和工作场所宽带传输速率达到 100 Mbps，在偏远地区实现至少 12 Mbps 的无线和卫星连接速率。项目计划一如既往地配置高速连接，使学生能够随时随地无缝接入互联网。该基金鼓励的项目——建筑教育革命，也包含学校场所的现代化，主要是为 6—12 岁学生（小学）服务的场所。这也是该项目更广泛的目标。该项目要求学校仅在建筑预先设计必须使用 ICT 时，才考虑构建 ICT。②

---

① 王婷婷. 澳大利亚教育信息化概览［J］. 世界教育信息，2012(6)：27—31.
② 同上.

（三）数字教育资源库建设

澳大利亚政府对于数字教育资源十分重视，自 21 世纪初期，就开始着手基础教育数字资源库建设。2001 年，在澳大利亚教育部学习联盟的倡议下，国家数字学习资源网站成立，国家数字资源、基础设施和标准得到共同发展。2008 年，为了让居住在澳大利亚任何地方，具有不同学习背景的学生都可以学习相同的课程，澳大利亚课程产生，涵盖了 12 个年级各学科的课程资源。澳大利亚政府对于数字教育资源的重视有目共睹。随着学习者对资源库的需求越来越多，SCOOTLE 应运而生，并凭借为学校、教师、家长以及学生提供优质的资源和服务在澳大利亚赢得了高度的认可。

SCOOTLE 成立于 2010 年，是一个由 ESA（Education Service Australian）代表澳大利亚政府，以及各州、地区负责组织、管理和运行的全国性的数字教育资源库，主要为澳大利亚教师与学生提供基础教育阶段的数字教育资源。ESA2012—2013 年度报告显示，截至 2013 年 7 月，SCOOTLE 可供搜索利用的数字资源已超过 2 万个；协作活动、数字化教学工具和形成性评价工具多达 8000 个；至 2013 年 7 月，澳大利亚已经有 50％的教师注册且正在使用 SCOOTLE，注册人数以每周约 500 人的速度持续增长。[①] 2013 年，SCOOTLE 应用程序正式上线，使用 iPAD 和 Android 系统的用户可免费下载安装。通过移动终端，学习者便可获得成千上万的数字化课程资源，实现资源的共享、经验与学习方法的交流。无处不在的学习不再是遥不可及的愿景，全面服务澳大利亚教育的理念得到了深化。

（四）技术课程框架

2008 年，澳大利亚国家教育部召集各州和领地的教育主管官员在墨尔本召开了协商会议。会议最后发布了《关于澳大利亚年轻人教育目标的墨尔本宣言》，同时授权国家课程主管部门——课程、评估与报告管理局（Australian Curriculum，Assessment

---

① 吴迪，余亮. 澳大利亚数字教育资源库建设的特色与启示——以 SCOOTLE 为例[J]. 现代远距离教育，2016(1)：74—80.

and Reporting Authority,缩写为 ACARA) 开发新的"澳大利亚课程"。ACARA 于 2012 年 8 月初在其官网上发布了适用于 K12 的《澳大利亚技术课程框架》的定稿。

澳大利亚技术课程旨在培养积极的、知情的公民与消费者,使学生能够成为自信、进取、创新、有道德、有环境和社会责任感的创新者。在对目标的描述上,《澳大利亚技术课程框架》更加形象、清晰、明确地表述出了"育人"的最终目标。学生将发展技术知识、发展理解和技能,目的明确地投入创造最佳未来的过程中。他们将使用一系列思维技能,包括前瞻和系统思维,形成和传播创造性思想。这些思想将通过设计与计算思维以及传统、现代和新兴技术的实际应用得到认可。学生生产(制造)的最终产品将是个人、家庭、社区和全球背景中针对认定问题或机会的有效、有意义和文化真实的解决方案。

《澳大利亚技术课程框架》中描述了 21 世纪需要 7 项基本能力,将培养学生在校内和校外都能更好地应用这 7 项基本能力融合于整个 K12 的技术课程中。这 7 项基本能力包括：基本的技术素养、真实生活场景中的算数能力、信息通信技术(ICT)的能力、批判性思维与创造性思维、个人与社会学习能力、道德与社会责任、跨文化的理解。澳大利亚技术课程分为"设计与技术"和"数字技术"两大部分,分别着重培养设计思维和计算思维。[①]

《澳大利亚技术课程框架》强调培养澳大利亚年轻人具备能使他们有效应对全球化世界的技能、知识和理解力。让学生获得个人和社会效益,更好地理解他们所生活并在社会、知识和创新资本方面将为之做出重要贡献的国家。因此,课程框架与学生的生活息息相关,有助于解决他们面临的现实问题。技术课程将帮助学生准备好采取行动来创造可持续的生活方式,在努力提高生活质量的同时考虑伦理、个人和社会价值,以及经济、环境和社会的可持续发展。

(五) 教师教育信息化

澳大利亚政府为教师和学校管理者的发展进行投资,将其作为现代化和创建更公平的澳大利亚教育进程的一部分。澳大利亚政府同意通过分担责任的方式,执行一个

---

① 戎易.《澳大利亚技术课程框架》评述与启示[J]. 中国电化教育,2013(6)：45—47.

基于标准的、供教师和学校管理者学习使用的国家框架。国家教师专业标准包含在教学中使用技术的具体要求。在这个职业标准框架中,澳大利亚各州和地区政府及非政府教育部门将共同负责设置本地重点发展的项目和传授高质量的职业学习项目。这包含了开发一个国家认证的教师教育课程系统,教师国家职业化标准,并且将 ICT 使用嵌入到教师职前教育课程里。

2010 年 2 月,澳大利亚政府提交了 3170 万美元来执行教师和学校领导的数字战略,自 2011 年开始了具有针对性的首次展示。这与将知识公平地传授给每一位澳大利亚学生的国家目标相一致,该战略聚焦于为教师和学校领导在教室里作可持续性变革提供支持。国家利用该战略帮助教师和学校领导接受 ICT,并鼓励他们创造性地将新技术应用于课堂教学。在学校领导层面,该战略的目标是构建领导者能力以支持教师实践和学生课堂学习的转换,同时也为他们要求达到的能力提供参照标准。

澳大利亚政府提供了高等教育、商业和其他组织在 ICT 创新基金下的指导方针,该基金支持应用 ICT 的教师教育课程的开发,提供 ICT 职业学习,开发在线职业学习资源,并且涉及了三个关键领域：提高教师职前能力;加强在职教师能力;通过领导力推动创新。除 ICT 创新基金以外,澳大利亚政府还在研究协助教师和学校领导提高ICT 能力的多种途径。

三、 芬兰教育信息化回顾

芬兰的教育信息化主要体现在教育信息化规划、ICT 基础设施建设、技术教学应用、运用 ICT 增强教师能力等方面。[①]

(一) 芬兰的教育信息化规划
芬兰在教育中推广 ICT 的相关政策,更多的是跨部门立法和政策文件,而非专门

---

① 王俊烽.芬兰教育信息化概览[J].世界教育信息,2012(6)：32—35.

的教育文件。但此类文件一般没有太多政策细节,因为每四年政府要换届,一旦新政府上台,细节之处往往会改弦更张。因此,芬兰文教部将精力投放到短期项目和行动方案上。

芬兰的第三个跨部门 ICT 战略规划——《与时俱进、以人为本、竞争有力的芬兰(2007—2015 年)》已经实施。该规划的一个成果,便是决议设立一项名为"万家信息化"的项目。这项跨部门的行动由芬兰交通通信部领导,下设 6 个工作组的部际顾问委员会负责实际运作。在这 6 个工作组当中,"ICT 福泽教学"工作组阐释了该项目在教育领域的目标。"万家信息化"项目旨在推进 ICT 普及应用,以期促进芬兰的生产水平和国际竞争力。芬兰 16—74 岁的人群中,83％都在日常生活中频繁使用互联网(芬兰国家统计局 2009 年数据)。还有一项国会立法,更是把享受宽带连接定为国民的基本权利。"万家信息化"项目也涉及芬兰人日常生活的各个方面,例如该项目的目标之一,便是让每个国民都拥有一个专属账号,可以据此连接到所有的公共和私营服务。

(二) ICT 基础设施建设

芬兰在 ICT 领域的基础设施十分雄厚,宽带网络早已进入一般家庭,所有学校及学生管理系统都已联入网络。2005 年,芬兰的高速宽带网只能惠及 36％的国民(芬兰国家统计局 2000 年数据),落后于其他北欧国家。到 2010 年,芬兰已经实现联网的全民普及目标。这一目标得到了国会立法的大力支持。芬兰规定国民人人享有连接 1 M宽带的法定权利,在全球开风气之先。"超级矩阵"计划的光纤电缆铺设,也得到了电信巨头们的鼎力支持。这些电缆大幅提升网络传输速度,不仅高清数字电视能够实现,过去只有大企业和大部门才能享用的离线数据存储,普通个人也将唾手可得。

20 世纪 90 年代末期,芬兰国家教育委员会出台了一项"信息化芬兰"计划,该计划曾经协助很多学校采购电脑,如今又促进 ICT 在教学中的应用。芬兰有数家公司专门从事数据库构建,而所有的学校都已经建立学生管理系统,收录学生的各项信息,包括教师打分、证书与学位获取等。系统由市政府出钱采购;而相关公司则负责对教师、学校行政人员和学校顾问进行操作培训。

（三）在教学中强化技术应用、改进学生学习

芬兰并没有专门针对学生的 ICT 能力设置相关标准。但在修订的国家课程标准中，各个学科都降低了对知识和技能的要求，以便学生有更多的精力来学习使用 ICT。芬兰文教部希望新课程标准的实施，能重振 ICT 教学。多年以来，芬兰文教部一直认为，这些生活在互联网时代的年轻人，日常生活中就能熟练掌握电脑技术，因此国民的电脑水平都应该比较高，足以应付 ICT 和技术高难度问题，不需要进行专门教学。但芬兰文教部发现，学生的电脑技术未必就涵盖了终身学习所要求的所有项目。因此，芬兰在新的国家课程标准中重新规定了 ICT 方面的教学。

为了让政策文件与芬兰国民的偏好相吻合，芬兰文教部只提出了一组为数不多的教育技术培训计划，但这些计划的涵盖面却十分广泛。其中特别值得一提的是面向全国的"ICT 校校通工程"，这是一个为"万家信息化"项目而设立的"ICT 福泽师生"工程。由"ICT 福泽师生"工作组负责监督工程的实施。工作组的成员不仅有芬兰文教部和交通通信部的代表，也有教育委员会的成员，此外还有一批研究人员和相关产业的领军人物。有 12 个市参与该工程的实施，每个市都有一所顶尖学校，从工作组获得资金和指导。这些学校大力改进基础设施、学习环境、教辅材料、校园管理、校际合作和产学合作等方面，以期能探索出全新的 ICT 推广战略。芬兰的这一计划，也是"技术革新促进课堂参与"试点的一部分，全欧洲共有超过 1000 个教师参与其中。这些试点的目标在于为未来的课堂教学设计出有活力的原型，包括运用 Web3.0 技术来做到这一点。

另一项芬兰语简写为"VIRTA"的计划，旨在为在线远程教学创设相应的学习情境。通过该计划，学员可以学习外语和宗教课程。VIRTA 初始于 2008 年，目前其内容已涵盖法语、瑞典语教学，以及东正教教义解读。推出该计划的原动力，是为了服务来自五湖四海的新移民。通过关于其母语和原有信仰的课程，芬兰政府也希望能推动他们更快地融入芬兰社会。移民们来自世界各地，入境后分散到芬兰各地，这导致在线教育的成本远远低于其他方式。

芬兰各学校的学习管理系统，还可以作为沟通学校与家长的桥梁。这也对促进学

生学习大有裨益。对于年满 18 周岁的孩子,家长们不能获取他们在学校的全部信息。但是对于未成年的孩子,如果孩子同意,家长就能全部获知;家长能否获得信息,很大程度上取决于学校的管理体制,不同的学校会提供不同的平台,让家长们对孩子们完成学习任务的情况进行动态了解。

根据"万家信息化"项目的执行状况,ICT 的教学运用效果可谓参差不齐。根据芬兰文教部的调查,课堂环境的改变也并非快速有效,绝大部分的教学仍然沿袭教师讲授、学生被动接受的旧模式。但教辅材料的角色变化,却远远快于课堂总体面貌的变化。比如说,学生们的主要信息来源已经不是教科书,而是各种各样的网络资源。

(四) 运用 ICT 增强教师能力

芬兰没有专门设置教师的 ICT 技能标准,但这些标准夹杂在各项国家立法中。不过这些标准并没有列在教师考核中。芬兰文教部不太看好自上而下的强制命令,而是相信来自学生和同行的压力,能够自下而上推动教师技能的提升。在芬兰,教书育人是一份很受人尊崇的职业。该国优秀的学生,往往把教师行业作为就业的首选。芬兰文教部对自己的教师队伍很有信心,相信教师本身就是创新的源泉,对教师们的自主探索教学法一直都很支持。芬兰文教部认为,赋予教师们更多的自由和自主,他们会对教学事业更加投入。

利用 ICT 来提高教师的教学素养、教学技能,并推动 ICT 与教学实践相结合,是芬兰文教部工作的重中之重。而这些重点工作通过一组规模庞大、稳步推进的计划在实施。此外,还有一系列研究工作为它们提供支撑。芬兰文教部每年投入 610 万美元,支持改进教学环境的项目,其中包括 ICT 技术的应用。计划的第一步是在 1996—2007 年期间,完成对相关教学方法的测试和创新。目前已进入第二阶段,重点已经大为扩展,其中包括推广 ICT 技术,以及在教室内设计合适的空间距离,以促进师生间的交流互动。工作流程如下:学校里的教师们组成团队,再以团队名义申请相应的经费,经费由市政府审核发放,并持续发放三个学年,但每学年都会有一定调整。第一学年主要进行创新研发,第二学年是试点施行,第三学年进行推广应用。推广应用,既是与其他学校的教师合作，也是广为传播先进理念，比如每年的教师公会上，都有相关的公开课出现。芬兰每个市最高可以获得 14 万美元的运作资金，文教部在推广中发现，三年一期的小额资助，对于支持和推广创新大有裨益。

芬兰的教师们对文教部的工作重点十分了解，在就业之前，他们在岗前培训中就已直接接触过最新研究。教师们上岗之后仍然可以获得相关培训，主要渠道是芬兰教育委员会的"信息化芬兰"计划，或者该委员会运营的教师专业网站——Edu. fi。在这个网站里，教师们可以检索到优质的数字材料。芬兰教育电视台（Opetaaja. tv）或者其他支持教学技能培训的机构，也可以通过该网站进行联系。将近 4 万名教师活跃在 Edu. fi 网站上，每个月的点击量都超过 10 万次。该网站提供的学习资料都由文教部聘用的专职教师上传，而且发布前都经过详细审核。这种方式保证了网站的高质量，但同时又不同于其他国家的教育门户网站，这些国家的教师网站既支持一对一交流，也支持资料的自由上传。

Opedu 是一个旨在推动终身学习的机构，它向很多行业的人士提供专业培训。"信息化芬兰"计划中的教师培训项目，就由 Opedu 负责。以前教师的在岗培训分为三个阶段：技术培训、技术在教育学背景下的运用、具体课堂技巧的开发。后来技术在培训中所占比重降低，技能与教育学知识的对接成为重点。如今，芬兰文教部认为，不能把对教师的培训当作是学生所需要的，应该对教师教与学生学的技巧同时培训。

第三节　教育信息化的建设与影响

一、教育信息化建设的内容框架

从世界各国及我国教育信息化实践来看,教育信息化建设的内容框架主要包括基础设施建设与应用、数字教育资源、信息技术教育应用、教师信息技术应用能力提升、教育信息化政策等方面。下面就从这些方面分述教育信息化的建设与影响。

(一) 基础设施建设与应用

教育信息化基础设施是支撑教育信息化发展的先决条件。在推进基础设施建设与应用的过程中,发达国家关注的重点和推进路径具有如下特点[①]:第一,在普及推广方面,一般采取政府主导投资,多主体共同参与的基础设施建设机制;第二,在均衡发展方面,为照顾落后地区,缩小区域差距,出台相关政策及计划对弱势群体给予特别关注;第三,在促进有效应用方面,通过提升教师信息化操作能力的方式来改善基础设施的应用效益。

基础设施的建设水平在一定程度上反映了教育信息化的发展水平。教育信息化基础设施建设是实现教育信息化的物质基础和先决条件,也是教育信息化进程中的重点建设内容之一。教育信息化是国家信息化体系的重要组成部分,是我国教育改革发展的重要内容。20 世纪初,对于教育信息化基础设施的建设主要集中在计算机硬件设备和计算机网络两大领域。最初的尝试是中国广播电视大学的信息化基础设施于1995 年左右开始实施,而且中央电大和部分省级电大已经建成或正在建设计算机点对点通信网络。当时一些特殊的机构比如广播电视大学对于计算机网络的需求已经客观存在。

---

① 吴砥,余丽芹,李枞枞,尉小荣. 发达国家教育信息化政策的推进路径及启示[J]. 电化教育研究,2017(9):5—13、28.

1994—1999 年期间,在教育信息化建设过程中,基础设施的建设属于起步阶段,在基础设施短缺的情况下,教育信息化进程很难稳定地推进。而在 2000—2010 年间,国家开始重视教育信息化过程中的基础设施建设,意识到基础设施在教育信息化过程中的必要性和重要性。在 2011—2017 年期间,基础设施建设工作取得了突飞猛进的进步,随着科技的不断发展和移动网络的普及,教育信息化进程中的基础设施渐趋完善,相比过去,设施完善水平和程度都提高了很多,也基本满足了广大群众的要求,不论对于教育还是国家信息化的发展都起到极大的促进作用。很多学校每年都会引进一批新的信息化基础设备,推进信息技术对教学的促进作用。基础设施是教育信息化开展的物质基础,在教育实践活动中不可或缺。随着技术和国力的发展,我国在教育信息化基础设施建设方面还会加快步伐。

从世界其他国家的情况来看,教育信息化的基础设施建设与应用也是非常重要的。美国在其国家教育技术规划的指导下,投入了大量资金用于教育信息化基础设施建设,使得美国教育信息化基础设施有了飞速的发展,在 2002 年秋季就实现了 99% 的学校接入互联网,92% 的教室接入互联网,全国平均生机比达到了 4.8∶1。这样的基础设施建设水平是其他国家尤其是发展中国家到今天都难以达到的。美国又是信息技术创新的发源地,新的设备和工具不断进入美国的教育环境中,从基础设施层面奠定了美国的教育信息化强国地位。澳大利亚在 2011 年 12 月就实现了 9 年级至 12 年级的生机比达到 1∶1。澳大利亚在利用信息技术因地制宜地开展远程教育方面也做得很有成就,为其人口稀少的偏远地区提供了教育信息化支持。芬兰则以政府主导、公司参与的形式大力推动教育信息化基础设施建设,且以立法的形式保证了全民接入互联网。美国、澳大利亚、芬兰的教育信息化基础设施建设,对增强这些国家的教育实力功不可没,对我国的教育信息化基础设施建设也有可借鉴之处,从中至少能看到我国在教育信息化基础设施建设方面与这些发达国家存在的差距。

(二) 数字教育资源

数字教育资源是教育信息化建设的重要内容之一。发达国家非常重视数字教育资源的开发与应用，经过长期发展，逐步形成了从建设、应用到评价的数字教育资源服务与运作机制。[①] 第一，在建设方面，各国多提倡校企合作，共同推动资源的建设。第二，在应用方面，通过改善教育信息化系统中的其他要素，实现数字教育资源价值的最大化。资源建设的最终目标是为人所用，只有通过应用培训提升教师使用资源的能力，才能促进优质资源在教学中的广泛应用，最终实现资源价值的最大化。第三，在评价方面，各国鼓励多方参与，资源评价的主体呈现多元化发展态势。

建设优质的教育资源是我国教育信息化工程的重点内容，推动各类优质教育资源开放共享更是被纳入我国"十三五"规划的要求之中。教育信息化面对的最大挑战就是资源问题，如何获取资源、有效利用资源，如何共享资源等问题已经成为教育信息化推进过程中一系列值得关注的问题。信息化教学资源是信息社会教育质量提升的关键因素，信息化教学资源供给服务体系建设则是教育信息化建设的重要内容。1995—2001 年期间，关于教育信息化过程中的资源问题鲜有人提及，国家在当时没有太重视教育信息化过程中的资源建设。2002—2011 年间，信息化资源建设已经成功引起教育领域的注意，而且也有了相应的举措。基于云计算的区域职业教育资源公共服务模式被提出，区域职业教育服务云平台被开发出来，从不同视角验证了资源建设的重要性。高校信息化教育资源建设也成为推动院校教学效率的重要手段。各种教学管理系统被搭建，为院校的信息化资源建设奠定了基础。在 2012—2017 年期间，信息化资源建设已经趋于完善，随着科技的发展与进步，相比之前，资源的种类已经越来越多元化、个性化，除了图片、视频、多媒体课件等，MOOC、SPOC、微视频、微课以及当下基于云平台的资源越来越频繁地出现在教育领域，基于技术的资源会更加精准地服务、支持教育信息化，推进教育信息化的发展。随着 MOOC 的发展，我国教育信息化资源建设从以前的网络精品课程建设转变到大规模开放式网络课程建设上来。可以预见的是，教育信息化资源自身的技术与形式的发展，将带动我国的教育信息化资源建设。

[①] 吴砥，余丽芹，李枞枞，尉小荣. 发达国家教育信息化政策的推进路径及启示[J]. 电化教育研究，2017(9)：5—13、28.

世界其他国家在数字教育资源建设方面也取得了一些成就。美国的数字教育资源建设在全世界是领先的，其许多名校的网络公开课、很多公司的 MOOC 都在全球扮演着引领潮流的角色。美国的数字教育资源建设与中国不同。中国的数字教育资源建设是自上而下的，由政府的政策计划主导，各方力量参与。美国的数字教育资源建设多是自下而上的，如美国一些大学的教授将自己的课程在网上发布、可汗学院自制视频等，当这些数字教育资源带来一定社会影响的时候，才会进入国家政策层面。这两种数字教育资源建设的路径都有其利弊。澳大利亚则与中国一样，由政府主导来推动建设数字教育资源库，并向社会免费提供服务。芬兰在数字教育资源建设方面非常有特色，将数字教育资源与学校环境建设融合在一起，为芬兰成为世界教育强国奠定了基础。总之，世界其他国家的数字教育资源建设，对其教育带来的影响是不可估量的，对于中国的数字教育资源建设也有诸多可借鉴之处。

（三）信息技术教育应用

信息技术在教育中的应用是教育信息化推进工作的核心。发达国家推进信息技术教育应用主要体现在两个方面[①]：第一，在教学层面，各国利用新兴技术变革教学内容、重构教学方式，最终实现教育教学创新实践的模式化。在美国以问题为导向的PBL 教学、探究学习、讨论学习、合作学习等教与学的新方法层出不穷，以翻转课堂为代表的新型教学模式全面普及。信息技术与课程深度融合是英国教育信息化应用的重要领域，2012 年，英国政府宣布教育信息化新政策，聚焦如何利用 ICT 来促进学习与教学，利用信息技术打破课堂、学科的限制，为学生提供丰富的学习工具和资源。芬兰于 2016 年 11 月开始正式改革，中小学的学校分科制课程教学体系开始松动，中小学生不必再上单独的数学课、物理课、化学课等，教师直接采用以跨学科的、贴近现实主题导向的"现象教学法"开展教学。第二，在管理层面，发达国家利用信息技术变革

---

① 吴砥，余丽芹，李枞枞，尉小荣. 发达国家教育信息化政策的推进路径及启示[J]. 电化教育研究，2017(9)：
5—13、28.

管理模式,重组业务流程,促进教育管理服务质量与效率的提升。2011 年,英国政府宣布启动云计划,改变以往由个人电脑存储数据和程序的方式,所有数据如基础设施、服务平台、应用程序等都可在云上获得、运维和管理,大大提升了政府的管理效率。2012 年,美国教育部发布《通过教育数据挖掘和学习分析促进教与学》报告,积极推进教育大数据应用。

信息技术教育应用,其实就是教育信息化应用。教育信息化应用主要体现在教学中,借助教育信息化的推进,变革教育模型,使信息技术在课堂教学中起到革命性影响。构建有针对性的信息化应用评估模型对深入评估高校信息化应用水平,推进高校教育信息化应用发展进程有着重要作用。1984—2001 年间,教育信息化的应用都比较狭窄,因为在信息化还未普及的过去,信息化教学在现实中的应用会受到多方面的限制,比如资源结构性缺乏、升学压力、效果不明显等,这些问题是客观存在的,因此随着科技的发展和文化背景等变化,在教育信息化本土演进过程中,每一时期都会被提出不同的要求,当然也会取得不同程度的成果与进步。比如在教育信息化启动之初,就是着手计算机和计算机网络的建设,但是在 2002 年以后,随着信息化的普及和全民对教育信息化的认可,一些新兴技术如多媒体、电子白板等开始进入课堂,多媒体以其鲜艳的色彩、动人的声音、精彩的画面等提高课堂的效率以及学生的投入度和参与率,同时也极大地活跃了课堂氛围,而电子白板也以其便捷性和可触性得到了广大教师的青睐,被广泛应用到课堂教学中。随着实践的推进以及技术的发展,接下来的电子书包、电子档案袋、微视频、微课、基于云平台的平板教学等也都相继进入课堂教学中。教育信息化应用不仅注重技术对教学的支撑作用,更加注重对于反馈、评价等方面的投入,从而有效提高时间与空间的利用率,精准实现碎片化教学和个性化教学。全面推进教育信息化的关键时期,抓好应用是工作的重中之重。教育信息化推进的过程中,技术已经与课堂深度融合,而且当下课堂中技术的应用随处可见,技术被引进课堂且深度融入课堂,为教育信息化的推进提供了源源不断的动力。在教育信息化本土演进的过程中,经历了从不曾实践应用到受到大众的重视,再到信息化被广泛应用在课堂的多个阶段,信息化应用也见证了教育信息化的演进过程。

（四）教师信息技术应用能力提升

信息技术应用能力是信息化社会教师必备的专业能力，教师的信息技术应用能力不断提升是教育信息化可持续发展的必要保障。为促进教师信息技术应用能力的提升，发达国家在实践过程中逐渐形成了"标准、培训、考核和认证"一体化的服务机制。[①] 第一，在标准研制方面，各国进行了教师ICT应用能力评价标准建设，用于评估教师的ICT应用能力。美国制定了两个不同版本的教师ICT能力评价标准，用以评估教师的ICT能力。韩国、新加坡并没有相应的评价标准，取而代之的是教师能力发展指导方针。第二，在能力培训方面，发达国家通常以计划与项目的方式推进。1997年，美国启动"技术素养挑战基金计划"，以期提升教师和学生在课堂中的技术素养。1999年，为了对职前教师进行信息技术应用能力的培训，美国教育部专门实施了"未来教师运用技术预备计划"。为促进教师在教学中有效应用信息技术，新加坡实施了信息技术导师项目。第三，在考核和认证方面，教师信息技术应用能力常作为教师资格认定和教师的聘用、选拔与晋升的一项基础条件。美国加利福尼亚州将教师通过基本的计算机水平考试作为教师获得资格认证的前提条件。韩国政府为所有在职教师提供为期30天的数字化资源与课程开发培训，并为表现优秀的教师提供奖励。

师资队伍的强大与否是教育事业成败的一个标志，是直接决定教育质量的因素。师资队伍的建设需要基础设施、政策、资金等各方面的支持，且一直都是教育活动重视的环节。教育大数据的发展，对教育信息化时代的教师提出了更高的要求，以解决教师教育过程中个性化、全程化培养的问题；在师资建设方面的创新做法可以突破高校传统的人事制度障碍，构建具有创新力的教师队伍，为推进教育信息化背景下师资力量建设提供保障。我国从1998年开始，在信息化教育过程中，师资力量的建设一直是受到普遍关注的问题。在我国进入信息化时代之前，师资力量主要是依靠学校的输

[①] 吴砥,余丽芹,李枞枞,尉小荣. 发达国家教育信息化政策的推进路径及启示[J]. 电化教育研究,2017(9)：
5—13、28.

出,课堂完全掌握在教师的手中,教师将书本的内容反复琢磨、内化,进行教学;当进入
信息化时代之后,对师资力量的要求提出了新的挑战,教师不仅要掌握专业教学技能,
更要培养自己的信息素养。随着信息化技术的蓬勃发展,教师还需要将一些技术应用
到课堂中,比如微课或者平板教学。技术的引入打破了传统课堂的僵局,教师可以随
时随地为学生提供学习资源,也可以对资源进行设计、重组、利用,还可以随时随地通
过技术平台给予学生反馈,不仅实现对学生的个性化教学,也真正践行了技术促进教
育变革的宗旨。随着教育信息化的推进,师资队伍的信息化水平和信息素养会越来越
高,而且各级部门对师资队伍建设的要求也会越来越高,从而对我国的教育信息化事
业有极大的推进作用。师资队伍建设是学校现在极度关注的一个问题,因为师资力量
将直接影响教学质量和教学水平。

正因为教师的信息技术应用能力对于教育信息化建设的重要作用,我国高度重视
教师的信息技术应用能力培训。教育部、财政部从 2010 年起实施"中小学教师国家级
培训计划",其中在农村中小学教师短期集中培训方面,主要加强对农村学校信息技术
学科教师的培训。通过这项计划的实施,大幅提升了广大农村教师整体的素质,信息
技术应用能力是其中的重要方面。教育部 2013 年出台《教育部关于实施全国中小学
教师信息技术应用能力提升工程的意见》,并在 2014 年出台《中小学教师信息技术应
用能力培训课程标准(试行)》,在全国推进中小学教师信息技术应用能力培训。截至
2017 年底,该工程完成 1000 多万名中小学、幼儿园教师全员轮训,全方位多途径提升
教师信息技术应用能力水平。

(五) 教育信息化政策

教育信息化政策是教育信息化建设的保障。信息化作为一项重要战略决策,在引
领教育事业发展中的作用越来越显著。而且教育信息化的发展离不开教育信息化政
策的保障。此外,教育信息化政策的实施也是推动教育改革与发展、缩小地区教育
差距、促进教育普及的有效途径,是提高全民信息素养和培养创新性人才的重要
手段。

　　1987—2001 年,国家在教育信息化政策方面还没有投入太多的精力,也许是因为当时全民对教育信息化的认识不够深入,但实际上我国在 1978 年 4、5、7 月都分别颁布了与教育信息化相关的规章制度,首先国务院在 4 月召开全国教育工作会议,邓小平同志提出"要制定加快发展电视、广播等现代化教育手段的措施,这是多快好省发展教育事业的重要途径"①,这充分说明国家领导人对教育信息化的应用开始给予重视,紧接着教育部又发布了《关于电化教育工作的初步规划(讨论稿)》,强调改革开放初期电化教育工作的初步规划,这一举措也促进了教育信息化工作的开展,而教育部颁布《关于学校开办教育电视有关问题的通知》主要强调学校应用教育电视的途径和方法,从而促进教育电视在学校的应用,这也开启了教育信息化在学校应用的通道。从2002 年至 2012 年,教育信息化工作在我国全面推进,相比 2002 年之前已经在加速发展,因为随着颁布的政策愈加全面,教育信息化涵盖的领域也越来越广泛,不仅包括基础设施、师资力量的建设,还有数字化校园、教育服务等的建设,这些政策旨在促进"教育信息化带动实现教育现代化"目标的实现。而从 2012 年之后,关于教育信息化方面的文件更加全面、科学,政策制定趋于完善,已经基本涵盖了当下各种建设目标,且渗透到教育信息化推进过程中的细微环节,比如学校试点、各层级之间的联系等,而且对于产生成效的时间、形式、空间、规范等做出了更加详细的计划与安排,从政策导向到实践落实再到理论探讨的科学循环中,可见国家对于教育信息化的重视程度。由于教育信息化在科技发展和背景文化不同的情境下,其目标定位是不同的,不同的推进阶段会有不同的侧重点,但是这些侧重点并非毫无关联,而是相互影响、相互促进、相辅相成,依托每一阶段的改变与进步促进教育信息化的整体全面推进。当前,我国进入了教育信息化建设的"十三五"时期,新的政策制度文件不断出台,以保证"三通两平台"工程的推进,加快 MOOC 等网络教育资源建设,着力于提升我国在新时期的教育信息化水平,以提高教育质量、促进教育公平。

　　教育信息化是一个复杂的系统工程,评估是其中的重要环节。通过评估,可以具

――――――――――

① 邓小平.邓小平文选(第二卷)[M].北京:人民出版社,1994:108.

体衡量各项政策的优劣和实施效果，发掘推进过程中存在的问题，从而为下一阶段的政策制定提供重要依据。发达国家教育信息化的评估机制主要体现在两个方面[①]：第一，在政策层面，各国十分重视教育信息化推进工作的评估，并从国家层面设计教育信息化评估的思路与框架。2006 年，英国颁布了学校信息化自我评估体系，该体系从领导力与管理、发展规划、学习能力等六个要素帮助学校根据信息化发展情况进行自我评估。韩国定期发布教育信息化白皮书，其中专门讨论各类教育信息化政策及其对应的产出绩效，为下一年的政策制定提供参考。第二，在实践操作层面，通过组建评估机构、制定评估标准、实施信息化评估项目来开展教育信息化评估工作。美国 ISTE 是一个促进教育技术学科的非营利性组织，通过制定一系列标准，为学生、教师、管理者及计算机科学工作者在应用信息技术解决问题的过程中提供评定依据。韩国将评估责任落实到专门的机构，专门成立了业务部门、主持部门、自评委员会三个机构来为省级教育办公室和学校提供评估支持。从世界其他国家的教育信息化评估来看，我国也有必要成立专门的教育信息化评估机构。目前我国的教育信息化评估还是通过教育部依托一些专家和学者来进行，数据收集不够及时、准确，效果不是太好，与发达国家相比，仍有很多改进的空间。

二、 教育信息化对教育的革命性影响

教育信息化对教育的革命性影响，从近 20 年的发展历程来看，主要体现在如下方面：技术本身的存在、教学目标的转变、教师教学设计方式的转变、教学过程的转变、对技术的态度的变迁、教育与技术的赛跑。下面从这些方面分别阐述教育信息化对教育的革命性影响。

---

① 吴砥,余丽芹,李枞枞,尉小荣. 发达国家教育信息化政策的推进路径及启示[J]. 电化教育研究,2017(9)：5—13、28.

（一）技术本身的存在

信息技术在学校的存在,经历了从媒体到环境的发展变迁历程。20世纪90年代后期开始的以基础设施为中心的教育信息化建设,使得我国多媒体教学设施得到了迅速的发展与普及。多媒体教室、多媒体网络教室成为信息技术在学校的典型存在方式。其中,计算机、投影机、屏幕、网络设备等教学媒体,成为黑板加粉笔的传统教室之外学校信息技术存在的基本形态,也成为多媒体教学的主要阵地。在这一时期,信息技术被看作是教学中各种媒体和工具的使用,只是作为一种辅助工具协助教师进行课堂教学。

进入21世纪,技术的更新迭代使得学校中技术的发展步伐加快。面向基础设施建设的"校校通"工程于2001年正式启动,以多种形式实现与互联网的连通;《教育信息化"十五"发展规划(纲要)》提出"加强教育信息化平台环境和资源体系建设"。截至2002年底,全国中小学约有计算机584万台,平均35个学生一台,全国中小学建立校园网和局域网约26000个,我国中小学的信息基础设施初现雏形,信息技术已成为中小学运行和发展的基础。交互式电子白板以其强大的交互功能进入教室,等等。

从2005年开始,教育信息化建设强调要利用信息技术营造信息化的学习环境或教学设备,具备"数字化校园"特征的信息化学习环境逐渐成为基础教育信息化建设的主流。移动互联网技术的迅猛发展,使得各种形态的数字化学习环境构建成为可能,智能手机、平板电脑等移动设备已经走进校园,网络教学平台不断升级迭代以满足实际教学需求。新兴的云计算、大数据、物联网及社交网络等技术,又促使学习环境从数字化走向智能化。过去20年间学校中技术存在的发展历史如图1.1所示[1],数字革命时代技术的迭代更新为教育变革和发展提供强有力的支撑,学校中的技术存在已经从单一的媒体转变为更加丰富和有意义的数字化、智能化学习环境。

---

[1] 顾小清,王春丽,王飞.回望二十年:信息技术在教育改革与发展中的历史使命及其角色[J].电化教育研究,2017(6):9—19.

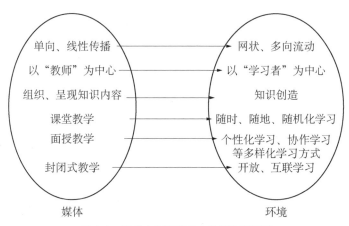

图 1.1　技术本身的存在：从媒体到环境

　　学校中的技术被裹挟着不断迭代更新。从纵向上看,截至 2001 年底,全国中小学拥有 367 万台计算机,平均 51 人一台;建有校园网的中小学校 10687 所,占全国中小学校数的 1.8%。而到了 2016 年,技术在学校的存在完全是另一番景象。学校网络教学环境大幅改善,全国中小学校互联网接入率已达87%,多媒体教室普及率达80%。①通过对比这两组数据,可以看出学校中的基础设施建设得到了飞速发展。在互联网接入方面,很多学校的校园网络状况明显改善,网络的覆盖范围明显扩大,逐步实现有线和无线网络的校园全覆盖,这也为学校创设数字化学习环境提供了有力的技术支持和保障。很多学校追随着技术的发展步伐,对学校的技术进行不断迭代更新发展。大部分学校都在技术推动下打造新一代的学习环境,当前新的技术工具,包括移动终端、网络学习平台和各种教育 APP 都或多或少地包含到新一轮的数字化、智能化学习环境中。

　　"十五"规划期间,学校中技术存在的发展历程表明:技术本身在学校的存在,经历了在技术发展推动下不断迭代更新的历程;从其形态上,经历了从媒体走向数字化、

---

① 顾小清,王春丽,王飞.回望二十年:信息技术在教育改革与发展中的历史使命及其角色[J].电化教育研究,2017(6):9—19.

智能化学习环境的过程。

从世界其他国家的教育信息化情况看，技术扮演的角色也从媒体转变到了环境。曾经作为教学辅助手段的投影仪、多媒体计算机、网络资源，逐渐变成为与教育教学环境融为一体。新型的教学环境不断出现，如未来教室、智慧教室等。支撑这些新型教学环境的是不断升级的信息技术，如云计算、学习分析、语音识别、图像识别、AI 等。在这些新型技术的支撑和推动下，技术的存在方式从环境的一个构成要素转变到融入环境的整体背景之中。

(二) 教学目标的转变

从教学目标的转变来看，信息技术的发展使得探究能力的培养目标得以落地。互联网所造就的知识普遍易得，为探究学习提供了基础。高中阶段信息技术渗透在学科整合教学中，围绕专业实践的探究促使学生将当下所学与真实情境相联系。从纵向上来看，教学过程中，在建构性的活动如"解释数据"、"呈现结果"方面有了很大提升，并且在传统性学习活动，如"练习"和"评估自己或他人成果"方面也有了非常显著的提升。

技术的支持促进了学校和社会关注每个人的个性发展。需求的多元化意味着用同样的教学策略教授所有学生变得更加困难，借助教育大数据，学生未来走向的分析会越来越科学、越来越精细。许多学校倡导个性化的课程建设。学生的学习生涯导航、课程的设置适切，这一走向在大数据技术支持下变得清晰起来。

学习兴趣的提升是技术带来的最直接效应。投票系统满足了教学生态系统的多向互动，提升了每个个体的投入感。技术提供了让学生更感兴趣的学习方式，让学生可以时时处处学习，既可以在学校也可以在家里，既可以在线下也可以在线上进行学习。

教育信息化使得世界其他国家的教育在教学目标上也发生着根本性的转变。这个转变体现为从简单的技术应用到更高阶段的教育目标。学生信息素养教育成为美国教育发展的重要战略。美国在国家宏观指导下，各州、区、校将制定技术和信息学业标准,并为教师提供相应的教学资源和工具,让管理部门保证学业标准的贯彻执行。美国已有许多州在其学业标准内制定了相应的技术标准,以促进学生在信息技术方面素养与能力的形成。澳大利亚出台了《澳大利亚技术课程框架》,明确提出澳大利亚技术课程旨在培养积极的、知情的公民与消费者,使学生能够成为自信、进取、创新、有道德、有环境和社会责任感的创新者,强调培养澳大利亚年轻人具备能使他们有效应对全球化世界的技能、知识和理解力。芬兰的教育信息化旨在促进个性化的教育,培养学生的个性化发展,为学生提供丰富的课程资源,强调学生自主学习能力的培养。

(三) 教师教学设计方式的转变

教师借助技术施力于知识点讲解以及习题演练。微课、慕课等在不同时间段出现的新的技术应用方式,确实对中小学教师的教学设计起到了一定程度的改变作用,知识点以及习题设计是教师运用技术进行设计的重要方面。

第三方服务的接入是推动教师开展信息化教学设计的重要力量。平台、产品之外的服务对教学的变革发挥了作用。学习平台与服务提供商合作,配合一线教师提出的需求完善系统。在学校配备技术服务人员是学校接受的方式。

2005 年左右,互联网接入在学校和家庭刚刚起步,教师应用信息技术主要集中在个人应用,较少涉及收发邮件、准备学校资料、资源搜索等。2016 年,教师在学校使用信息技术方面非常普遍,主要用于文字处理、学生成绩跟踪记录、电子邮件、网络搜索等。2016 年,教师在家庭使用信息技术方面,主要是个人应用、准备学校资料、电子邮件、网络搜索、教学设计。

在技术的支持下,教师教学设计方式已由原来的经验化的手工方式,逐步走向基于计算机软件的自动化教学设计。有研究人员在教学设计自动化方面走向实践的前沿。如北京师范大学杨开城教授的研究成果——基于学习活动的教学设计技术,正通过计算机软件的形式对教学设计和课程开发提供支持。随着人工智能技术的发展,在不远的未来,可以看到教师教学设计方式会走向智能化。

美国在教学设计领域是领跑者,诸多的教学设计理论和策略都源于美国的研究者,如梅瑞尔的教学设计自动化、乔纳森的建构主义教学设计等。美国在教学设计工具的研发上也是走在前面的,很多思维导图工具、知识地图工具都是由美国研发并应用在教育领域。芬兰将游戏化引入教学设计,让学生以参与游戏的形式进行学习,更好地培养有创造力的公民。从世界各国的情况来看,教学设计的理念、方式、工具都随着技术的进步而不断发展。

(四) 教学过程的转变

教学效能在技术的支持下得到增强。许多学校从2000年左右开始信息化建设,从投影到电子白板,再到智能手机与平板电脑,是对绝大多数学校信息化历程的刻画。通过多种技术工具,采用新型的学习和教学方式,教师能够摸清楚学生的学习状况并进行有针对性的教学。翻转课堂、在线学习等方式的普及,让教师能够根据大数据支持的学习分析结果来进行教学诊断,并进行精准教学。

课堂知识在技术的支持下从预设走向生成。知识的生成性是技术所能赋予的课堂变革。教师可以通过电子白板把相关的资源展现给学生,教学生怎么去理解,而不需要像PPT一样事先准备好并预设多种情况。电子白板的优势得到了很多教师的认可,在课堂上的使用频率较高。

学生的课程参与度在技术的支持下得到了提升。多媒体设备构建了学生展示的空间,课堂中心由讲台迁移到学生,给学生更多展示空间。新的投影技术使得学生的成果可以在课堂上得以展示。不仅教师可以做微课,学生也可以利用录屏功能自己创作微课并分享给同学。大部分中小学教师都能使用技术来组织教学活动、管理课程、与学生沟通交流。

学习分析技术在世界发达国家的教学当中得到了很大程度的应用。美国三大MOOC学习平台几乎都具备在线学习分析功能,对参与MOOC的学生学习过程进行跟踪、诊断和指导。美国在各阶段的教学过程中也充分使用信息技术进行数据的收集、管理、分析,有效促进了教学。澳大利亚越来越多的高校使用学习分析技术。悉尼大学通过收集分析学生注册信息及课堂参与度等数据,预测学生的学习表现,识别有

"挂科"风险的学生,以便积极干预,提升他们的学习体验。墨尔本大学的教师使用一种应用程序,督促未按要求点击链接的学生参与网络学习进程。

(五) 对技术的态度的变迁

人们对技术的态度由开始的美好期待走向更加理性。每次新技术的到来都会引起人们极大的研究兴趣,在政府、学者、学校、企业、教师等利益相关者群体中引起不同反响。各国政府纷纷制定相关支持政策,推动技术应用到教学实践当中。专家学者满怀热情投入相关的研究中,为将新的前沿技术应用于教学提供方案。新技术的兴起推动着学校更新技术设备、培训教师信息技术素养、组织教师开展教学试点改革。一些教育服务企业看到了技术迭代更新带来的教育市场的机遇和需求,持续对技术应用进行强力推广。从投影、交互式电子白板、校园网到数字化校园,从多媒体课件、网络课程到各种在线教育资源,从网络学习平台到各种教育 APP,都能看到教育服务企业的身影。正在应用技术的教师往往认为技术可以更好地促进教学,期望在未来的教学中更多地使用技术。

尽管人们总是怀揣着美好愿景,期待技术能解决实际教学问题,然而现实中,技术在学校中的应用却远远缓慢于人们的预期。人们发现技术并不像"想象中那么好",总会存在这样或那样的局限,对教学实践产生的影响远远不如人们期望的那么高,于是开始对技术的教学作用产生失望情绪,甚至放弃了使用技术的尝试。面对教学实践中遇到的种种困难,人们对待新技术的态度从狂热的追捧,到幻灭的低谷,之后进入一个相对平稳和成熟的时期,人们对新技术的发展认识逐渐趋向于理性,并对新技术在教学中的应用情况进行反思和新的探索。学者和一线教师面对新技术的态度也经历了这样一个变迁过程。当人们意识到新技术的实践效果并不如预期的那样美好,就会对新技术进行重新审视、重新定位,不断调整教学实践理念和方法,以期提高教学效果。学校在推进技术应用过程中,对技术的认识也越来越理性。有些学校会从实用的角度考虑采用的技术手段,也会把教师对技术的接受度考虑在内,甚至会考虑家长对于技术应用于教学的看法。

（六）教育与技术的赛跑

日常生活的信息化与课堂信息化的赛跑趋势明显。生活中普及的技术为教学带来新的变革，经过设计或改编已经开始渗透到学校的常规教育活动中。社会化交流软件、网购软件、交易软件降低了技术的使用门槛，在改变人们生活方式的同时，也对教育产生了影响。以 QQ、微信为代表的日常交流方式，已然成为许多教师开展校内外交流的重要渠道，甚至有教师依托这些平台开发了在线学习课程。

社会化技术不仅扮演了一些"替代角色"，还为教育教学创新提供了可能。社会化网络直播平台的应用，为大众共享生活、知识、技能提供了平台，也为"草根"教师提供了成为"明星"教师的机会，让更多优秀的教育资源覆盖到更多学生。信息化的领跑，已经开始要求整个教育领域进行信息化变革，对教育信息化的前进形成了推力。从总体而言，目前的技术发展处于持续上升态势，社会生活中的技术应用，无论从教学支持还是应用创新来讲，都要远远领先于教育领域的信息技术应用。

技术所带来的破坏性创新在教育领域有所显现。互联网开放、共享的特性，增加了每个个体的投入感。精细化服务的小众软件给教学带来了多种可能性。教师对小巧的、"接地气"的 APP 表示欢迎。教师通过一些基本的技术实现了分层教学，满足了不同层次学生的需求。学生内隐的特质通过技术得到显示，教师通过数据可以进行更加客观的判断。在学校之外的非正式教育领域，技术的破坏性创新则体现更多，社会经济领域中以消费者为中心的服务模式也渗透到了教育领域。

教育与技术在不停地赛跑。一方面，技术的发展推动着教育教学的变革。另一方面，教育教学的发展也带来新的技术需求和需要，催生了新的技术的产生。教育和技术是一种双向互动的关系。整体而言，其他领域与技术的融合要远远快于教育领域。教育需要与技术进行有效融合，进而推动自身的迭代升级。教育与技术在不停地赛跑，在国际上也体现出来。各发达国家的教育技术政策在不断衍变和升级，就是一个很好的体现。教育理念的更新、教育目标的升级、教学工具的引入，都是随着技术进步而不断发展的。

第二章

顶层设计：教育信息化在国家政策和教育变革中的使命

　　教育信息化是随着社会发展与技术进步所引发的教育组织形式和内容的变革,本质上是教育在信息技术作用下所呈现出的新形态、新特点。从宏观层面来讲,教育信息化在国家政策和教育变革中的使命包含两方面内容:其一是促进整个教育领域的信息化,如基础设施建设、资源开发及应用、教育环境创设、教育内容创新、教育管理优化等各个方面,服务于教育改革与发展,进而服务于国民经济改革与发展大局;其二是作为国家信息化的重要组成部分,其建设与发展必须在国家信息化建设的总体方针下进行,在国家信息化进程中具有重要地位,担负着与其他信息化领域协同推进国家现代化建设的使命。

　　因此,从顶层设计的角度,研究教育信息化在国家政策和教育变革中的使命,既要明确教育信息化的范围,同时也要避免孤立地看待教育信息化。立足全局,从国家宏观的教育政策、信息化政策在各方面、各层次、各要素的统筹规划上,分析政府对教育信息化相关内容的表述,推知其在国民经济发展过程中的使命变化。已有政策、规划统计显示,受教育信息化概念的组成和内涵影响,教育信息化主要出现在两类国家政策中,一类是国家信息化战略,另一类是国家教育改革与发展规划。由此,本章的研究思路如图 2.1 所示,把技术与教育两个基本元素作为切入点,第一节通过国际(聚焦于

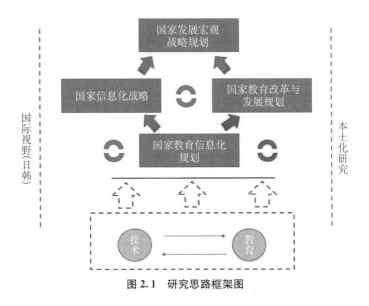

图 2.1　研究思路框架图

日本、韩国）、国内横向比较和基于历史发展的纵向推演，分析教育信息化在国家教育改革发展与信息化建设中所承载的使命，重点探究其对于教育发展的作用与影响，第二节通过对我国改革开放以来的教育信息化发展历程进行梳理回顾，总结各时期的特点和焦点，以期为新时代教育现代化建设和国家现代化建设贡献思路和方案指引。

第一节　国际视野中的教育信息化政策

一、日本、韩国宏观政策中的教育信息化

发达国家的教育信息化发展迅速，对于教育和经济社会的推动作用显著，通过聚焦"教育信息化"政策，能够深入剖析我国与发达国家之间在利用信息化手段促进教育方面的异同，包括教育信息化基础设施、数字资源建设与发展、信息化教学环境建设、技术支持的教育教学创新与实践以及教师信息技术能力发展等方面，为我国未来教育信息化建设和布局提供启示。随着各领域的融合，世界向着万物互联方向发展，不同领域之间的相互作用效果逐渐显著。教育信息化不仅在教育领域的地位和作用在不断变迁，在信息化领域也呈现出不同的角色定位，因此有必要将其放在其上位概念（信息化与教育）中进行综合分析，以探求从工业社会向信息社会变迁过程中，教育信息化在其中所承载的使命变化，为宏观决策和顶层设计提供更加系统、科学的指导。

（一）信息化宏观政策比较与启示

21世纪的全球化越来越被明确地定义为数据和信息流动的新纪元，信息化水平成为衡量国家综合实力的重要指标。信息化的赋能效应显著，在国家发展与建设中的作用和影响力逐渐凸显，与社会、政治、经济、文化等方方面面的融合不断加深，日益成为人们学习、工作、生活的新空间、新平台。信息化发展在很大程度上受生产力和科学技术的影响，发达国家在该方面行动布局较早，经验较多，有很多值得我们学习和借鉴的内容。网络就绪指数（Networked Readiness Index，NRI）是由世界经济论坛（WEF）

与哈佛大学国际发展中心(CID)于 2001 年设计开发,用于了解信息通信技术(ICT)对国家竞争力的影响以及评估各国信息化发展水平的重要指标,是《全球信息技术报告》的组成部分。2016 年的报告显示,日本、韩国的网络就绪指数(NRI)分列第 10 位、第 13 位[1],在亚洲国家中名列前茅,且其文化与我国渊源较深,故而选择日本、韩国作为比较对象。

表 2.1　日本和韩国宏观信息化政策中教育信息化定位比较

时间	韩国		时间	日本	
	政策名称	关键内容		政策名称	关键内容
1994 年	信息化促进基本法	规范与促进国家的信息化进程。	2000 年	《形成高度信息通信网络社会基本法》	正式提出了"IT 立国"的国家战略,为日本信息化的发展提供了法律依据。
1996 年	基础信息推动计划	加强国家信息技术基础设施建设,力求建成覆盖全国的宽带网络。	2001 年	e-Japan 战略	培养高素质的信息技术人才,培养 IT 教师,培养 IT 技术专家和研究人员,培养数字内容创造者。
1998 年	计算机化的韩国 21 世纪	大力发展信息技术,扩大信息技术产业,建立全面的互联网环境,将韩国打造成一个信息高度发达的国家。	2004 年	u-Japan 战略	促进信息技术在高考和教学证书考试中的实施;对泛在学习社会进行试点测试;为教育发展配置高速网络环境,培养能胜任 ICT 教学的教师;回顾地面数字广播在教育中的应用;开发面向全国的公共教育宽带网络。

---

[1] World Economic Forum. Global Information Technology Report 2016［EB/OL］. http://reports. weforum. org/global-information-technology-report-2016/networked-readiness-index/? doing_wp_cron＝1520389191. 6117689609527587890625，2018－01－03.

续表

时间	韩国		时间	日本	
	政策名称	关键内容		政策名称	关键内容
2002 年	e-Korea 计划	利用高科技信息技术，把韩国带入高度信息化的知识社会。	2006 年	IT 新改革战略	规定教育信息化的重要目标为加强 IT 教育、完善学校 IT 环境、提高教师利用 IT 的能力和推进校务的信息化。
2004 年	u-Korea 战略	以无线网络为基础，把韩国的资源进行数字化、网络化、智能化整合，使社会资源发挥更大效益。	2009 年	i-Japan 战略 2015	以推进网络化为基础，深化信息技术在各学科教学中的应用；建立能够稳定地、持续地培养高端信息化人才的体制；在进一步完善大学的信息基础设施的同时，为应用信息化手段开展远程教育、授课和学习等活动提供更多支持。
2008 年	国家信息化基本计划	建立高效的知识型政府；利用信息技术建立值得信赖的、发达的知识型社会；提高国家具有创意的软实力；利用数字化整合国家基础建设。	2010 年	ICT 新战略	开发技术友好型的教室环境以支持儿童教学和互相学习；为教师和教务人员减负；拓展儿童信息技术应用能力。

比较分析发现：（1）信息化发展从"e"到"u"转变，教育信息化逐渐显现。对于信息化规划，日本和韩国几乎在同一时间提出了"e"战略并转向"u"战略，即由电子化向更高层次的无处不在的网络化方向发展。这一转变所体现的深层内涵是信息化从技术层面的发展变得更加社会化，有线网络逐渐成熟和移动通信技术的发展使得信息化逐渐蔓延到社会的各行各业、每个角落，支撑起社会信息化的高阶发展；教育也不例外，从注重信息化人才培养和内容建设开始向具体教育信息化应用和信息化教育环境建设拓展。（2）韩国的信息化规划着重在宏观引领，利用信息技术建立值得信赖的、发

达的知识型社会,对于教育信息化的作用与内容未作过多阐述,这或许是因为其教育信息化的建设以教育为营,更多地在教育领域进行部署的缘故。日本的信息化建设体现在教育方面具有很强的连贯性和前瞻性,由最初的 e-Japan 战略关注信息化基础设施建设,到 u-Japan 战略信息化融入社会大环境各领域,再到 i-Japan 战略关注以人为本,重视个体对于信息技术的应用,或多或少都体现了对于教育的关注,但并未就教育信息化作具体部署,内容相对比较零散。(3)日本和韩国在信息化法律法规建设方面都着手较早,为规范国家信息化发展奠定了法律基础,保证了后续信息化发展的健康有序。

(二) 教育宏观政策比较与启示

教育对人才培养和科技创新具有基础性作用。任何新的科学技术的产生和发展,总是立足于前人科技成果的基础之上。教育的重要任务就是传递人类已有的科学知识、经验和最新科技成果,促进科技进步与创新的发展。20 世纪 90 年代,可以说是科学技术迅猛发展的重要时期,经济的全球化和社会的信息化等一系列因素,使得原有的教育体制越来越落后于时代和社会发展的需要,世界各国为迎接新世纪的到来,应对新兴技术带来的挑战,纷纷制定了面向新时期的人才培养和教育发展计划。日本和韩国坚持以教育立国、人才兴国,在这一时期出台了一系列较有影响力的教育改革政策,培养了大量优秀人力资源,为推动国民经济发展做出了重要贡献。为体现与前文的连贯性,这里继续选择两国的教育宏观规划政策加以比较分析。

表 2.2　日本和韩国宏观信息化政策中教育信息化定位比较

时间	韩国		时间	日本	
	政策名称	关键内容		政策名称	关键内容
1994 年	《创造新韩国的教育改革的方向和课题》	提议建立以学校为中心联结家庭、社区的学习团体;运用多媒体和文化团体继续加强社会教育的功能,强化社会媒体的终身教育职能。	1996 年	《展望 21 世纪我国教育》	要通过使用信息设备和通信网络改善学校的教育质量,使教育更好地适应国际化、信息化的发展需要。

时间	韩国		时间	日本	
	政策名称	关键内容		政策名称	关键内容
1995 年	《确立主导世界化、信息化时代的新教育体制教育改革方案》	建立一种使任何人无论在何时何地都能够易于接受教育的畅通无阻的开放教育社会和终身学习社会，实现教育信息化。	2000 年	《21 世纪教育新生计划》	以 2005 年为目标，实现教育的信息化——所有小学、初中、高中可以存储、选取信息，所有教员及学生能够利用计算机的教学环境。

比较分析发现：（1）日本和韩国均较早提出了在教育领域实现教育信息化的目标定位，以适应国际化和全球化的发展需要，教育信息化成为提升国家教育国际化水平的强大推动力；（2）教育信息化在一定程度上加快了终身学习社会的构建，以网络和通信技术为基础的信息化促进了各教育元素（学习者、教师、资源等）不断联结，使得泛在学习成为可能；（3）两国在教育信息化上的布局都具有很强的前瞻性，但内容上有很强的技术依赖性，都是基于彼时的信息技术发展水平而制定。值得思索的是，从当前政策来看，进入新世纪后日本和韩国的教育宏观改革有逐步放缓的趋势，政策多从教育信息化角度进行，在宏观政策上的定位并不显著。

二、 我国宏观政策中的教育信息化

（一）国家信息化宏观政策比较与启示

党中央、国务院一直高度重视信息化工作。20 世纪 90 年代，我国相继启动了以金关、金卡和金税为代表的重大信息化应用工程。进入 21 世纪，为加快信息化建设，抓住信息技术革命的机遇，我国对推进信息化建设与发展进行了一系列探索与规划。2002 年 10 月，我国颁布了第一个国家信息化规划，即《国民经济和社会发展第十个五年计划信息化发展重点专项规划》。此后，2006 年出台了《2006—2020 年国家信息化发展战略》，2016 年又出台了《国家信息化发展战略纲要》以及《"十三五"国家信息化规划》等,对国家信息化战略目标和重点行动计划做出了宏观规划,基本涵盖了政府、经济和社会的各个方面。近几年,随着移动互联网的兴起以及新兴技术不断涌现,我国相继出台了网络强国战略、"互联网＋"行动计划、大数据战略等基于顶层设计的宏观蓝图。在政府、企业及民众的共同努力下,我国信息化建设取得突破性进展,信息化基础设施也日渐完善,正逐步向深度融合、广泛应用以及协作创新的方向发展。

　　鉴于相关文件众多,为厘清教育发展的信息化基础,以及教育信息化在国家信息化宏观规划中的定位和使命,本书选择《国民经济和社会发展第十个五年计划信息化发展重点专项规划》、《2006—2020 年国家信息化发展战略》、《国家信息化发展战略纲要》以及《"十三五"国家信息化规划》4 份对于我国信息化建设具有重大影响的政策文件,进行教育信息化部分的内容提取、分析和比较,概要如表 2.3 所示。

表 2.3　我国宏观信息化政策中教育信息化定位比较

时间	政 策 名 称	关 键 内 容
2002 年	《国民经济和社会发展第十个五年计划信息化发展重点专项规划》	1. 信息化成为提高国民素质的重要手段,在教育、文化领域广泛应用信息技术,提高教育质量和水平; 2. 科技教育,加快教育信息化基础设施建设,发展网络教育和远程教育。
2006 年	《2006—2020 年国家信息化发展战略》	1. 推进社会信息化,加快教育科研信息化步伐,提高国民信息技术应用能力,造就信息化人才队伍; 2. 实施国民信息技能教育培训计划。
2016 年	《国家信息化发展战略纲要》	1. 优化人才队伍,提升信息技能; 2. 推进教育信息化,加快科研信息化。
2016 年	《"十三五"国家信息化规划》	1. 创新民生服务供给模式。利用信息化手段不断扩大优质教育资源覆盖面,构建网络化、数字化、个性化、终身化的教育体系,建设学习型社会。 2. 实施网络扶智工程。充分应用信息技术推动远程教育,促进优质教育资源城乡共享。 3. 在线教育普惠行动。

政策分析结果显示,教育信息化的概念在信息化宏观政策中逐渐清晰,所涵盖的范围逐步从分散到聚焦,影响范围不断向政治经济生活的其他方面拓展。具体有以下几方面特点和启示:(1)教育信息化的概念最初以信息化为切入点,逐渐引申到教育领域,利用其在信息传递和交互上的优势与便利以改善教育质量、提高国民素质,教育信息化的形式以网络教育和远程教育为主要特点;(2)在教育领域深化拓展,信息化教育科研的步伐和信息化人才培养逐步受到重视,通过科研、人才培养反促信息化建设,体现信息化发展需求对于信息化的教育与教育的信息化的必然要求;(3)由于教育是一项庞大的民生工程,教育信息化开始在民生服务供给模式创新上发挥作用,但主要还是利用教育所特有的价值和特质,如利用教育信息化进行教育精准扶贫,一方面利用信息化手段扩大优质教育资源覆盖面,利用同步课堂、专递课堂等远程教育形式辅助偏远、后发地区的音体美课程开设。通过信息化识别、分析技术对于贫困家庭留守儿童进行精准帮扶。另一方面,打通数据在教育一环的通路,与经济、政治、医疗等生活方方面面的数据进行联通,构建起全纳的国家全局大数据体系,以服务国家信息化建设,促成国家现代化建设。

(二) 国家宏观教育政策比较与启示

1985 年《中共中央关于教育体制改革的决定》颁布,强调教育促进经济和社会发展的功能,教育从为政治服务转而为经济建设服务,标志着我国开始了全面教育体制改革的新征程。教育成为中国现代化事业强劲的动力和资源。自 20 世纪 90 年代开始,我国相继出台了一系列教育改革与发展战略规划,落实科教兴国战略,把教育摆在优先发展的战略地位,为国民经济发展做出了重大贡献。值得注意的是,也是从该时期开始,教育信息化相关内容开始在政策中显现,逐渐成为我国教育现代化建设的重要指标和全面推动教育现代化的关键抓手,其定位和使命在宏观政策中的变迁足见其变革教育的巨大潜力和广阔前景。由此,本研究选取几次具有时间上的连续性和内容上的相关性的重大教育变革规划进行比较分析,为当前新时代背景下的教育改革提供借鉴。

表 2.4　我国宏观教育政策中教育信息化定位比较

时间	政策名称	关 键 内 容
1985 年	《中共中央关于教育体制改革的决定》	在新技术革命条件下，一系列新的科学技术成果的产生，新的科学技术领域的开辟，以及新的信息传递手段和认识工具的出现，对教育产生了重大的影响，发达国家在这方面的经验尤其值得注意。
1993 年	《中国教育改革和发展纲要》	1. 20 世纪 90 年代乃至 21 世纪初教育改革和发展的蓝图。 2. 积极发展广播电视教育和学校电化教育，推广运用现代化教学手段。到 2000 年基本建成全国电教网络，全国 70% 左右的县要建立起教育电视台（收转台），70%左右乡镇中心小学以上的学校和少数民族寄宿制学校要能够直接收看教育电视节目。各类大专层次的高等教育应适当扩大规模，注意充分利用电视、广播、函授等办学形式。
1998 年	《面向 21 世纪教育振兴行动计划》	1. 现代信息技术在教育中广泛应用并导致教育系统发生深刻的变化。 2. 实施"现代远程教育工程"，形成开放式教育网络，构建终身学习体系，加强中国教育科研网（CERNET）示范网和卫星视频传输系统建设，开发高质量教育软件，对全国现代远程教育工作实行归口管理。
2004 年	《2003—2007 年教育振兴行动计划》	1. 实施"农村中小学现代远程教育计划"。 2. 实施"教育信息化建设工程"，加快教育信息化基础设施、教育信息资源建设和人才培养，全面提高现代信息技术在教育系统的应用水平。
2007 年	《国家教育事业发展"十一五"规划纲要》	1. 加快教育信息化步伐，以教育信息化带动教育现代化。 2. 建设覆盖全国城乡的现代远程教育网络，多形式、多渠道向全国特别是中西部农村地区输送优质教育资源，提高农村学校的教育教学质量，并为农民学习实用技术服务，为农村基层党员和干部培训服务。 3. 加强教育教学信息化、管理信息化、科研信息化、信息化标准和人才培养等，建立和完善教育信息化技术服务支撑体系。 4. 加快教育信息资源开发，形成国家信息教育资源服务体系。

53

时间	政策名称	关 键 内 容
2010 年	《国家中长期教育改革和发展规划纲要（2010—2020 年）》	1. 单独在第四部分"保障措施"中，用一章详细陈述了加快教育信息化进程的具体内容，表明其成为教育改革和发展的重要保障。 2. 信息技术对教育发展具有革命性影响，必须予以高度重视，把教育信息化纳入国家信息化发展整体战略，超前部署教育信息网络。 3. 加快教育信息化基础设施建设，加强优质教育资源开发与应用，构建国家教育管理信息系统。
2012 年	《国家教育事业发展"十二五"规划》	1. 加快实施教育信息化战略，超前部署教育信息网络。发布实施《教育信息化十年发展规划》，把教育信息化纳入国家信息化发展战略。 2. 推动优质资源的开发、集成与共享，提高、发展教师的信息化技能，提高学生的信息化学习与生存能力，建设全国教育管理信息系统。
2017 年	《国家教育事业发展"十三五"规划》	1. 以教育信息化推动教育现代化，积极促进信息技术与教育的融合创新发展。 2. 积极发展"互联网＋教育"，加快完善制度环境，进一步改善基础条件，推进优质教育资源共建共享。

从 1985 年颁布《中共中央关于教育体制改革的决定》开始，我国逐步认识到新的科学技术会对教育产生重大影响，最后转变为认识到教育信息化会成为全面推动教育现代化的强大动力，这一过程中教育信息化的历史定位在不断变化，教育信息化在教育领域的影响力逐渐攀升，逐步成为教育教学改革的有效手段。基于时间线维度的内容比较分析发现：（1）教育领域教育信息化的概念形成有很强的技术导向性，在教育领域发挥作用也随着信息化发展水平的变化而变化。从最开始只是认识到教育信息化是一种新型的信息传递手段和认识工具，会随着科学技术发展而产生变化，从利用广播、电视等媒体进行教育信息传递（电化教育），发展成为以网络和计算机为基础的教育信息化。对于教育信息化的定位认识，则从其能够对教育产生影响并要合理应用，转变到判断其会对教育有革命性影响并必须予以高度重视。（2）教育信息化的作

用范围向空间维度和内容维度延伸。一方面,不仅城镇信息化进程在加快完善,而且农村地区、偏远地区等也都得以享受到教育信息化带来的红利,在很大程度上促进了教育均衡和教育公平;另一方面信息化改变着教育内容的传递形式、存储形式、交互方式,而且也在变革着教育的管理方式、教学模式等,催生出一系列新型教育教学和管理方式。(3)信息技术应用能力成为 21 世纪公民的必备素质,教师、学生、教育管理者、家长等各方在融入教育信息化的过程中都必须具备这一品质。一方面各类学习者可以依据信息化手段进行自我提升,应对日益激烈的社会竞争,建设学习型社会;另一方面广泛融入的学习者亦能够在与技术交互的过程中培养和不断更新信息素养。(4)教育信息化从最初的以技术介入教育、用于教育辅助教学,到逐步与教育深度融合,变革着教育的方方面面,成为教育改革与发展的重要保障。在教育现代化建设的进程中,信息化从内容和手段转变为基础和支撑,在当前信息社会背景下,几乎教育的各个角落都有着信息化的身影。(5)教育信息化从最初的教育规划任务和工程性质,上升到国家重大战略,其重要性从辅助教学的微元素转变成推动教育现代化的关键抓手和重要引擎,不仅在为国内教育发展服务,也逐渐走向国际化,为世界教育信息化建设提供中国方案,成为引领我国教育国际化的强力牵引。

三、 中国、日本、韩国宏观教育信息化政策分析比较小结

比较我国与日本、韩国教育信息化在宏观政策中的使命可以发现:(1)日本、韩国的信息化政策布局早于教育政策布局,教育信息化的定位和使命在信息化以及教育宏观布局中的体现极其微小,可以说其有使命但并不明确,这或许与其较早地提出实现教育信息化这一目标有关。我国则呈现相反的趋势,教育的改革和发展早于信息化,教育信息化的定位在教育宏观政策中的作用变化明显,各项规划之间有时间上的连续性和内容上的发展性以及系统性,同时也体现出了很强的技术导向性特点。(2)日本和韩国在对信息化发展的走向研判上比我国更具前瞻性和机动性,两国几乎同时较早地认识到了信息化发展的社会性特点,以及服务国家建设和国民素质提升上的潜力,

并适时依据形势变化进行战略调整。（3）在对于教育信息化的依赖程度和重视程度上，我国在宏观政策上比日本、韩国更加侧重，一度从工程和项目层面上升到国家战略高度，成为国家现代化建设不可或缺的一环。（4）日本和韩国对于法律法规的重视程度高于我国，在信息技术发展早期就建立了相对完备的法律制度。

第二节　教育信息化在我国教育改革与发展中的定位与角色

中共十九大指出，中国特色社会主义进入了新时代。把"办好网络教育"写入中共十九大报告，意味着我国教育信息化也开始了一个新时代，成为破解新时代教育矛盾，推动教育现代化和办好人民满意的教育的重要途径。自改革开放以来，我国的教育信息化经历了两个阶段、四个时期的发展历程，如图 2.2 所示：第一阶段为教育信息化1.0"兴"时代，包括教育信息化萌芽期、教育信息化建设驱动发展期及教育信息化应用驱动发展期；第二阶段为教育信息化 2.0 新时代，以中共十九大召开和社会主要矛盾的转变为标志，进入融合创新、智能引领新时期。新时代的教育信息化有新的使命与

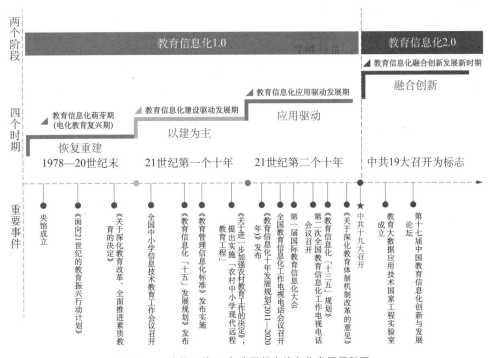

图 2.2　改革开放 40 年我国教育信息化发展历程图

责任，要推进落实立德树人的根本任务，创新教与学活动的开展，促进教育治理能力的现代化，构建"四化三学"的教育新格局，推进教育精准扶贫和服务"一带一路"倡议等国家重大战略需求。

一、改革开放 40 年，我国教育信息化的定位转变

电化教育在我国教育信息化发展历程中占有重要的历史地位。我国的电化教育诞生于 20 世纪初。1915 年，金陵大学在东大楼前建立校园电影专用放映场地，是我国电化教育诞生的标志性事件。对于"电化教育"一词的由来，孙健三（孙明经之子）经过史料分析，认为该词于 1936 年被正式提出。[①] 时值开办"教育部电影教育与播音教育人员训练班"期间，陈礼江以民国教育部名义发文时，把"电影教育与播音教育人员训练班"简化为"电化教育人员训练班"，并在开班讲话中指出"电影教育与播音教育合称为电化教育"，从此"电化教育"一词开始广泛传播。

新中国电化教育事业的奠基人南国农先生认为，我国的电化教育可以划分为两个阶段：20 世纪 90 年代中期以前是前发展阶段，使用的名称为电化教育或视听教育；20 世纪 90 年代中期以后是后发展阶段，使用的名称是电化教育或信息化教育。南先生也特别指出，信息化教育就是教育信息化，二者是同一件事情在不同发展阶段的不同称谓。可见，教育信息化是信息时代的电化教育，电化教育是教育信息化的序曲。[②]

阿伦娜对电化教育在萌生、初期发展中的重要事件进行了详细论述，并编制了记录我国从 1920 年到 2005 年间电化教育重大事件的《中国电化教育（教育技术）年表》[③][④]。随后张宝志对该年表进行了补充和完善，并将我国电化教育发展分为三个阶

---

① 李龙."电教百年"回眸——继承电化教育优良传统开创教育技术辉煌未来[J]. 中国电化教育，2012(3)：
   8—15.
② 南国农，李运林等. 信息化教育概论[M]. 北京：高等教育出版社，2011.
③ 阿伦娜. 中国电化教育（教育技术）年表（一）[J]. 电化教育研究，2006(11)：78—80.
④ 阿伦娜. 中国电化教育（教育技术）年表（二）[J]. 电化教育研究，2006(12)：63—70.

段：(1)早期电化教育阶段(1920—1949 年);(2)新中国初期的电化教育阶段(1949—1978 年);(3)新中国电化教育重新起步全面发展阶段(1978—2008 年)①。

值得注意的是,以上两类发展阶段的划分,基本上都是从学科视角来探究电化教育的发展历程,并未完全体现出电化教育随时代发展所呈现的新特点。特别是在信息时代,教育信息化已发展为电化教育的新阶段,其对我国教育改革与发展的影响,是以往电化教育阶段所不能比拟的。教育信息化得到了中共中央、国务院的高度重视,中共十八届三中全会首次将其写入中央全会决议,教育信息化的战略地位得以确立②。从中共十九大开始,中国特色社会主义进入了新时代,信息化建设面临着新机遇和新挑战,也将承担起新的使命。因此,新时代的教育信息化建设与发展,需要借鉴我国过去四十年的发展经验,快速推进教育信息化 2.0 计划,以全面推动教育现代化建设。

(一) 教育信息化 1.0"兴"时代：破与立,建与用

新中国成立后,百废待兴,人民素质和文化程度亟待提升,党和政府从全局出发,开始进行教育改革,并提出在教育教学中采用如幻灯、电影和广播等新的教育工具。随着教育改革的推进,电化教育的潜力与魅力开始展现。到了"文革"时期,与国家其他行业建设类似,我国的电化教育一度处于停顿状态,但电化教育基础工作已具有一定基础。直到 1978 年,中共十一届三中全会开启了改革开放的历史新时期,党和国家的工作重心重新转移到了社会主义现代化建设上来。电化教育也受到空前重视并得以重新起步。信息化开始成为电化教育的主要载体和表现形式,教育信息化开始进入 1.0 阶段。在教育信息化 1.0 阶段,教育信息化建设与发展的体制机制逐步建立、基础设施建设不断推进、优质教育资源覆盖面不断扩大、教育教学应用逐渐展开,对于教育现代化的支撑作用日益显现,是破与立、建与用的"兴"时代,具体可以分为三个时期。

---

① 张宝志. 中国电化教育发展史拾零[J]. 电化教育研究,2009(1)：114—120.
② 刘延东. 巩固成果　开拓创新　以教育信息化全面推动教育现代化——刘延东副总理在第二次全国教育信息化工作电视电话会议上的讲话[N]. 中国教育报,2016 - 01 - 22(001).

1. 教育信息化萌芽期(电化教育复兴期)

中共十一届三中全会标志着我国进入了历史新时期,开始了以改革开放和社会主义现代化建设为主要任务的中国特色社会主义道路探索。在百废待兴之际,为满足国民经济发展对人才的迫切需要,建设与国民经济发展要求相适应的教育事业,邓小平同志在 1978 年 4 月的全国教育工作会议上指出,"要制订加速发展电视、广播等现代化教育手段的措施,这是多快好省发展教育事业的重要途径,必须引起充分的重视"①。同年,经邓小平同志批准,我国正式成立了中央电化教育馆。成立中央电化教育馆对于教育信息化的意义,2004 年时任教育部副部长的赵沁平同志在全国电化教育馆馆长会议上指出,"这是我国最早的一支教育信息化队伍"。② 2012 年时任国务委员刘延东副总理在全国教育信息化工作电视电话会议上指出,"这是改革开放新时期教育信息化的先声"。③ 当时,尽管国内还没有提出"教育信息化",但中央电化教育馆的组建,标志着我国教育信息化建设队伍初具雏形。

进入 20 世纪 90 年代,随着计算机与互联网的发展,教育信息化进一步为我国政府所重视,在政府制定的一系列政策文件中,均不同程度地表明教育信息化是促进教育改革与发展的重要力量。如教育部在 1998 年 12 月 24 日印发的《面向 21 世纪教育振兴行动计划》指出,"现代信息技术在教育中广泛应用并导致教育系统发生深刻的变化",并提出"实施'现代远程教育工程',形成开放式教育网络,构建终身学习体系"④,来实现跨时空教育资源共享,扩大社会成员受教育机会,应对 21 世纪的人才需求与国际竞争。国务院于 1999 年发布的《关于深化教育改革,全面推进素质教育的决定》,提

---

① 邓小平. 邓小平文选[M].北京：人民出版社,2001.
② 教育部. 抓住机遇　开拓进取　积极推进教育信息化建设——教育部副部长赵沁平在 2004 年全国电化教育馆馆长会议上的讲话[EB/OL]. http://www. moe. edu. cn/moe_879/moe_175/moe_176/tnull_3076. html, 2017 - 11 - 25.
③ 刘延东. 把握机遇　加快推进　开创教育信息化工作新局面——刘延东副总理在全国教育信息化工作电视电话会议上的讲话[EB/OL]. http://www. moe. gov. cn/srcsite/A16/s3342/201211/t20121102_144240. html, 2017 - 11 - 25.
④ 教育部. 面向 21 世纪教育振兴行动计划[EB/OL]. http://old. moe. cn/publicfiles/business/htmlfiles/moe/moe_177/200407/2487. html, 2017 - 11 - 25.

出要"大力提高教育技术手段的现代化水平和教育信息化程度"①，进一步明确了教育技术和教育信息化的重要性。

从 1978 年到 1999 年的这段时间，我国电化教育事业重新起步并实现了复兴，我们称之为电化教育复兴期。但值得注意的是，随着信息技术的飞速发展及其在各行业的应用，这段时期的电化教育也逐步受到信息技术的影响，不仅我国教育信息化建设队伍开始建立，而且教育信息化对教育改革与发展的影响也开始为中央和政府所重视。因此，这一时期也是教育信息化的萌芽期。

2. 教育信息化建设驱动发展期

21 世纪初，我国教育信息化开始进入系统性、全方位、多层次、大规模的建设阶段。根据国家对教育信息化建设的整体部署，全国的教育信息化建设基本以项目和工程方式推进，强调要以远程教育为依托，建设覆盖城乡的开放教育系统，以提供多层次和多样化的教育服务。② 2000 年，"全国中小学信息技术教育工作会议"在北京召开，这次会议是信息技术教育的一个里程碑，是推进新世纪教育信息化的一次重要会议。会上，时任教育部部长陈至立做了大会主报告，指出"实现教育信息化是在新的历史条件下社会经济发展对教育提出的必然要求，也是推进教育现代化的基础和条件"，明确提出了"开设信息技术必修课程"的目标任务，以及"信息技术与课程整合"的思路，并宣布了"全面实施'校校通'工程"的决定，"以信息化带动教育的现代化，努力实现基础教育跨越式的发展"③。自此，我国教育信息化跨入快速发展、建设驱动的新时期。为进一步推进教育信息化建设健康有序地发展，教育部于 2002 年 9 月还发布了"十五"期间我国教育信息化建设与发展的纲领性指导文件——《教育信息化"十五"发

---

① 教育部. 中共中央国务院关于深化教育改革，全面推进素质教育的决定[EB/OL]. http://old. moe. gov. cn/publicfiles/business/htmlfiles/moe/moe_177/200407/2478. html，2017－11－25.

② 刘延东. 把握机遇　加快推进　开创教育信息化工作新局面——刘延东副总理在全国教育信息化工作电视电话会议上的讲话[EB/OL]. http://www. moe. gov. cn/srcsite/A16/s3342/201211/t20121102_144240. html，2017－11－25.

③ 教育部. 抓住机遇，加快发展，在中小学大力普及信息技术教育——教育部部长陈至立在全国中小学信息技术教育工作会议上的报告[EB/OL]. http://www. moe. gov. cn/s78/A06/jcys_left/zc_jyzb/s3332/201001/t20100128_82097. html. 2017－11－25.

展规划（纲要）》①。该文件首次系统性地阐述了我国教育信息化建设的内容、目标、思想、原则等，也是我国教育信息化的第一份发展规划。在随后的五年间（2002—2007年），教育部根据教育信息化建设进展，连续五年发布了教育信息化发展的年度概况。

根据《教育信息化"十五"发展规划（纲要）》，我国在各细化领域如标准建设、师资队伍、体制机制完善等方面发力，并且开始关注农村等教育薄弱地区的信息化建设。教育部在2002年9月发布和开始实施《教育管理信息化标准》的"学校管理信息标准"，标志着我国教育信息化工作开始向标准化和规范化发展。2003年9月4日，教育部印发了《教育部关于实施全国教师教育网络联盟计划的指导意见》，以应对信息化对教师专业发展提出的时代要求，为推进教师教育改革创新和提升教师能力素养开拓了新渠道，信息化开始带动教师教育现代化。为了促进城乡优质教育资源共享，提高农村教育质量和效益，同年9月17日，国务院印发了《关于进一步加强农村教育工作的决定》，提出实施"农村中小学现代远程教育工程"②。2004年3月，国务院批转了教育部《2003—2007年教育振兴行动计划》，提出实施"教育信息化建设工程"③，并指出"教育信息化是我国教育实现现代化和适度超前发展的重要途径"。2006年，教育部发布了《教育部办公厅关于成立教育信息化工作办公室的通知》，将教育信息化工作办公室挂靠在科学技术司，并成为教育信息化领导小组的办事机构。

经过21世纪第一个十年的建设，我国教育信息化在各方面的进展迅速：教育资源的建设体系雏形基本形成，覆盖城乡基础教育、职业与成人教育和高等教育；基础网络设施的建设取得较大进展，信息化人才的培养规模不断扩大；应用支撑平台建设成果显著，基于网络平台的教学与管理服务初见成效。

---

① 教育部.教育部关于印发《教育信息化"十五"发展规划（纲要）》的通知[EB/OL]. http://old. moe. gov. cn//publicfiles/business/htmlfiles/moe/s3341/201001/xxgk_82366. html，2017－11－25.

② 中国政府网.国务院关于进一步加强农村教育工作的决定[EB/OL]. http://www. gov. cn/zwgk/2005-08/13/content_22263. htm，2017－11－25.

③ 中国政府网.国务院批转教育部2003—2007年教育振兴行动计划的通知.[EB/OL]. http://www. gov. cn/zwgk/2005-08/12/content_21704. htm，2017－11－25.

3. 教育信息化应用驱动发展期

21 世纪的第二个十年,我国的教育信息化开始进入以顶层设计引领、以"三通两平台"为抓手的应用驱动发展期。在《国家中长期教育改革和发展规划纲要(2010—2020 年)》(以下简称"《纲要》")中,把教育信息化纳入国家信息化发展的整体战略,并提出"信息技术对教育发展具有革命性影响"的论断[①],对我国教育信息化建设影响深远。为落实《纲要》关于教育信息化的总体部署,教育部对我国教育信息化的未来十年发展进行了整体设计和全面部署[②],于 2012 年 3 月发布了《教育信息化十年发展规划(2011—2020 年)》,提出要坚持"应用驱动"的工作方针,通过信息化带动教育现代化,为破解教育难题提供新思路。

2012 年 5 月,教育部副部长杜占元在"教育信息化试点工作座谈会"上指出,"应用是我们真正的切入点和着力点",并将"十二五"教育信息化核心建设目标概括为"三大任务"和"两个平台",简称"三通工程"[③]。在同年 9 月召开的"全国教育信息化工作电视电话会议"上,刘延东强调要"以建设'三通两平台'为抓手,以应用为导向,加快推进教育信息化体系化建设,逐步完善教育信息化基础设施"[④],以应用驱动建设的教育信息化建设开始在全国推进。

2015 年 5 月,"第一届国际教育信息化大会"在青岛召开,这是我国教育信息化正式在国际上发出中国声音和贡献中国智慧,标志着我国教育信息化从自主探索建设向国际协作引领的转变。国家主席习近平在致大会召开的贺信中提出,"因应信息技术

---

① 中共中央办公厅,国务院办公厅. 国家中长期教育改革和发展规划纲要(2010—2020 年)[EB/OL]. http://www. moe. edu. cn/publicfiles/business/htmlfiles/moe/moe_838/201008/93704. html,2018 - 02 - 03.

② 教育部. 教育部关于印发《教育信息化十年发展规划(2011—2020 年)》的通知[EB/OL]. http://www. moe. gov. cn/srcsite/A16/s3342/201203/t20120313_133322. html,2017 - 11 - 25.

③ 教育部. 关于印发杜占元同志在教育信息化试点工作座谈会上的讲话的通知[EB/OL]. http://old. moe. gov. cn//publicfiles/business/htmlfiles/moe/s5892/201207/139233. html,2017 - 11 - 25.

④ 刘延东. 把握机遇 加快推进 开创教育信息化工作新局面——刘延东副总理在全国教育信息化工作电视电话会议上的讲话[EB/OL]. http://www. moe. gov. cn/srcsite/A16/s3342/201211/t20121102_144240. html,2017 - 11 - 25.

的发展,推动教育变革和创新,构建网络化、数字化、个性化、终身化的教育体系,建设
'人人皆学、处处能学、时时可学'的学习型社会,培养大批创新人才"①,为我国的教育
信息化建设与发展指明了新的方向。同年,刘延东在时隔三年的"第二次全国教育信
息化工作电视电话会议"上强调,"'十三五'教育信息化工作要强化深化应用、融合创
新,大力提升信息化在推进教育公平、提高教育质量中的效能"。② 根据此次会议的精
神,教育部对未来五年的教育信息化建设进行了规划和部署,并于 2016 年 6 月印发了
《教育信息化"十三五"规划》。③ 中共十九大临近之际,国务院办公厅印发的《关于深
化教育体制机制改革的意见》指出,"当前我国教育改革发展已进入一个新的阶段",
"要切实推进现代信息技术与教育教学深度融合"。④ 可见,教育信息化需要进一步释
放其融合创新的效能,以支撑和推进新阶段的教育改革发展。

杜占元将这一时期的教育信息化工作成效概括为"五大进展"和"三大突破"。⑤
"五大进展"包括:一是"三通两平台"建设与应用取得重大进展,二是教师信息技术应
用能力大幅提升,三是教育信息化技术水平得到大幅提高,四是信息化对教育改革的
推动作用大幅提升,五是我国教育信息化国际影响力大幅增强。"三大突破"包括:一
是教育信息化应用模式取得重大突破,二是全社会参与的推进机制取得重大突破,三
是在探索中国特色教育信息化路子上取得重大突破。

在教育信息化 1.0 阶段,我国教育信息化经过以上三个时期的建设与发展,走出
了一条具有中国特色的以信息技术支撑引领教育现代化发展的教育信息化路子⑥。

---

① 习近平. 习近平致国际教育信息化大会的贺信[EB/OL]. http://news. xinhuanet. com/politics/2015-05/
23/c_1115383959. htm, 2017－11－25.
② 刘延东. 巩固成果 开拓创新 以教育信息化全面推动教育现代化——刘延东副总理在第二次全国教育
信息化工作电视电话会议上的讲话[N]. 中国教育报,2016－01－22(001).
③ 教育部. 教育部关于印发《教育信息化"十三五"规划》的通知[EB/OL]. http://www. moe. gov. cn/
srcsite/A16/s3342/201606/t20160622_269367. html, 2017－11－25.
④ 中共中央办公厅,国务院办公厅. 中共中央办公厅 国务院办公厅印发《关于深化教育体制机制改革的意
见》[EB/OL]. http://news. xinhuanet. com/politics/2017-09/24/c_1121715834. htm, 2017－11－25.
⑤ 雷朝滋. 中国特色教育信息化发展成果与展望——在第十七届中国教育信息化创新与发展论坛上的讲话
[EB/OL]. http://sczg. china. com. cn/2017-11/23/content_40078873. htm. 2017－11－30.
⑥ 杜占元. 发展教育信息化 推动教育现代化 2030[N]. 中国教育报,2017－03－25(003).

教育信息化 1.0 主要聚焦于基础建设和融合应用,为提高教育教学质量、改善教育管理、促进教育公平和带动教育现代化提供了重要的理念、资源和环境,也为教育信息化 2.0 的发展奠定了坚实基础。

教育信息化 1.0 有以下方面的特点: (1) 在基础设施方面,截至中共十九大召开前夕,教育信息化基础设施有很大改善,但仍存在网络带宽不足和人机比相对高的问题。(2) 在资源方面,在三个不同的时期,教育资源的设计理念、开发方式、传播方式、呈现形式和应用方式均存在较大差异,如常见的教育 APP 和 PPT 课件,这些资源基本是满足多数学习者需求的教育专用资源,促进了传统学习方式向信息化教学方式的转变,但并不能很好地支撑个性化教学和多元人才的培养。(3) 在系统平台方面,从独立的专用系统平台,逐步转向互联互通的综合性系统平台,且基本上可支持不同终端设备的适应性登录,提高了教学质量和管理效率,但在教育数据累积和智能分析等方面存在不足。(4) 在教学方面,信息化教学已经基本实现了常态化,教学活动形式也越来越多元化,发生在校内和校外的教与学活动,正逐步连接和联通,但亟需创新教学活动形式来培养创新型人才。(5) 在教育管理方面,初步建成了"三大教育基础数据库"和"两级建设、五级应用"的教育管理体系,基本实现了全国教育数据的互通和互联,提升了教育管理能力与服务水平,但仍需进一步提升教育管理信息化,进而推动教育治理体系与治理能力的现代化。

(二) 教育信息化 2.0 新时代: 融合创新,智能引领

中共十九大报告指出,我国社会主要矛盾已经转化为人民日益增长的美好生活需要和不平衡不充分的发展之间的矛盾,中国特色社会主义进入新时代。[①] 新时代的社会矛盾在教育领域表现为,人民日益增长的对公平、优质、美好教育的需求和不平衡不充分的教育发展之间的矛盾。而教育信息化具有变革教育的巨大潜力,是破解新时代

---

① 习近平. 决胜全面建成小康社会　夺取新时代中国特色社会主义伟大胜利[N]. 人民日报,2017－10－28 (001).

的教育矛盾和推动教育现代化的重要途径。因此，新时代教育信息化的发展方向，第一就是要贯彻中共十九大精神，按照面向新时代教育改革发展的新要求，从注重"物"的建设向满足"人"的多样化需求和服务转变，扎实推进教育信息化融合创新发展。第二是要以智能引领，依托大数据、智能算法和算力催生的人工智能、机器智能技术，推动教育信息化资源的开发与共享方式、教学评价方式、人机交互形式、群体协作与沟通方式等各方面向智能化方向演进，支撑和促进教育的改革与发展，满足人民日益增长的对美好教育的需求。

2017 年 11 月 2 日，杜占元在"教育大数据应用技术国家工程实验室"成立启动会上指出，把办好网络教育写入中共十九大报告，意味着我国教育信息化开始了一个新时代，即我国教育信息化将进入 2.0 时代。① 随后，他又进一步指出，要推进"互联网＋"环境下的教育信息化 2.0，推动教育信息化由融合应用向创新发展转变。② 2017 年 11 月，教育部科技司司长雷朝滋在"第十七届中国教育信息化创新与发展论坛"上也指出，"中共十九大之前，可以称之为教育信息化 1.0，是初步探索；下一阶段，要推动实施教育信息化 2.0 行动计划，以教育信息化全面推动教育现代化，开启智能时代教育的新征程"。③ 可见，无论是中央从国家战略出发的顶层设计，还是教育部对教育信息化的具体规划，都直接表明了自中共十九大开始，我国教育信息化已步入了融合创新、智能引领的新时代——教育信息化 2.0 时代。

杜占元指出，推动教育信息化 2.0 要实现三个转变，即实现教育专用资源的开发应用向大资源的开发应用转变，把提升应用能力向提升信息素养转变，从融合发展向创新发展转变。④ 以三大转变为导向的 2.0 时代，就是教育信息化要全面推动教育现

---

① 中国信息产业网. 教育大数据应用技术国家工程实验室启动［EB/OL］. http://www. cnii. com. cn/informatization/2017-11/10/content_2010694. htm，2017－11－25.
② 杜占元. 新思想引领新时代　新时代要有新作为［N］. 中国教育报，2017－11－09.
③ 雷朝滋. 中国特色教育信息化发展成果与展望——在第十七届中国教育信息化创新与发展论坛上的讲话［EB/OL］. http://sczg. china. com. cn/2017-11/23/content_40078873. htm. 2017－11－30.
④ 中国信息产业网. 教育大数据应用技术国家工程实验室启动［EB/OL］. http://www. cnii. com. cn/informatization/2017-11/10/content_2010694. htm，2017－11－25.

代化的时代,也是以信息化为基础的智能教育的时代。教育信息化将不再仅仅是"可做或可不做"、"可多做或可少做"的选择,而是具有战略性和全局性意义,将与教育所包含的一切空间深度融合,智能化地改造教育教学、教育治理的所有领域将是一种必然。

教育信息化2.0具体有以下六方面的特点：(1)在基础设施方面,新一代高速光纤网络和5G移动网络将解决网络带宽不足的问题;物联网将对教育环境和非在线的教学行为数据实时识别和收集;云计算成为重要组成,促进协作和共享;BYOD和可穿戴设备将逐步常态化应用。(2)在资源方面,资源内容的虚拟强度、交互深度、丰富程度将有巨大提高,在受众上将面向所有人群和所有学段,在获取方式上将实现动态和实时的自适应推送或推荐,突破个性化教育的资源瓶颈。(3)在平台方面,教育平台智能化转型升级,依托人工智能提供个性化教育服务,并且"开环"理念将日趋普及,将进一步降低平台建设成本,也将促进平台间的互联互通。(4)在教学方面,新型技术将与课堂内外的教与学活动深度融合,资源、平台、应用和服务的整合与联通,将极大地降低教与学活动的创新难度,助力于多元创新人才的培养。(5)在治理方面,互联网、物联网技术支撑下数据采集和对接将更深入广泛,不仅能促进科学决策,提供实时反馈和干预,也将进一步提升个人隐私和教育数据的安全性。另外,教育信息化管理将厘清教育业务条线逻辑,促进管办评分离,为"放管服"增效,将推进教育治理水平与能力的现代化。(6)在研究方面,教育信息化研究范式将在以下方面发生转变。一是基于传统课堂观察的行为数据将与基于学习科学和教育神经科学的脑电数据、体征数据相结合;二是通过数据科学的方法,将支持基于大数据的宏观挖掘和小数据的智能分析;三是基于人工智能技术的产品工具,将实现对研究数据的精准识别与获取,并通过智能模式化识别与匹配,实现对研究结果的自动化分析和可视化呈现。尤其值得注意的是,教育信息化推动科学研究领域的创新融合效能不断提升。如从2018年起,国家自然科学基金委首次增设教育领域的研究代码(F0701),大致可分为基础理论、学习环境、认知工具、人工智能、数据分析与测评五类研究方向。

二、 面向新时代我国教育信息化的使命与任务

"教育信息化 2.0 时代"是相对于前 40 年我国教育信息化的发展路径特征而言的,这绝非仅仅是一个提法上的改变,而是面对新时代教育发展的新要求,教育信息化在发展理念、建设方式上的一次跃升。在这一新阶段,我们应该坚持融合创新,智能引领,以教育信息化全面推动教育现代化。

(一) 以教育信息化推进落实立德树人的教育根本任务,培养新时代社会主义建设者和接班人

立德树人作为教育的根本任务,"立德"是"树人"的前提,"树人"是"立德"的目标。因此,新时代的教育信息化在推进立德树人的"立德"方面,要充分利用数字化媒体在资源制作和信息传播上的优势,结合时代特征丰富德育内涵内容,丰富德育资源的载体形式,创新德育发展的活动方式,使德育培养渗透校内和校外的教育教学全过程。在教育信息化推进立德树人的"树人"方面,不仅要开展网络教育,向学习者提供数字教育资源和工具,创新教与学活动形式,提升教育教学效果,还要将教育信息化作为一项重要的教育内容,培养学习者在信息社会应具备的信息意识、计算思维、数字化学习与创新、信息社会责任等能力素养,从"数字土著"转变为合格的"数字公民"。

(二) 以教育信息技术创新教与学活动的开展

第一,将信息技术全面和创新地应用于各学科,促进学生德、智、体、美全面发展,培养具有 21 世纪技能的多元创新型人才。第二,借助高速宽带网络和 4 G/5 G 移动网络,以同步课堂、专递课堂、在线学习等模式扩大优质资源覆盖面,为不同阶段的学习者提供多元化和多层次的优质教育资源,并解决后发地区优质教育资源不足的问题。第三,以虚拟现实和人工智能等智能化技术,构建智能学习空间,变革时空教学环境,开展具身学习和个性化学习等教与学的活动。第四,通过伴随式数据收集,建立长

效、全面与可持续的教学评价方式。第五,借助智能录播教室系统开展师训和教研,提升教师信息技术的应用能力与素养,适应新时代不断更新的教学模式、教学技术和资源工具。

(三) 以教育信息化提升教育决策科学化,促进教育治理体系与治理能力的现代化

信息技术为教育决策提供了非常重要的教育数据和分析技术,使传统以经验判断为主的教育决策逐步转向基于数据的教育决策,有利于提升政府及教育部门的教育治理水平和治理能力。教育数据产生于教育工作中,通过教育工作流来积累教育数据流,再通过教育数据流优化教育工作流,提升教育工作流的效益。一方面,使教育管理工作的权责边界明晰,提升教育工作的协同合作水平,促进“管理本位”的教育管理向“服务本位”的教育治理转型;另一方面,无论是宏观的教育决策,还是具体的教学与学习的行为分析,教育大数据分析技术均能提供精准的分析反馈,可极大地提升政府及教育部门的科学决策能力,精准优化教师和学生的教学与学习的效果。

(四) 以教育信息化为抓手,构建“四化三学”的现代教育体系和学习型社会

这是指构建“网络化、数字化、个性化、终身化”的教育体系和建设“人人皆学、处处能学、时时可学”的学习型社会。第一,新一代高速光纤网络、5G移动网络和物联网技术,将使“人机互联”向“万物互联”转变,高速网络将无处不在地覆盖,将人、设备、数据和知识实现互联互通,逐步实现“人人皆学、处处能学、时时可学”。第二,信息化使得数字化的效用得以充分发挥,促进数字化教学内容、工具、行为(数据)等高效利用,构建人机合一的思维体系。第三,利用数据分析技术充分挖掘学习者的内在潜质,为其提供符合其志趣的学习内容、学习方式、学习评价等个性化服务。第四,通过MOOC和远程教育等在线教育形式,扩大优质资源覆盖面,构建泛在学习环境,以支持全民终身学习,构建起“网络化、数字化、个性化、终身化”的教育体系。

(五) 教育信息化助力教育精准扶贫，提升教育公平

中共十九大报告表明，我国已进入全面建成小康社会的决胜阶段①。教育信息化支撑的教育精准扶贫，是快速推进教育脱贫和阻断贫困代际传递的重要途径。一方面，借助教育信息化手段，可为教育发展滞后或偏远的区域合理配置资金、教师、资源、设备等，提高其办学条件和教学水平，促进教育公平，力争使每个学生都能够在教育上不掉队，实现教育精准脱贫，进一步提升教育公平。另一方面，可借助教育信息化帮助贫困人口脱贫。随着教育数据与扶贫数据的积累、汇聚和管理平台的完善，贫困人群分布、贫困类型、贫困程度和致贫原因等在大数据支撑下能够实现精准识别、分析和定位，进而调配扶贫资源和制定扶贫方案②，通过精准扶贫实现精准脱贫。

(六) 以教育信息化服务"一带一路"倡议等国家重大战略需求

"'一带一路'教育行动"是我国"一带一路"倡议的重要组成部分。而我国的教育信息化已经取得了重要成就，并已连续三年通过召开"国际教育信息化大会"，与国际社会在教育信息化及相关技术领域开展交流合作。因此，我国教育信息化在新时代的建设发展，可为"一带一路"倡议的落实与推进提供必要支持。一方面，可将我国教育信息化的建设模式、管理方式、教/学模式等成功经验，与沿线国家和地区交流共享，带动这些国家和地区的教育信息化发展；另一方面，以教育信息化支撑沿线国家与地区的教育互动，推动学历学位认证标准连通，进而促进经济贸易和教育文化的合作发展，服务国家在国际外交中的话语权提升。

教育信息化迈入 2.0 将全面推进教育现代化建设，并实现从服务教育自身发展向服务国家现代化全局的建设转变，进而支撑我国建成社会主义现代化强国，为实现"两个一百年"的奋斗目标做出新的贡献。新时代的教育信息化建设，要抓住大数据、人工

---

① 习近平. 决胜全面建成小康社会　夺取新时代中国特色社会主义伟大胜利[N]. 人民日报，2017 - 10 - 28 (001).
② 任友群，冯仰存，徐峰. 我国教育信息化推进精准扶贫的行动方向与逻辑[J]. 现代远程教育研究，2017 (4)：11—19.

智能等新技术的发展机遇，全面进入一个既要提速又要提质、既要创新又要普惠的2.0
版发展时期，服务于新时代的教育改革发展，构建起"网络化、数字化、个性化、终身化"
的教育体系和建成"人人皆学、处处能学、时时可学"的学习型社会，为实现中国梦培养
大批创新人才。

第三章

政策推进：教育信息化在行动

第一节　国际视野中的教育信息化政策演进

教育信息化战略作为教育信息化政策的重要组成部分，是对教育信息化建设和发展的总体规划。美国、新加坡和英国作为发达国家，也是国际上教育信息化建设的佼佼者，其教育信息化战略制定和实施的经验，对我国教育信息化及其战略的发展都具备一定的借鉴意义。本节通过对美国、新加坡、英国三国教育信息化战略的制定和实施进行梳理，分析其演进脉络，总结其发展经验和教训，发现了三国教育信息化战略的共通之处，即强调利用 ICT 变革教育形态，实质上也是通过教育信息化实现对学生和教师的双重变革。

一、美国国家教育技术规划的演进

美国的教育信息化政策演进，其主要脉络可通过对美国持续推出的国家教育技术规划（NETP）进行梳理和分析而得以呈现。美国一直重视 ICT 在教育中的应用，并力求通过 ICT 推动教育的变革和发展。美国教育部自 1996 年起到 2016 年，每五年制定一个国家教育技术规划，并在 2017 年决定此后将每年更新和制定新的 NETP，截至目前已发布了 6 个 NETP。美国的 NETP 是美国教育信息化发展的纲领性文件，它依据国情和教育现状制定，每份计划都提出适应当时教育信息化要求的教育系统改革的目标、要求和建议。随着 NETP 系列的制定与实施，美国教育信息化取得了显著成就，也奠定了其教育信息化建设和发展的国际领先地位。

NETP1996《使美国学生做好进入 21 世纪的准备：迎接技术素养的挑战》试图通过建立支持教育信息化的教育环境以实现 ICT 和教学的整合，旨在面向技术能力挑战计划培养美国全体学生的技术素养，进而促进学生的学习，提高学生的生产力和绩效。NETP1996 在明确了四个教育技术目标的基础上（即培训和支持全国所有教师以帮助学生学习使用计算机和信息高速公路；为所有教师和学生在教室里配备现代化的多媒体电脑；每间教室都将连接到信息高速公路；将优质的学习软件和在线学习资源发展成为每所学校课程的组成部分)，详细论述了在教育中使用技术的好处，包括从基本技能、高级技能、进步评估和动机等方面增强学生成就、增加家庭参与、提高教师的技能和改善学校行政管理，总结了成功的"技术丰富式"学校的四个共同特征，即第一，强调在学校领导者、家庭和学生之间形成集中、有意识和明确的计划，以创造"以学习者为中心"的环境；第二，清楚地阐明学生成就的目标和挑战性标准；第三，强调改革和重组学校以支持以学习者为中心的环境和标准的实现；第四，尽可能地普及计算机技术，每五个学生至少有一台计算机。NETP1996 从实践的角度，总结了推进完成四个技术目标的进展、实现四个技术目标的成本以及最大挑战（保证没有社区掉队）。并且，为保障行动计划的落实，NETP1996 明晰了联邦政府、州和当地社区以及高等教育与民营和非营利部门的角色与作用。总的来说，NETP1996 不仅对教育信息化的硬件资源、软件资源和人力资源提出了明确的要求，并且确立了美国在国家层面推进教育信息化的战略高度。[①]

NETP2000《e-Learning：把世界级的教育放到每个儿童的指尖》是对 NETP1996 的更新，在回顾 NETP1996 教育技术目标和取得成就的基础上，探讨了新时期下新的机会和挑战。NETP2000 从支持教师使用技术、为教师和学生提供技术、使用数字内容和网络应用进行教与学以及技术对教与学的影响等方面，讨论了利用技术进行教学和学习的进展与前景，同时梳理总结了利用技术增强学习的机会，即帮助学生理解难以理解的概念、帮助学生参与学习、为学生提供获取信息和资源的途径以及更好地满足学生的个人需求，并提出当前的期待是领导者为所有教师和学生提供他们所需的技术获取和支持。在此基础上，NETP2000 强调了在 NETP 实施过程中领导力的重要性，提出了新的国家教育技术目标，即所有的学生和老师都能随时随地地使用信息技术；所有的老师都能有效地运用技术来促进学生高水平的学习，所有学生都具备信息

---

① U. S. Department of Education. Getting America's Students Ready for the 21st Century: Meeting the Technology Literacy Challenge. A Report to the Nation on Technology and Education [EB/OL]. http://files. eric. ed. gov/fulltext/ED398899. pdf，2018 - 02 - 01.

技术素养和技能；利用研究和评估改进教与学中的下一代技术应用；利用数字内容和
网络应用转变教学和学习方式。总的来说，NETP2000 不仅通过提出将信息素养纳入
学生能力标准，对教师和学生的 ICT 应用能力提出了更高的要求以提升 ICT 和信息
资源在教学中的利用效率，并且通过对 The Virtual High School（虚拟高中）、
LemonLINK 等实践项目的介绍和解读增加了规划的可读性与说服力。①

　　NETP2005《走向美国教育的新黄金时代：网络、法律和当今的学生如何变革着对
教育的期待》是在美国 2002 年《不让一个孩子落伍》(*No Child Left Behind*，NCLB)
法案的基础上，针对美国教育多年来投入持续增长，而学生尤其是少数族裔学生成绩
却始终处于较低水平的问题，提出的延伸解决方案。NETP2005 重申了 NCLB 法案的
四个主要原则，即让学校对学生的学习负责，提高学校达到目标的灵活性，为家长提供
更多的择校选择以及研究什么对学生学习最有效，提出了美国教育信息化面临的主要
问题：虽然当前学校的 ICT 基础设施已比较完备，但利用率和应用效果依然不佳，并
且学校往往将 ICT 应用于传统的教学和学习方式，这种"技术脱节"对学生的成绩提
升收效甚微。基于此，NETP2005 相对之前的 NETP 作了大规模的更新，旨在利用技
术推动教育进行系统性改革，以提升教育质量，促进教育公平。NETP2005 全面调查
了当时学生与技术的关系和对技术的观点，阐明了新时期的学生其学习环境的改变和
对技术的需求。同时，NETP2005 展示了美国多个州教育信息化建设和发展过程中的
优秀案例，说明了国家学校系统和学生成绩出现的变化和改善，并强调了在线教学和
虚拟学校这两种传统教育体系之外的新教育方法的发展和价值。最后，NETP2005 在
充分肯定 NCLB 积极作用的基础上，从提升领导力、考虑革新预算、改进教师培训、支
持在线学习与虚拟学校、鼓励使用宽带网、迈向数字内容和整合数据系统等七个方面
给出了系统性教育改革的具体行动方案。总的来说，NETP2005 立足于美国信息化发
展的现状，针对教育和教育信息化中的突出问题，提出了促进系统性教育改革的具体

---

① U. S. Department of Education. E-Learning：Putting a World-Class Education at the Fingertips of All
　 Children. The National Educational Technology Plan［EB/OL］. http：//files. eric. ed. gov/fulltext/
　 ED444604. pdf，2018－02－01.

方案。[①]

NETP2010《改革美国教育：技术助力学习》强调教育是美国经济增长与繁荣的关键，提出新时期教育的主要任务是提升美国高校大学生毕业率和缩小因社会资本带来的学生成就差异，以实现每个学生的充分发展。NETP2010 呼吁要对教育进行革命性的变革，而不再是温和式的修补，并敦促各级教育系统达到四个要求：明确改革目标；协作重新设计结构和流程，以提高有效性、效率和灵活性；持续监测和衡量改革表现；每一步都要追究进度和结果。NETP2010 要求将日常个人和职业生活中使用的先进技术应用到整个教育系统中，以提高学生的学习能力、加速和扩大采用有效的实践以及利用数据和信息进行持续改进，强调以技术为基础的学习和评估制度将是提高学生学习和生成可用于不断改进各级教育体系的数据的关键，并提出了旨在为所有年龄段的学习者提供个性化学习体验的"技术支持下的 21 世纪学习模型"（见图 3.1）。同时，在学习、评估、教学、基础设施和生产力五个基本领域提出了目标，并就每个目标为各州、地区、联邦政府和其他利益相关者提出了相应的建议。另外，NETP2010 还提出实施一种新的教育研发方式，其重点是扩大在教学和学习中使用技术创新的最佳做法，将现有的和正在出现的技术创新转移到教育领域。总的来说，NETP2010 不仅提出了一个技术整合的新学习模型，探讨了学习者需要知道和学习什么，以及如何学习，并且充分考虑了成本支出和成本效益、计划和项目的规模性与示范性以及政策、行动与投入的战略性和连贯性，具备较高的实践指导作用。[②]

NETP2016《为未来而学习：重新构想技术在教育中的角色》是在教育前沿研究者，区域、学校和高等教育领导者，学校教师，技术开发人员，企业以及非营利机构的工作的基础上，制定的国家层面上的技术支持学习发展愿景和计划。不过，NETP2016

---

① U. S. Department of Education. Toward a New Golden Age in American Education： How the Internet， the Law， and Today's Students are Revolutionizing Expectations ［EB/OL］. http：//files. eric. ed. gov/ fulltext/ED484046. pdf，2018 - 02 - 01.

② U. S. Department of Education Office of Educational Technology. Transforming American Education： Learning Powered by Technology ［EB/OL］. https：//www. ed. gov/sites/default/files/netp2010. pdf， 2018 - 02 - 01.

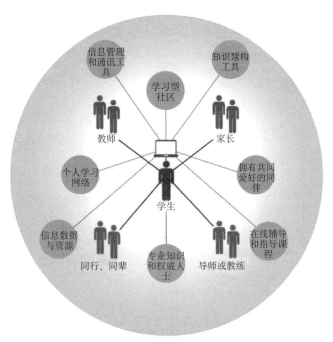

图 3.1　技术支持下的 21 世纪学习模型

不仅是一个促成技术支持学习的愿景和行动号召，同时收集了真实世界中的范本和建议，目的在于促进教师、政策制定者、教育管理者和教师培养机构协同努力，为学习者创造出处处能学、时时可学的学习环境。NETP2016 充分讨论了 NETP2010 实施以来取得的成就，肯定了人们对教育中技术应用观念的转变、技术对个性化学习的提升以及学习科学对人们理解学习的促进等，并提出了美国教育信息化发展中面临的紧迫问题和主要挑战，主要包括全国学校、家庭和学习者之间的"数字应用鸿沟"、技术支持学习的有效性验证，以及加速和扩大学校采用技术支持学习的方法和技术等。针对需要面对的问题和挑战，NETP2016 有针对性地制定了涉及五大领域的"为未来做好准备的学习"框架图（见图 3.2），以坚定应用技术提升和变革教育的立场，强调学生终身学习能力和非认知能力的提升，从学习、教学、领导力、评价和基础设施等五个领域全面指引未来五年美国教育信息化的发展方向。总的来说，NETP2016 不仅在《让每个学

图 3.2 "为未来做好准备的学习"框架图

生都成功》(*Every Student Succeeds*)法案、《美国创新战略》(*A Strategy for American Innovation*)的基础上细化和明晰了有效使用技术的原则,更是通过引用丰富的高示范性、高可信度和高可操作性的研究成果与实践案例,有效增强了规划的说服力,促进了规划的推广和对实践的指导。①

2017 年 1 月,美国联邦教育部教育技术办公室颁布了最新的,也是第一个年度更新的国家教育技术规划(NETP2017)——《重新构想技术在教育中的角色:2017 年国家教育技术规划更新》,提出为了适应迅速变化的环境和持续进步的学校技术,更好地说明全球创新的步伐,NETP 将保持每年一次的更新频率。NETP2017 在 NETP2016 的基础上进行了小规模更新,进一步强调:利用学习科学指导学校技术应用、开发更

① U. S. Department of Education Office of Educational Technology. Future Ready Learning: Reimagining the Role of Technology in Education [EB/OL]. https://tech. ed. gov/files/2015/12/NETP16. pdf,2018 – 02 – 01.

有效的数据决策和技术评估工具、利用技术促进学习者的非正式学习、重视学校网络和数据安全。同时，教育技术办公室还发布了基于 NETP2016 的高等教育补充文件《重新构想技术在高等教育中的角色》(*Reimagining the Role of Technology in Higher Education：A Supplement to the National Education Technology Plan*)，强调了高等教育在推动社会流动、刺激经济和巩固民主等方面的重要价值，在高等教育生态系统的背景下，对学习、教学、领导力、评价和基础设施等五个领域的各项原则进行了审视。这份补充文件包含了高等教育视野下对终身学习、教育公平和教育机会获取等 NETP 主题的新探讨，并支持 NETP 关于技术必须满足不同群体学生寻求高质量的高等教育学习经验，特别是来自不同社会经济和种族背景学生的需求的论断，如残疾学生、第一代学生以及在不同生活阶段的工作学习者。该补充文件提出确保高等教育的成功是美国的国家优先事项，并为辅导员、管理人员、决策者、教育技术开发者、高等教育资助者、雇主以及教师培训机构等利益相关者提出具体的行动建议，以确保高等教育体系不断创新和改进，进而促进全体学习者的更好成长。同时，该补充文件考察了技术在服务日益多样化和分散的学生群体中所扮演的角色，强调了学习科学对技术应用的指导作用。此外，该补充文件在论述技术在教室中对学生和教师的影响之外，还探讨了在更广泛的领域范围和系统生态中应用技术促进高等教育机会获取、学费（成本）降低和目标达成的多种方式，并提供了丰富的指导性案例。总的来说，NETP2017 和 NETP 高等教育补充文件都是在高速的技术变革环境下对 NETP2016 的更新和补充，并通过加快 NETP 的更新频率保证了 NETP 对教育技术发展的敏感性，通过增加教育阶段划分细化了 NETP 对不同教育信息化系统问题和建议的指向，提升了 NETP 的针对性、适应性和指导性。[1][2]

---

① U. S. Department of Education Office of Educational Technology. Reimagining the Role of Technology in Education：2017 National Education Technology Plan Update ［EB/OL］. https：//tech. ed. gov/files/2017/01/NETP17. pdf，2018 - 02 - 01.

② U. S. Department of Education Office of Educational Technology. Reimagining the Role of Technology in Higher Education：A Supplement to the National Education Technology Plan ［EB/OL］. https：//tech. ed. gov/files/2017/01/Higher-Ed-NETP. pdf，2018 - 02 - 01.

二、 新加坡教育信息化发展规划的演进

新加坡教育信息化政策的演进,可通过对新加坡教育信息化发展规划(Master Plan for ICT in Education,简称 Master Plan)的梳理和分析,得以呈现其主要脉络。早在 20 世纪 70 年代末,新加坡便察觉到信息技术对推动国家经济发展的巨大潜力,并于 1980 年制定了第一个国家信息化战略规划(The National Computerization Plan),此后以信息化促进经济发展便成为新加坡的一贯理念。同时,由于领土狭小、自然资源匮乏,新加坡一直把人力资源视作关键资源。因此,在国家信息化战略规划的基础上,新加坡教育部从 1997 年到 2015 年以五年为更新周期发布了四个教育信息化发展规划。每个 Master Plan 均从愿景、目标和实施策略三方面对新加坡教育信息化进程进行设计和规划,其制定和实施有力推动了新加坡教育信息化的发展。

Master Plan 1(1997—2002)秉承构建"思考型学校,学习型国家"的教育愿景,明确了四个教育技术成果目标:加强学校与周围世界的联系;促进教育中的创新;加强创造性思维,终身学习和社会责任感;促进教育系统卓越的行政和管理。同时,Master Plan 1 从四个维度(课程与评估、教师发展、学习资源、基础设施)提出了规划实施的具体策略和要求。Master Plan 1 的实施成果显著,学生层面已成功具备完成基于 ICT 的项目或任务的必要技能,基础设施层面已为所有学校提供了 ICT 支持的教学所需的物质和 ICT 基础设施,教师层面已接受 ICT 作为课堂上的教学工具并成功具备基本的 ICT 整合能力。此外,一些教师和学校在 ICT 应用方面表现出色,为进一步创新提供了模式和方向。总的来说,Master Plan 1 为学校 ICT 应用提供了坚实的基础,特别是为学校提供基础设施保障和为教师提供基本的 ICT 整合能力,为教育信息化的推进奠定了硬件资源和人力资源的基础,取得了不俗的成就和广泛的认可。[①]

---

① Singapore Ministry of Education. Masterplan 1 [EB/OL]. https://ictconnection. moe. edu. sg/masterplan-4/our-ict-journey/masterplan-1, 2018 - 02 - 01.

Master Plan 2(2003—2008)强调在教育信息化已有建设的基础上，通过加强 ICT 与课程的融合、为学生建立基础 ICT 能力标准以及促进学校对 ICT 的创新使用等，促成 ICT 在教育中有效和普遍地使用。Master Plan 2 在"思考型学校，学习型国家"整体教育愿景的基础上，提出一个较为具备针对性的教育信息化愿景，即"ICT 将被广泛而有效地用于加强教育进程和结构"。在此基础上，Master Plan 2 确立的六个成果目标是：学生有效地使用 ICT 进行主动学习；通过 ICT 加强课程、教学和评估之间的联系；教师有效利用 ICT 促进个人专业发展；学校具备利用 ICT 来改善学校的意识和能力；对教育中的 ICT 应用进行积极的研究；具备支持 ICT 广泛和有效应用的基础设施。Master Plan 2 的实施有效达到了其预期目标，在学生能力、教师能力和基础设施建设上都取得了令人满意的成绩，另外在教育技术研发方面，电子背包项目（Back Pack. NET project）取得突破性的创新实践成果。总的来说，Master Plan 2 不仅提出了一个更适切的教育信息化愿景，而且通过对规划的有效解析和系统推进，充分实现了保证基线水平 ICT 应用、鼓励高水平 ICT 应用、提升学校 ICT 应用能力以及加强 ICT 与课程和评估融合的多层次目标。[①]

Master Plan 3(2009—2014)在新加坡教育信息化已有发展的基础上，提出了新的教育信息化愿景："利用 ICT 变革学习"。此愿景将学生和教师都视为学习者，强调 ICT 为个人和协作团体塑造个人学习体验的主要功能，并提出利用 ICT 实现跨越课堂边界的、学生自由选择的泛在学习。在此基础上，Master Plan 3 确立了一个成果目标和三个赋能目标，其中赋能目标作为具备可持续性的过程性目标，是指通过实现其本身为达到成果目标创造条件和环境。Master Plan 3 的成果目标为：使学生通过有效利用 ICT 来培养自主学习和协作学习的能力，成为有洞察力和负责任的 ICT 用户。成果目标侧重于自主学习和协作学习，这要求学习者具备 21 世纪的良好技能和品质。其中，自主学习要求学生能够主动分析自身的学习需求，确定学习目标，利用学习资

---

① Singapore Ministry of Education. Masterplan 2 ［EB/OL］. https://ictconnection. moe. edu. sg/masterplan-4/our-ict-journey/masterplan-2，2018－02－01.

源,选择合适的学习策略进行学习并能够评价学习结果;协作学习注重学生能够在自身的努力和群体的相互帮助下实现共同目标,并使自身的人际交往能力和团队合作能力得以提升。而三个赋能目标分别为:(1)学校领导应为利用 ICT 进行学与教提供方向和创造条件;(2)教师应具备规划和提供 ICT 环境下的学习过程的能力,促进学生成为自主导向和相互协作的学习者,并培养学生成为有洞察力和负责任的 ICT 用户;(3)ICT 基础设施应能够支持随时随地的学习。三个赋能目标的确立,是因为虽然自主学习和协作学习对于学生来说是一种普遍的做法,但这受到基础设施、教师能力尤其是学校领导的影响。同时,Master Plan 3 还从学生、教师、学校领导者和基础设施四个层面为规划目标制定了详细具体的行为和评估指标,用于指导各对象主体明晰各自的目标和责任,推进 Master Plan 3 的实施。Master Plan 3 的总体实施策略主要是:加强 ICT 与课程、教学和评估的结合,以增强学生学习和发展的能力;提供基于实践的差异化专业发展模式,提升利用 ICT 帮助学生更好地学习的成效;加大对最佳实践和成功创新的分享。并且在实施策略的指导下,从 ICT 与课程以及教学和评估的整合、网络健康、专业发展、研究和发展、ICT 基础设施五个关键方面展开具体实施。总的来说,Master Plan 3 在投入大量资金和配套实施丰富研究和实践项目的基础上,通过制定详细标准、保障网络健康、建立教育实验室(eduLab)、改善 ICT 基础设施、研发学校信息化自我评估系统、设立学校数字媒体奖等一系列具体措施,取得了卓越的成效,在当时的全球信息技术报告(The Global Information Technology Report 2012)、PISA、IEA 等国际调查和测评中均取得优异表现。①

而在 2015 年推出的 Master Plan 4(2015—2020),在教育部以学生为中心和以价值观为导向的教育方向的基础上,关注质量学习,提出"培养面向未来的、负责任的数字化学习者"的愿景,高度概括了新加坡未来五年教育信息化发展的方向。在此基础上,Master Plan 4 确立了一个成果目标和两个赋能目标,与 Master Plan 3 形式相同,

---

① Singapore Ministry of Education. Masterplan 3〔EB/OL〕. https://ictconnection. moe. edu. sg/masterplan-4/our-ict-journey/masterplan-3,2018 - 02 - 01.

成果目标面向学生，提出在技术的支持下，每一个学习者都能获得高质量的学习。此目标进一步强调要利用 ICT 促进学生高质量的学习，要求将 ICT 应用于所有的学科和课程，以提升学生对具体学科的掌握程度和 21 世纪竞争力。两个赋能目标分别指向教师和学校领导者，一是教师要成为学习经验和环境的设计者；二是学校领导者要成为文化的创造和建设者。两个赋能目标强调教师和学校领导者要尊重学生个性化的学习方式，提供优质的课程资源，并为学生创造随时随地学习的条件，以实现学生高质量的学习。同时由于新加坡的教育信息化基础设施建设已比较完备，Master Plan 4 就没有将基础设施列为目标，不过还是强调要建设一套面向未来可拓展的和可靠的基础设施，以支持学生基于 ICT 的高质量和随时随地的学习。Master Plan 4 制定了健全的实施策略，在宏观方法和具体策略上都做了严密的设计，主要有以下四方面内容：(1)深化 ICT 与课程、评价及教学的整合，其具体策略为将 ICT 融入国家课程、为学生提供优质的在线学习资源、将 ICT 纳入评估以及深化数字学习，其中包括网络健康与新媒体素养项目；(2)持续开展专业学习，其具体策略为建设和提升学校教师队伍能力、开发良好的 ICT 实践以及加强网络学习社区(iNLCs)技术学习；(3)实现转化研究、创新和评估的融合，其具体策略为了解当前教育领域 ICT 应用和实践中存在的问题、培育学校创新项目并将研究成果转化为课堂实践，以及将成功实践经验推广到其他学校并得到认可和应用；(4)建立相互关联的 ICT 学习生态系统，其具体策略为提供支持随时随地学习的基础设施、形成丰富的社会—文化生态系统以支持学校和利益相关者建立多层次合作关系。总的来说，Master Plan 4 在之前教育信息化战略和实践取得成就的基础上，对学生、学校领导者、教师和基础设施提出了更高的目标和要求，并通过强调基于 ICT 的设计学习、借助 eduLab 进行教育创新实践和促进提升新媒体素养等具体措施，保障了 Master Plan 4 的推进和实施。①

---

① Singapore Ministry of Education. Masterplan 4 ［EB/OL］. https：//ictconnection. moe. edu. sg/masterplan-4，2018－02－01.

三、英国教育信息化战略的演进

英国教育信息化政策的演进，可通过对英国 e-Strategy 以及"下一代学习"运动的梳理和分析，得以呈现其主要脉络。英国的教育信息化建设起步较早，自 20 世纪 80 年代起，ICT 就被列为专门的课程，并在英国中小学教学中得到普及和日益重视。在 1998 年，英国又全面启动了国家学习信息系统（NGL，National Grid for Learning），并建立英国教育传播与技术署（British Educational Communications and Technology Agency，BECTA），开始大力推进国家层面的教育信息化战略。同时，英国在此时期通过加大经费支持和科研开发力度，加强信息化基础设施建设，促进了教育信息化的快速发展，在国际上达到领先地位。进入 21 世纪以来，英国先后制定和颁布了《关于孩子和学习者的五年战略规划》（*Five Year Strategy for Children and Learners*）、《利用技术：改变学习及儿童服务》（*Harnessing Technology：Transforming Learning and Children's Services*）、《利用技术：下一代学习（2008—2014 年）》（*Harnessing Technology for Next Generation Learning 2008‑2014*）、《高校联合信息系统委员会 2010—2012 战略》（*JISC Strategy 2010‑2012*）以及《教育部 2015—2020 战略规划：世界级教育与保健》，这些政策或直接规划了教育信息化发展，或在整体教育规划的基础上强调了教育信息化的重要价值和未来发展，其中《利用技术：改变学习及儿童服务》（e-Strategy）、《利用技术：下一代学习（2008—2014 年）》两个政策对英国教育信息化发展产生了深远的影响。

2005 年，英国教育与技能部颁布了《利用技术：改变学习及儿童服务》的信息化战略（e-Strategy），在 2004 年《关于孩子和学习者的五年战略规划》提出"以 ICT 为核心推动教育改革"的基础上，提出 e-Strategy 的战略目标是在五年内建立一套完整的信息化教育支持机制和体系，以促进儿童和学习者个性化学习的实现。由此，e-Strategy 确立了为所有公民提供综合在线信息服务、为儿童和学习者个人提供综合在线支持、建立一套支持个性化学习活动的协作机制、为教育工作者提供高质量的 ICT 培训和支持服务、为教育机构领导者提供 ICT 领导力发展培训，以及建立共同数字化基础设施体系以支持转变与改革等六项战略实施重点。同时，e-Strategy 还提出了三个优先实施任务：（1）改善全体公民对在线信息、交易和咨询服务的访问；（2）利用 ICT 为所有教育阶段的学习者提供个性化支持；（3）加速向下一代技术支持的学习转变以充分发挥新技术的教育潜力。另外，e-Strategy 在承认 ICT 对教育发展变革的关键推动作用的基础上，强调通过管理和问责制度保障战略的有效推进。[①] 总的来说，e-Strategy 的实施帮助英国在技术促进学习、供应商的电子成熟度以及学生个性化学习等领域有了较大的发展，很大程度上改善了教育和技能系统及各个年龄段学习者的学习方式。

2008 年，e-Strategy 的实施已凸显成效，但仍存在相当比例的学校采用在线学习的进度不佳，对学习者利用技术学习的经验和能力产生了不利的影响。同时，随着 ICT 的飞速发展，面对技术带来的教育潜力和风险，儿童、学校与家庭部（Department for Children, Schools and Families, DCSF）和创新、高校与技能部（Department for Innovation, Universities and Skills, DIUS）一直要求英国 BECTA 重新修订 e-Strategy，于是 BECTA 于 2008 年公布了新的《利用技术：下一代学习（2008—2014 年）》，和 e-Strategy 战略目标一致，旨在更系统地使用技术来提高技术在教育、技能和儿童服务中的应用质量，改善各个年龄段学习者的成果，并成为"下一代学习"运动开启的标志和系统战略。此系统战略秉承英国政府提出的"通过运用技术，每所学校到 2020 年都能发展成一个低成本、高质量、可靠、可持续发展的学校，以实现其最大价值"的愿景，强调战略实施对政府教育目标的支持，即 DCSF 提出的三个目标：缩小教育差距，提高教育水平；改善儿童、青少年的健康和福利；增加年轻人走向成功的道路，以及 DIUS 提出的三个目标：提高人们的终身职业技能；建立社会和社区的凝聚力；加强高等教育体系建设。由此，此系统战略的目标被确立为：（1）确保儿童和青少年的幸福和健康；（2）保护年轻人和弱势群体；（3）促进达到世界一流的教育水平；（4）缩小

---

① Department for Education and skills. Harnessing Technology: Transforming Learning and Children's Services[EB/OL]. https://www. education. gov. uk/publications/eOrderingDownload/1296-2005PDF-EN-01. pdf，2018 - 02 - 02.

弱势儿童与其他人学业成绩的差距；(5)确保年轻人参与，并充分实现其潜能；(6)让孩子和年轻人走上成功的道路；(7)提高人们在整个职业生涯中的技能；(8)建设社会和社区的凝聚力；(9)提升高等教育系统的成效、质量和声誉。同时还提出下一阶段的战略发展目标，即构建技术自信系统、进一步支持弱势群体和传统教育中难以惠及的群体以及进一步提升效率。① 此后，该战略又经过两次修订，形成了"下一代学习"运动的两个补充性质的促进计划。2009 年在前一年发展的基础上对该策略进行了补充修订，发布了《下一代学习：2009—2012 阶段促进计划》(*Next Generation Learning：The Implementation Plan for 2009 - 2012*)，主要是面向支持继续教育的教师和培训者，并提出要提高儿童、学校、家庭以及技术供应商技术应用的能力和效益。② 2010 年，该计划又进行了再一次的更新，在总结前期"下一代学习"运动实施以来在教育及其他领域获得的进展及经验基础之上，确立了下一阶段(2010—2013 年)新的信息技术发展目标及措施计划，更加突出效率和效益这一发展主题，不仅在教育更要在经济中发挥信息技术的最大化价值，以更好地适应英国未来教育信息化的新要求。③ 总的来说，《利用技术：下一代学习(2008—2014 年)》延续了 e-Strategy 的核心目标，并在其基础上开启了"下一代学习"运动，搭配其后的两个促进计划，实现了战略重心由建设基础设施环境向提高应用水平和效益的转变，同时通过强调个性化教育、注重学校领导者的战略地位、重视继续教育和技能培训以及强调战略实施的多方参与和合作，明确了英国教育信息化的发展方向，健全了组织制度，为英国教育信息化建设提供了强有力的政策依据和组织系统。

① BECTA. Harnessing Technology：Next Generation Learning 2008 - 2014 [EB/OL]. https://core. ac. uk/download/pdf/4157793. pdf，2018 - 02 - 02.

② BECTA. Next Generation Learning：The Implementation Plan for 2009 - 2012 [EB/OL]. http:// publications. becta. org. uk/display. cfm? resID=39547，2018 - 02 - 02.

③ BECTA. Next Generation Learning：The Implementation Plan for 2010 - 2013 [EB/OL]. http:// publications. becta. org. uk/display. cfm? resID=42223，2018 - 02 - 02.

四、 经验与启示： ICT 对教育形态的变革

虽然美国、新加坡、英国三国教育信息化水平所处的阶段不尽相同,但通过对其教育信息化战略制定和实践过程的梳理,不难发现,它们的教育信息化发展都基本经历着"设施建设——资源开发——队伍培训——应用提升——教学变革"的过程,这体现出教育信息化发展的内在逻辑,也反映了 ICT 支持的学与教变革的历程。

教育形态是由教育的原理、结构、方法、评价标准以及教育的组织形式等所构成的教育的整体表现形式。教育形态与历史社会发展相适应,随着社会生产力和生产方式的变革而产生相应的变革。信息化时代的到来,无疑深刻地变革了我们的社会,社会生产力和生产方式发展到了前所未有的高度。与此同时,随着 ICT 的不断发展和教育信息化进程的不断推进,ICT 与教育的融合沿着起步、应用、整合和创新四个阶段不断地前进,教育信息化进程也从政策、环境、资源、队伍、应用、技术和产品提供六大方面实现了全面的建设和发展,进而教育的形态也产生了巨大的变革。ICT 变革教育形态的过程,实质上就是教育信息化战略推进实施的过程。以下通过对美国、新加坡和英国三国教育信息化战略中对学与教变革的新理念和新措施的探寻,总结三国教育信息化发展经验,择其善者并分析共通之处,为我国教育信息化发展提供借鉴。[①]

(一) ICT 对学生学的变革

首先是为促进学生适应信息化时代,各国对学生知识能力结构提出了新的要求。美国早在 2002 年就由"21 世纪技能联盟"发布了《面向 21 世纪学习者的 21 世纪能力：数字时代的基本素养》(*enGauge® 21st Century Skills：Literacy in the Digital Age*),将 ICT 技能确立为 21 世纪学生应具备的核心技能之一；在 NETP2016 中,进一步明

[①] 贾同,顾小清.教育信息化战略比较研究——基于美、英、澳、日、新五国的国际比较[J].电化教育研究,2018(7).

确了数字公民应具备的新知识和能力结构。英国 2016 年发布的《教育部 2015—2020 战略规划》提出要加大力度建设和推行 STEM 课程，以补强学生胜任未来工作的知识能力结构。新加坡在 2014 年发布了学生《21 世纪技能和目标框架》，在此基础上提出了"21 世纪竞争力"框架，探讨信息化时代学生的知识能力体系问题，认为信息与沟通技巧是适应全球化社会必须掌握的三大技巧之一；在最新的 Master Plan 4 中更是强调要培养面向未来、负责任的数字化学习者。ICT 不仅在知识层面发展成为作为学科存在的计算机科学，被整合进 STEM 课程体系，同时又在技能层面成为学生适应社会、获取知识和谋求发展的必备核心能力。

其次是为提升学生学习质量和效率，各国对学生学习方式提出新的要求。美国 NETP2010 提出的"技术支持下的 21 世纪学习模型"，强调利用 ICT 营造学习氛围、提供实用工具和丰富学习资源，使学习者能够充分自由地选择学习方式；而 NETP 2016 更是以培育 ICT 支持下的参与式和自主式学习为学习领域的基本目标。英国在 2012 年发布"聚焦于如何利用 ICT 技术来促进教学与学习"的新政策，提出打破课堂、学科的限制，为学生提供丰富的学习资源，使学生可以通过网络获得在线图书馆、各类工具与资源，以支持学生开展移动学习、泛在学习等。新加坡基于高水平的教育信息化基础设施建设，如"一人一机"等项目的开展，促进学生泛在学习方式的形成。ICT 作为知识传递的新工具和新媒介，极大地拓展了信息交换的方式和渠道，使学习突破时空界限，构建了更广泛的学习共同体，有效地提升了学习的质量和效率。

再次是为实现学生个体的充分发展，各国对学习支持系统提出了新的要求。学习支持系统是一个目的明确的（支持学习者学习）、由多个元素集合而成的（人、物、环境）、以人性化为先导的、不断发展和变化的人工系统。虽然学习支持系统都是通过学习指导、学习资源提供、学习过程管理和学习评价反馈等过程产生作用，但基于 ICT 的学习支持系统与基于传统教学模式的学习支持系统有质的不同，其中最核心的不同，就是基于 ICT 学习支持系统的目的是支持学生的个性化学习。美国为实现 NETP2010 中提出的学习领域目标，开始重点研发基于 ICT 的学习支持系统，试图建立一个能够提供个性化学习指导、差异化学习资源配置与推送、因人而异的学习路径选择和学习过程管理，以及面向学习者个体学习过程的自动化的、计算能力强大的和有预测能力的学习反馈评价的整合学习支持系统。而在 2012 年发布的《通过教育数据挖掘和学习分析促进教与学》(*Enhancing Teaching and Learning through Educational Data Mining and Learning Analytics*)报告，更是强调大数据时代通过教育数据挖掘和学习分析支持个性化学习。英国 2005 年发布的 e-Strategy《利用技术：改变学习及儿童服务》，提出在教育和儿童服务的各个领域充分利用 ICT，为学习者的个性化学习提供完备的服务环境支持；而 2008 年开始的"下一代学习"运动也明确提出利用 ICT 为学习者提供学习工具、在线支持、可定制资源以及技术指导，以促进学习者的个性化学习。新加坡则在 Master Plan 4 中明确强调通过建立连接的 ICT 学习生态系统，支持学生泛在的、个性化的学习。通过利用 ICT 对学生学习行为、学习进程以及学习特点等数据的全面收集和分析，使学生真正了解自己的学习过程，从而进行主动性、适应性的调整，成为自身学习的主导者，真正实现因时因地制宜的个性化学习。①

(二) ICT 对教师教的变革

首先是为了促进 ICT 与课程的融合，各国对教师的能力和角色提出了新的要求。美国从 NETP1996 开始，就关注教师的 ICT 应用能力建设，NETP2000 提出所有的教师都应具备有效地运用技术来促进学生高水平学习的能力，之后的每次规划都强调了对教师 ICT 应用能力的要求和培养，到 NETP2016 则在强调增加教师联结能力的基础上，提出转变教师角色的要求，明确教师应成为学生学习的引导者、促进者、激励者、共同学习者。英国在 1998 年就颁布了《ICT 应用于学科教学的教师能力标准》(*The Use of ICT in Subject Teaching：Expected Outcomes for Teachers in England，Northern Ireland and Wales*)，对教师的 ICT 能力提出了要求；2004 年，英国教育与技

---

① 贾同，顾小清. 教育信息化战略比较研究——基于美、英、澳、日、新五国的国际比较[J]. 电化教育研究，2018(7).

能部启动了手把手支持项目(Hands on Support),旨在提高教师整合 ICT 和教学的能力。新加坡从 Master Plan 1 就强调对教师 ICT 技能的培训,明确提出教师应具备 ICT 与课程整合的能力和信息化教学的能力;Master Plan 2 则强调教师应具备有效利用信息技术促进自身专业发展的能力;Master Plan 3 则提出转变教师角色的要求,提出教师与学生应建立学习伙伴关系;Master Plan 4 则要求教师在学习伙伴角色的基础上,成为学生学习经验和环境的设计者。ICT 通过拓展知识的内涵和变革知识的传递模式,促使教师必须相应地更新知识能力结构,重新适应师生间的信息交流方式和民主关系。

其次是为了促使教育真正实现信息化和个性化,各国对教学模式提出了新的要求。传统的教学模式以教师为中心,知识主要由教师到学生单向传递,教学方法也是以群体为对象的标准式教学,重视的是教育规模效应。教育信息化支持下的创新教学模式,基于 ICT 对信息、知识传播和传递的极大扩散与加速,其重心由规模效应向质量效应转变,从而倡导的是"以学生为中心"。美国在 NETP2005 中明确提出技术的应用以及教学的核心都必须以学生发展为中心,NETP2010 则明确提出以新型教学模式"联结性教学"满足学生的多样化需求,NETP2016 更是在对教师角色重新定位的基础上,提出教学中应保证学生的参与性,把原来关注教什么的重心转移到如何引导学生学习以及展示自我上。英国在 2005 年发布的 e-Strategy《利用技术:改变学习及儿童服务》中,提出利用 ICT 进行全面的教育信息化变革以促进教学变革,为学生的个性化学习提供教学环境支持;在 2008 年开展的"下一代学习"运动的整个实施过程中,一直将以学习者为中心的理念贯穿始终,明确教学应满足不同环境中不同年龄段学习者的需要;而在 2016 年发布的《教育部 2015—2020 战略规划:世界级教育与保健》则明确"儿童和年轻人第一位"的原则,强调"处处优质"的教育应以学习者为中心。新加坡的教育信息化战略强调 ICT 与教学的融合应以支持学生发展为最主要目标。新加坡在 Master Plan 1 中就开发了全国统一的 ICT 教学系统,用以促进 ICT 和课堂教学的整合;Master Plan 2 则基本普及了教师利用信息技术创造以学生为中心的学习环境的新教学模式;Master Plan 3 则提出教师在教学中要培养学生自主学习和协作学习的能力；Master Plan 4 在要求教师角色转变的基础上，应能够充分利用信息技术革新教学实践，在尊重学生个性化的学习方式的前提下，促进学生高质量的学习。

综合来看，美国、新加坡、英国三国的教育信息化建设都已处于整合创新的阶段，在政策、环境、资源、队伍、应用、技术和产品提供上也都取得了有效的进展和不俗的成果，这为教学变革提供了有力支撑，也为教育形态的重塑奠定了坚定基础。暂不论 ICT 通过变革社会生产力和生产方式对教育形态变革的外在动力作用，单从教育信息化对学习者知识能力结构、学习方式、教学模式等方面带来的影响和革新，就可以看出教育形态的结构无疑正在发生颠覆性的变化。其中，教育信息化政策对教育信息化发展的引领和规划作用不容忽视，尤其是教育信息化战略通过对教育信息化发展进行总体性和全面性的布局，有效实现了教育信息化全体要素的全面发展。而这种有效全面的推动作用，则主要是通过对教育信息化实践的直接驱动和对教育信息化实践对象与过程的统筹协调得以实现的。因此，我国应在借鉴三国教育信息化战略的基础上，把握教育变革的形式，明晰 ICT 与教育融合创新的机制和方法，因时因地制宜，走出一条具备中国特色的教育信息化发展道路，实现又快又好的教育信息化建设和发展。[1]

---

[1] 贾同，顾小清. 教育信息化战略比较研究——基于美、英、澳、日、新五国的国际比较[J]. 电化教育研究，2018(7).

第二节　教育信息化政策的实践驱动力

教育信息化政策是国家或地方教育行政部门为了促进教育信息化发展，以权威形式制定的信息化教育、信息技术教育、教育技术、远程教育、开放教育等方面的规范性文件，其主要目的就是利用信息技术推动教育的发展和变革，提升教育质量，促进学生成长。教育信息化政策的实践驱动力，即教育信息化政策对教育信息化实践的驱动作用，主要探讨的是作为教育信息化构成要素之一的教育信息化政策，其对教育信息化实践和发展起到了怎样的推动作用，以及从哪些方面推动。下文从成立专门机构、制定宏观战略和建立评估体系三方面，论述教育信息化战略（政策）推动教育信息化实践和发展的作用体现以及相应着力点，并结合美国、新加坡和英国三国的经验和得失，为我国教育信息化进一步发展提出相应的建议。

一、完善体制机制，推进教育信息化实践发展

教育信息化工作隶属于国家教育事务的一部分，在不同国家其管理体制和运行机制存在一定的差异。不过，教育信息化是一项重要的国家战略和复杂的系统工程，为使教育信息化工作推进得到长期的支持，包括美国、新加坡、英国在内的大多发达国家通过成立专门组织机构，构建教育信息化管理体制和运行机制，以推进教育信息化进程。

美国属于典型的教育分权型国家。联邦政府负责教育信息化整体规划和领导，各州和学区承担具体的教育责任；教育技术办公室（Office of Educational Technology，OET）是教育部的下属机构，其主要职责是制定全美基础教育信息化政策、行动计划，并开展进展调查、项目评估等工作[①]，NETP 即由教育技术办公室负责制定；首席信息

[①] The U. S. Department of Education Office of Educational Technology. What We Do [EB/OL]. http://tech. ed. gov/what-we-do/，2018 - 02 - 02.

官办公室(Office of Chief Information Officer，OCIO)负责提供技术解决方案，确保教育部能为学校、学生及家庭提供高水平服务；国家教育统计中心(National Center for Education Statistics，NCES)负责收集、分析教育统计数据，为美国教育决策提供全面系统的数据支持①。其他非政府组织如国际教育技术协会(International Society for Technology in Education，ISTE)、新媒体联盟(New Media Consortium，NMC)、教育管理组织(Educational Management Organizations，EMO)及苹果、微软、谷歌等企业也积极参与美国教育信息化的整体推进，其中，ISTE作为一个非营利性组织，专门为学生、教师、管理者等应用信息技术解决问题的行为表现提供评价标准。

新加坡的教育信息化整体上施行中央集权下的层级管理。教育部整体负责本国的教育信息化的规划和发展；教育技术处是教育部的下属机构，该部门建立了专门推进教育信息化发展规划项目办公室，主要指导、监督新加坡Master Plan的制定、实施和管理。此外，还建立教育技术学习联盟、媒体设计与学习技术两个子部门，促进信息技术与教学的融合和创新。新加坡教育部监测评估Master Plan实施情况，近年来也开始鼓励学校对自身表现展开自评。

英国属于集权与分权相结合类型的教育管理体系。国家的教育信息化总体发展思路由政府统一运作，学校、家庭和社会各方面协作推进。教育部统一负责全英国的教育和儿童服务；教育传播与技术署(BECTA)由教育部支持，专门负责教育领域信息通信技术的应用，对学校信息通信技术应用实践开展调研、评估、整合，并推广与信息通信技术相关的教学法律法规。同时，地方政府提供一些具体实施指南，而最终的实施决策通常由学校自主制定。2011年3月，为节省政府的开支，英国政府取消对BECTA的资助，该组织也因此而解散②。在BECTA解散后，其原有的各种报告、资源、研究成果等仍可方便获得，并且其相关职能重新分配给了原DCSF、DIUS、联合信息系统委员会(Joint Information Systems Committee，JISC)以及高等教育质量保证署

---

① Jeff Owings. NATIONAL CENTER FOR EDUCATION STATISTICS [EB/OL]. https://nces. ed. gov/pubs98/98095. pdf，2018 - 02 - 02.

② Wiki. Becta [EB/OL]. https://en. wikipedia. org/wiki/Becta，2018 - 02 - 02.

(Quality Assurance Agency，QAA)。其中，JISC 主要负责推动教育技术发展，为高校提供服务推动，而 QAA 则主要负责保障和评估英国高等教育的较优标准和质量，提醒并鼓励英国高校提高管理和教学质量。但 BECTA 的解散，使英国教育信息化失去了核心的指导、规划和推进机构，导致英国的教育信息化发展进入了一个缓慢期，关于 ICT 教育应用的现状、信息等也变得非常匮乏。

我国的教育信息化管理体制和运行机制与新加坡相似，属于中央集权下的层级管理。教育部(兼教育部网络安全和信息化领导小组)整体负责我国教育信息化的规划和发展；教育部下属机构科学技术司(兼教育部网络安全和信息化领导小组办公室)负责指导教育信息化和产学研结合等工作，其主要职责包括负责整体教育系统信息化建设，拟订教育系统信息化发展规划，并负责协调组织实施；教育部下属机构基础教育司、高等教育司、职业教育与成人教育司、民族教育司等各司局则主要负责其职能领域教育信息化的指导工作和专项任务，如基础教育司需负责指导中小学教育信息化工作，民族教育司需协助对边远、民族地区的教育信息化推进工作；教育部下辖的直属机构教育管理信息中心、国家开放大学、中央电化教育馆、中国教育电视台、中国教育出版传媒集团等单位则主要负责建设和推广教育信息化平台、工具、资源等，为广大教育信息化实施对象开发和提供相应的技术与产品；[①]同时，地方各级教育行政部门在教育部的指导规划和实施框架下，负责地方教育信息化的具体实施和推进。

从美国、新加坡和英国三国的经验来看，成立以促进教育信息化建设和发展为核心业务的专门机构，构建完备的教育信息化管理体制和运行机制，着实有力地推进了教育信息化的快速发展，而英国在解散 BECTA 后，教育信息化的发展则失去了最核心的推动力量，管理运行的效率出现问题，陷入了发展缓慢的困境。而我国以教育部及下属机构和地方教育部门为推动教育信息化建设和发展的核心组织，加上教育部网络安全和信息化领导小组(原教育信息化领导小组)和教育部网络安全和信息化领导小组办公室(原教育信息化推进办公室)的成立，形成了强大的组织体系和推动力量，

---

① 教育部政府门户网站. 中华人民共和国教育部[EB/OL]. http://www.moe.gov.cn/，2018 - 02 - 03.

是我国教育信息化取得飞跃式发展的关键因素。不过，我国教育信息化体制机制仍存在一些问题和阻碍，如信息化建设部门与需求方的沟通机制尚不够畅通，资金使用、人员队伍等方面不能跟上现今教育信息化建设与应用的形势。同时，在教育系统内部，装备建设、师资培训、教学业务多条线之间存在分割现象；资源平台和管理平台协同得不够。①

因此，我国教育信息化应在参考国际经验的基础上，积极响应 2014 年全国教育工作会议提出的下一阶段全国教育工作的目标，即"深化教育领域综合改革，加快推进教育治理体系和治理能力现代化"，落实《教育信息化"十三五"规划》"要利用信息化实现政府部门、学校、家长和社会广泛连接与信息快速互通，推动教育评价主体多元化、公共服务人性化，使各级各类学校、相关教育机构和广大人民群众更加及时、准确地获取教育信息，更加便利地享受到教育服务，更加深入地参与教育治理过程，形成一个有效的教育治理体系"的要求，促进我国教育信息化体制机制实现从"教育管理"到"教育治理"、从"政府单一主导"到"多元主体参与"的转变。

二、 制定宏观战略，构建教育信息化实践路径

教育信息化战略规划立足现状，面向未来，对规范、指导和引领教育信息化未来发展起着极其重要的作用。随着教育信息化的迅速发展，教育信息化研究者和实践者越来越重视教育信息化战略规划。教育信息化战略规划是教育信息化政策的重要组成部分，是一种特殊的教育信息化政策。教育信息化战略规划是关于教育信息化如何发展的全局性总体发展计划，其本质是对教育信息化未来发展进行全面、系统、科学的谋划，以实现预期战略目标；其主要内容包括教育信息化发展的战略目标、战略措施及实现战略目标所需要完成的具体部署等。

通过对美国、新加坡、英国三国教育信息化战略制定和实施的过程进行梳理，可发

---

① 任友群，卢蓓蓉. 规划之年看教育信息化的顶层设计[J]. 电化教育研究，2015(6)：5—8、14.

现教育战略对其国家教育信息化发展的关键引领作用。这三个国家从战略目标、主要内容和实施措施三个维度构建了教育信息化建设框架和实践路径，如美国自NETP2010 开始，在明晰总战略目标的基础上，通过将主要内容划分为五大领域（前后的具体领域有变动，如 NETP2010 是学习、评估、教学、基础设施和生产力五大领域，NETP2016 和 NETP2017 是学习、教学、领导力、评价和基础设施五大领域），在构建了主题突出、结构立体的教育信息化建设框架的同时，针对每个领域提出针对性的具体实践路径，有力推动了美国教育信息化相应领域的长足发展；新加坡从 Master Plan 3开始通过树立长远的教育愿景、制定中期的成果目标以及近期的赋能目标，组合形成兼顾未来和现实、成果和过程的战略目标体系，并以学生、教师、学校领导者和基础设施将主要内容划分为四个部分，不仅构建了层次分明、内容具体的教育信息化建设框架，并且就每个部分提出具体的实践路径，卓有成效地指导了教育信息化的全面发展；英国则是在总体战略目标的基础上，制定细化的、全面的过程目标，并对应国家教育信息化现状，制定优先任务，明确教育信息化发展方向，同时根据发展动态对战略内容做及时修订和补充，构建了目标统一、形式灵活的教育信息化建设框架和实践路径，有效保障了英国教育信息化的快速发展。

我国国家层面的教育信息化战略始于 2010 年颁布的《国家中长期教育改革和发展规划纲要（2010—2020 年）》，该规划第十九章"加快教育信息化进程"明确提出三项内容：加快教育信息基础设施建设，加强优质教育资源开发与应用，构建国家教育管理信息系统，并首次强调"信息技术对教育发展具有革命性影响"。① 在此基础上，我国在 2012 年发布了真正意义上的第一部教育信息化战略——《教育信息化十年发展规划（2011—2020 年）》，该规划将我国教育信息化的十年发展目标确定为："基本建成人人可享有优质教育资源的信息化学习环境，基本形成学习型社会的信息化支撑服务体系，基本实现所有地区和各级各类学校宽带网络的全面覆盖，教育管理信息化水平

---

① 中共中央办公厅，国务院办公厅. 国家中长期教育改革和发展规划纲要（2010—2020 年）[EB/OL].
http://www. moe. edu. cn/publicfiles/business/htmlfiles/moe/moe＿838/201008/93704. html，2018－02－03.

显著提高，信息技术与教育融合发展的水平显著提升。"①同年9月我国召开第一次教育信息化工作会议，系统部署了"十二五"时期的教育信息化工作。2015年11月，第二次"全国教育信息化工作会议"召开，就"十三五"期间教育信息化工作推进做了布置。在两项规划和两次会议的基础上，我国在2016年6月正式发布了《教育信息化"十三五"规划》，进一步提出2020年教育信息化发展目标，即基本建成"人人皆学、处处能学、时时可学"、与国家教育现代化发展目标相适应的教育信息化体系；基本实现教育信息化对学生全面发展的促进作用、对深化教育领域综合改革的支撑作用和对教育创新发展、均衡发展、优质发展的提升作用；基本形成具有国际先进水平、信息技术与教育融合创新发展的中国特色教育信息化发展路子。② 我国在教育信息化建设和推进过程中，已取得令世界瞩目的成绩，在世界最大规模的教育体系里，初步构建了广覆盖、多层次的教育信息化系统，使农村、边远、贫困、民族地区缩小了教育差距和数字鸿沟，推进了教育公平；使优质教育资源惠及了广大师生，提升了教育质量。③ 但就教育信息化战略本身的制定而言，我国教育信息化战略多是从宏观上来描述教育信息化的发展目标，更多的是针对各教育阶段和教育部门提出目标和要求，对学生、教师和学校领导者的要求则显得比较模糊，所以教育信息化建设的框架显得条理不甚明晰。

因此，我国的教育信息化战略应在制定总体目标统领全局的同时，还要直指教育信息化的实践主体，分解总体目标，明确细化对教育中"人"（学生、教师和学校领导者）的要求，发挥其能动性，并以实践主体为维度划分战略主要内容，构建条理明晰、要求明确的教育信息化建设框架，共同推动教育信息化战略目标的实现。④

① 教育部. 教育信息化十年发展规划（2011—2020年）[EB/OL]. http://www. moe. gov. cn/publicfiles/business/htmlfiles/moe/s3342/201203/133322. html，2018 – 02 – 03.
② 教育部. 教育部关于印发《教育信息化"十三五"规划》的通知[EB/OL]. http://www. moe. gov. cn/srcsite/A16/s3342/201606/t20160622_269367. html，2018 – 02 – 03.
③ 刘延东. 巩固成果　开拓创新　以教育信息化全面推动教育现代化——刘延东副总理在第二次全国教育信息化工作电视电话会议上的讲话[N]. 中国教育报，2016 – 01 – 22(001).
④ 贾同，顾小清. 教育信息化战略比较研究——基于美、英、澳、日、新五国的国际比较[J]. 电化教育研究，2018(7).

三、建立评估体系，审视教育信息化实践效果

通过对美国、新加坡和英国三国教育信息化战略的考察，我们可以看出评价在战略中的重要地位。简单来讲，教育信息化评价就是以优化教育信息化进程和提高教育质量为目标的动态过程。评价作为教育信息化的有机组成部分和重要环节，在教育信息化的理论与实践中都相当重要。而且，从长远来看，它能为下一阶段教育信息化的规划提供借鉴，为下一步的实践指明方向，并成为每个国家衡量教育信息化的绩效并进行投资的一个重要参考指标，也可充分暴露相关政策的不完备、不周密之处，借此作为下一阶段政策调整的重要依据。[①]

各国对教育信息化的评价都很重视，如美国从 NETP2010 开始，将评价列为教育信息化战略的五大内容领域之一，NETP2016 虽然对教育信息化战略内容做了部分调整，却仍将评价作为单独领域列入其中，足以证明美国对教育信息化评价的重视。而新加坡从 Master Plan 1 开始就将课程与评估列为其首要的发展任务，Master Plan 2 延续了这一做法，Master Plan 3 则通过"我们的学习门户"（We-Learn Portal）项目的开展以及学生信息技术能力标准（Baseline ICT Standards）和学校信息化环境标准（Standard ICT Operating Environment）的实施，保障了评价政策的执行，Master Plan 4 更是提出要将 ICT 整合到评价中，以提高评价的效率和效果。英国则为准确评估学校教育信息化建设的实际成效，在 2006 年由 BECTA 发布了学校信息化自我评估框架（SRF，Self-review Framework），并开发了相应的 SRF 网络评估工具，同时 BECTA 将推广应用 SRF 作为一项重要工作。与此配合，英国同时广泛开展了"学校电子成熟度"评估。

与此同时，每个战略中的评价都保持着统一的原则和标准，如美国的教育信息化评价以《国家教育技术标准（NETS）》（各阶段有修订）为标准，重视 ICT 与评价的整

---

① 焦建利，贾义敏，任改梅. 教育信息化的宏观政策与战略研究[J]. 远程教育杂志，2014（1）：25—32.

合，建立基于教育全过程数据的实时性、过程性评价系统。新加坡则以学生信息技术能力标准（包括修订版）和学校信息化环境标准为评价标准，重视 ICT 与评价的整合以及各评价对象的自我评价，建立学校信息化自我评估系统。英国 SRF 则主要用来评价学校的 ICT 成熟程度，评价主要包括八个指标：领导和管理、课程、教与学、ICT 与使用 ICT 评价、教师专业发展、拓展学习的机会、资源以及对学生学习成果的影响。而"学校电子成熟度"主要指学校做出有效策略并使用信息技术来提高教育水平的能力，其评估主要从学校的自我评估、传统指标评估、未来融入 ICT 的意愿等三个方面划分学校的电子成熟度。[①]

从这三个国家的经验我们可以看出，对教育信息化进行监测评估的重要性愈发显现，各国政府也自行组织或与第三方合作成立了专门的评估机构。而在我国教育信息化建设和发展的过程中，评价可谓是我国教育信息化的薄弱环节。虽然《2016 年教育信息化工作要点》中已要求教育督导办（原教育督导团办公室）和科学技术司开展针对"十二五"教育信息化工作的专项督导，[②]不过我国尚未成立一个专门的教育信息化监测评估机构。并且在我国的教育信息化战略中，对评价这一内容的体现和重视也不够，《教育信息化十年发展规划（2011—2020 年）》中，围绕基础设施、软件资源、人力资源、信息化管理、信息技术与教育的深度融合等模块，整体设计并全面部署了未来十年中国的教育信息化工作，[③]然而，有关教育信息化的评价却没有以单独模块出现，仅仅是零碎地散布于各模块。《教育信息化"十三五"规划》在保障措施中虽然强调"开展督导，形成制度化的评估机制"，[④]但只是提出了要求和方向，并未形成可操作的具体措施。同样，在教育信息化评估标准体系建设方面，虽然不同学者也提出了不同的框架

[①] 吴砥，余丽芹，李枞枞，尉小荣. 发达国家教育信息化政策的推进路径及启示[J]. 电化教育研究，2017（9）：5—13、28.

[②] 教育部. 教育部办公厅关于印发《2016 年教育信息化工作要点》的通知[EB/OL]. http://www. moe. edu. cn/srcsite/A16/s3342/201602/t20160219_229804. html，2018 - 02 - 03.

[③] 教育部. 教育信息化十年发展规划（2011—2020 年）[EB/OL]. http://www. moe. edu. cn/publicfiles/business/htmlfiles/moe/s3342/201203/133322. html，2018 - 02 - 03.

[④] 教育部. 教育部关于印发《教育信息化"十三五"规划》的通知[EB/OL]. http://www. moe. gov. cn/srcsite/A16/s3342/201606/t20160622_269367. html，2018 - 02 - 03.

和模型,如马宁等提出的"面向过程的学校信息化建设评价及成熟度模型"①,顾小清等提出的"区域教育信息化效益评估模型"②等,但在具体的实践工作中,相关模型的使用还有待进一步推广与落实,在当前也并未形成一个为国家所采纳和推广的完整评价体系。所以,《2017年教育信息化工作要点》在重点任务之一的"强化教育信息化支撑保障措施"中,仍提出要"完成义务教育阶段学校信息化发展状况监测、评估指标与方法实证研究"和"完成教育信息化专项督导评估指标体系研究"。③

因此,我国的教育信息化战略制定也应加大对教育信息化评价的重视,在国家组织下,通过整合原有评价方法,完善评价指标,统一评价标准,以"研究—实践—研究"循环递进的行动研究模式,构建一个基于统一理论逻辑、过程性与结果性相结合、量化易操作的新评价体系,并进行积极的推广,以实现对我国教育信息化绩效的准确评估。④

---

① 马宁,余胜泉. 面向过程的学校信息化建设评价及成熟度模型建构[J]. 远程教育杂志,2010(1):13—17.
② 顾小清,林阳,祝智庭. 区域教育信息化效益评估模型构建[J]. 中国电化教育,2007(5):23—27.
③ 教育部. 教育部办公厅关于印发《2017年教育信息化工作要点》的通知[EB/OL]. http://www.ict.edu. cn/laws/new/n20170216_39732. shtml, 2018-02-04.
④ 贾同,顾小清. 教育信息化战略比较研究——基于美、英、澳、日、新五国的国际比较[J]. 电化教育研究, 2018(7).

第三节　教育信息化政策的统筹协调力

教育信息化政策的统筹协调力，主要探讨的是作为教育信息化构成要素之一的教育信息化政策，其在规划年限中对教育信息化建设的指导引领和教育信息化发展的战略规划，是如何统筹协调教育信息化实践的对象和过程，使得教育信息化建设和实践能够有效、快速、稳步地发展。本节从完善教育信息化推进体系、保障教育信息化有序发展、增强教育信息化对象主动性和促成教育信息化利益共同体四个方面论述教育信息化战略（政策）何以规范和保障教育信息化的有效建设和顺利发展。同样，结合美国、新加坡、英国三国的经验和得失，为我国教育信息化战略的制定和实施提出相应的建议。

一、统分结合，完善教育信息化推进体系

在各国教育信息化战略的制定和实施中，我们可以观察到其设计和推进基本上可分为规划和计划两个层面：规划统管全局，包括指导思想、战略目标与主题、发展任务、保障措施等战略顶层设计；计划分属具细，包括具体的行动计划和底层的具体项目，组成完整的战略推进体系。如新加坡已实施的 Master Plan 3 在规划上以利用信息技术促进学生的自主学习为指导思想，对学生、学校、教师、基础设施四大领域设计了战略目标和发展任务，总体战略思路明确、层次清晰；而计划层面则相应地推出网络健康学生大使项目（Cyber Wellness Student Ambassador Programme）、信息技术导师项目（The ICT Mentor Programme）、交互式数字媒体研发项目（Interactive Digital Media in Education）以及虚拟世界项目（Virtual Worlds）等，组成完整的、可视的操作体系，将高层次的总目标转化成为具体、细化的分目标。Master Plan 3 规划体系和计划体系结合紧密，衔接得宜，促进了战略的有效推进，顺利地完成了各战略目标，战略推进期间在国际各类教育信息化评估和学生素养调查评估中均处于世界顶尖位置，由

此取得了巨大的成功。

我国教育信息化战略多是在宏观的规划层面描述教育信息化的发展方向和目标，缺乏对计划层面的具体阐述。当前我国虽然实施了"三通两平台"工程、"全国中小学教师信息技术应用能力提升工程"、"宽带中国"战略等一批取得卓越成效的教育信息化工程和行动，但从教育信息化战略制定的角度来看，这些行动计划和项目并非在最初战略制定时就已规划好的内容，而更多是对战略的补充，以促进宏观战略目标的达成。如此一来，战略和计划之间缺少统一的逻辑和完整的框架，一定程度上不利于有效推动战略的落实和实施。

因此，我国的教育信息化战略制定也应注重规划体系和计划体系的结合，充分利用丰富的科研项目资源，有效地解析规划，有针对性地发展计划，形成逐层分解、逐层衔接的战略体系。[①]

二、 循序渐进，保障教育信息化有序发展

通过对各国教育信息化战略的分析，可以发现教育信息化是一个长期渐进的过程，战略体系分阶段制定。如美国在 1996 年到 2017 年的连续六个国家教育技术规划，新加坡在 1997 年到 2015 年的连续四期教育信息化发展规划，每一阶段的战略都建立在上一阶段的基础上，充分结合对教育信息化发展的诊断，推出下一阶段发展的新目标，层层推进。而细观每个阶段，则能发现每阶段的教育信息化战略都有其发展的核心主题，如美国的国家教育技术规划虽然每阶段都关注教育信息化的全面发展，涉及数个建设领域，但主题和重心却是鲜明的，NETP1996 的主题是教育信息化基础设施和教师教育技术能力的建设，NETP2000 的主题是增强教育信息化基础设施在教学和学习中的有效利用率，NETP2005 的主题是更高层次上的建立以学生发展为中心

---

① 贾同,顾小清. 教育信息化战略比较研究——基于美、英、澳、日、新五国的国际比较[J]. 电化教育研究,
  2018(7).

的技术应用和教学模式，NETP2010 的主题则是基于"教育个性化"国家教育变革基础上的利用 ICT 提升教育质量和效率，以及促进教育公平，到了 NETP2016，其主题则更进一步，即利用 ICT 全面改进教与学。

总体来说，我国的教育信息化战略目标和任务总是覆盖教育信息化全体要素，追求教育信息化的全面发展。不过因为缺少对教育信息化现状和进展的全面评估，在某种程度上疏于考虑战略目标的优先级问题。如《教育信息化十年发展规划（2011—2020 年）》提出的八项发展任务："缩小基础教育数字鸿沟，促进优质教育资源共享"；"加快职业教育信息化建设，支撑高素质技能型人才培养"；"推动信息技术与高等教育深度融合，创新人才培养模式"；"构建继续教育公共服务平台，完善终身教育体系"；"整合信息资源，提高教育管理现代化水平"；"建设信息化公共支撑环境，提升公共服务能力和水平"；"加强队伍建设，增强信息化应用与服务能力"；"创新体制机制，实现教育信息化可持续发展"，全面涵盖了教育信息化环境、资源、队伍、应用、技术和产品提供等要素，虽然也体现出了基础教育信息化发展以"公平与质量"为重点、高等教育信息化发展以"开放与创新"为重点以及职业教育信息化发展以"支撑和引领"为重点的政策倾向，但并未确定和区分战略任务实施的优先级，这在一定程度上不利于战略有序和有效地落实和推进。① 同样，《教育信息化"十三五"规划》也提出了八项并未体现优先级别的主要任务，不过相对进步的是，《教育信息化"十三五"规划》翔实地提出了任务的推进路径和具体措施。

因此，我国的教育信息化战略也要主题突出、推进有序，每个战略应集中力量，全力攻克其所处阶段最紧要的问题，同时战略的制定也应注重更长远的考量，应具备连续性和渐进性，分阶段开展，层层推进。②

---

① 教育部. 教育信息化十年发展规划（2011—2020 年）［EB/OL］. http://www. moe. edu. cn/publicfiles/business/htmlfiles/moe/s3342/201203/133322. html，2018－02－03.
② 贾同，顾小清. 教育信息化战略比较研究——基于美、英、澳、日、新五国的国际比较［J］. 电化教育研究，2018(7).

三、 强化引导，增强教育信息化对象主动性

从各国发布的教育信息化战略中，我们可以发现其中包含着大量研究成果和实践案例的介绍引用，不仅有翔实的研究数据，更有充分的实践案例分析，具备很强的具体性、说服性和示范性，战略实践主体不仅知其然，更知其所以然，在执行上更具备主动性，因此对战略的推进起到了很好的促进作用。如美国的教育信息化战略从NETP2010 以来，内容逐渐聚焦学习、教学、评估等五个主题领域（NETP2010 是学习、评估、教学、基础设施和生产力五大领域，NETP2016 和 NETP2017 是学习、教学、领导力、评价和基础设施五大领域）的发展，通过开展大量调查［如 NETP2016 制定过程中美国研究院（AIR）团队组织的多次访谈和 CoSN、ISTE 和数字希望等调查］，吸收大量学术研究成果（如学习科学对 ICT 提升学习效果的研究、联结性教学模式研究、教育数据挖掘和学习分析研究、虚拟空间学习和模拟游戏教学研究等）以及解析大量案例经验（如 NETP2016 制定过程中所分析的案例超过 235 个，最终收录其中 53 个），为其所处阶段的教育信息化建设提出了具体明确的规划，同时也为教育信息化的实践主体提供了可借鉴的操作路径，赢得了实践主体的认可并促成其主动推进，取得了良好的引领效果。①

当前我国教育信息化建设成果显著，但也存在着一些不容忽视的问题。刘延东副总理在第二次全国教育信息化工作电视电话会议上的讲话中提出："一些地方和学校仍然没有深刻认识信息社会对教育的新要求、新挑战，没有认识到教育信息化的革命性作用。信息化与教育教学'两张皮'现象仍然存在，推进教育信息化的积极性有待提高，力度有待加大。"这个问题的原因就在于教育信息化实践主体认识不深入、缺乏主动性，不仅需要在实践和评估中加以督促，更需要的是促进实践主体自发的、内在的认

---

① 赵建华，蒋银健，姚鹏阁，李百惠. 为未来做准备的学习：重塑技术在教育中的角色——美国国家教育技术规划（NETP2016）解读［J］. 现代远程教育研究，2016（02）：3—17.

可。同时,我国教育信息化当前尚缺乏对信息化教学模式的深入研究和推广,适应信息时代特征的教学方式、管理模式还没有完全建立,一些地方和学校、教育管理者和教师仍然不能充分理解教育信息化是什么、为什么、怎么干,一些地区和学校的教育信息化应用仍然停留在初级阶段,距离教育信息化的常态化应用还有一定距离。[①]

因此,我国在制定教育信息化战略时也应基于较高的实用性和指导性,通过调查总结、理论引领和实践佐证的方式,以理服人,并为广大教育信息化实践主体提供丰富的、可借鉴的以及适用性强的成功案例和操作路径,保证各实践主体推进战略的主动性和有效性,以教育信息化促进教育变革,全面推动教育现代化建设。[②]

四、 多方参与,促成教育信息化利益共同体

从各国发布的教育信息化战略中,我们可以发现在战略的制定和执行中,各国均注重多方合作关系的建立,不论是在战略设计过程中广泛征集多方意见(如新加坡Master Plan 4 的设计过程中征集了教育管理人员、校长、中小学教师、部分学生和家长、高校研究人员、企业领导及合作伙伴等多方利益相关者的问题和建议),吸收合理建议;还是在计划与项目的制定和实施中与学术界和产业界密切合作(如新加坡虚拟世界项目由新加坡教育技术部与学校、学习科学实验室和新加坡国立教育学院合作开展;英国"下一代学习"运动中,BECTA 与政府、产业界、家长和其他教育部门建立了密切的合作),激发市场活力;还是在资金预算和投入保障方面多渠道筹集资金(NETP2016 提出要建立经费的长期可持续的投入机制,在消除或减少现有成本、与企业或组织合作、鼓励全民技术资源共享等方面为战略减少资金投入以及提供资金保障),凝聚社会力量。多方合作、共同参与的战略制定方式良好地平衡了各方利益,合理地进行了社会分工,有效地聚拢了社会资源,激发了市场活力,扩大了战略影响力,

---

① 任友群,卢蓓蓉. 规划之年看教育信息化的顶层设计[J]. 电化教育研究,2015(6)：5—8、14.
② 贾同,顾小清. 教育信息化战略比较研究——基于美、英、澳、日、新五国的国际比较[J]. 电化教育研究,2018(7).

为教育信息化战略的顺利实施发挥了重要的正向作用。

由各国的经验可知，一个广泛的利益共同体不仅有利于提升教育信息化战略的有效性，同时也有利于促进教育信息化的建设和推进。长期以来，政府主导我国教育信息化建设，通过行政手段提供政策支持和资金筹措，统筹各级教育部门、学校、研究机构和单位来推进教育信息化的建设。这种"政府单一主导"的体制机制，推动我国教育信息化实现了飞跃式的发展，但也带来了教育信息化实践主体认识和主动性不强、教育系统与教育信息化市场之间沟通不畅以及经费负担等问题。那么，当前若要继续深入推进教育信息化建设，就需要政府、学校、教师、学生、企业、大众等利益相关者建立良好的协作关系，各尽其责，从不同层面满足不同利益相关者的利益诉求，共同致力于教育信息化事业。所以，教育信息化战略的制定和实施，应该更注重学校的需求，学校作为最基层的教育实施机构，要克服信息化与教育教学"两张皮"现象，通过信息化管理带动教学质量提升；应该更注重教师的需求，关注教师在信息化社会的专业成长，为教师提供更多优质的可共享的教学资源；应该更注重学生的需求，研究数字化一代的思维模式和学习行为特点，研发更适合他们的信息化学习模式；应该更注重教育信息化企业的生存环境，让教育信息化企业在良性竞争中不断发展，为推进教育信息化事业带来技术和资源等多元服务，满足教育信息化对象多样需求，确保教育信息化市场的活力。①

因此，我国教育信息化战略的制定和实施也应建立政府、企业、学校的多方合作伙伴关系，通过合理的分工，调配社会资源、扩大教育市场、丰富教育服务和供给，统筹推进教育信息化战略。②

可喜的是，我国已经开始重视对教育信息化利益共同体的构建以及多方主体的参与。《教育信息化"十三五"规划》提出："要进一步理顺教育信息化统筹部门、支撑机构和教育业务部门的关系，理顺教育部门和其他企事业机构的关系，形成统筹推进教

---

① 任友群，卢蓓蓉. 规划之年看教育信息化的顶层设计[J]. 电化教育研究，2015(6)：5—8，14.
② 贾同，顾小清. 教育信息化战略比较研究——基于美、英、澳、日、新五国的国际比较[J]. 电化教育研究，2018(7).

育信息化的合力。要进一步处理好政府与市场之间的关系，切实转变政府职能，充分调动企业的积极性，充分发挥市场在资源配置中的决定性作用，探索建立市场作用和政府作用有机统一、相互补充、相互协调、相互促进的教育信息化工作新局面。"同时还强调了"将数字教育资源的选择权真正交给广大师生"，"要建立社会团体、企业支持和参与的多元化投入机制"。①

---

① 教育部. 教育部关于印发《教育信息化"十三五"规划》的通知［EB/OL］. http://www. moe. gov. cn/srcsite/A16/s3342/201606/t20160622_269367. html，2018－02－03.

第四章

公平与质量：基础教育信息化的诉求与保障

基础教育是教育发展迈出的第一步，为个人发展奠定基础，直接影响着后续教育阶段的成功。基础教育信息化在教育信息化工作中占据重要地位，是提高国民素质和增强国家创新能力的重要保障。我国一贯重视基础教育信息化建设，强调以促进义务教育均衡发展为重点，以建设、应用和共享优质教育资源为手段，促进每一所学校享有优质数字教育资源，提高教育教学质量，帮助所有适龄儿童和青少年平等、有效、健康地使用信息技术，培养自主学习、终身学习能力。在基础教育阶段，尤其凸显公平与质量的问题。教育公平是社会公平的基础，每一个孩子都依法享有平等的受教育权利。而获取优质的教育资源，接受良好的教育，才能保障教学质量，以此最大限度地实现学生的自我发展与提升。基础教育信息化以促进教育公平为重点，以提高教育质量为核心，创新教育教学方式，着力推进基础设施建设、优质教学资源建设、高素质人才队伍培养和信息化教学应用，从而实现基础教育信息化的可持续发展。

当前世界各国都在大力推进教育信息化发展，未来的人才培养亦趋于国际化，要使中国的基础教育信息化达到国际领先水平，必须具备国际视野，以服务全局和长远发展的理念比较我国与发达国家的教育信息化发展的异同。从国际比较的视角出发，审视我国基础教育信息化的发展状况，聚焦于典型的教育信息化创新应用，分析基础教育信息化在促进教育公平和提高教育质量方面的作用及问题，并为我国基础教育信息化的可持续发展提供战略建议。

第一节　国际视野中的基础教育信息化

在我国，教育信息化已经迈向深入发展阶段，国家出台了一系列政策，指导教育信息化的发展，我国教育信息化推进工作已取得显著成效。然而，《教育信息化十年发展规划（2011—2020 年）》中明确指出"我国教育信息化已经取得显著进展，但与人民群众的需求和世界发达国家水平相比还有明显差距"，并提出了未来发展目标就是推动我国教育信息化发展，使其整体上接近国际先进水平，对教育改革和发展充分显示支撑与引领作用。要想达到我国教育信息化的发展目标，需要通过一个更加敏锐的视角，充分了解国际教育信息化的发展动态。本节主要比较中国、澳大利亚、美国三个国家在基础教育信息化进程中开展的相关实践项目，从各国都十分重视的基础设施配置、数字学习资源、教师专业发展等方面进行分析，呈现各国基础教育信息化的发展水平，为我国基础教育信息化的发展找准定位。

一、 基础设施配置

基础设施建设是保障教育信息化的先决条件，各国均十分重视基础设施建设工作。对比分析中国、澳大利亚、美国三个国家基础教育信息化实践项目发现，各国在基础设施建设方面呈现出不同的特点，在一定程度上也代表着不同的发展阶段。中国在基础设施建设方面主要倾向于建设数字学习环境，实现中小学校校园网络覆盖，让每个孩子都能够访问互联网。澳大利亚则更进一步，倾向于为每个孩子提供可使用的计算机软硬件服务，以及高速宽带网络服务，各地区学校分批次推进项目实施。美国在基础设施建设方面更加突出高速宽带和无线网络服务，尤其重视偏远地区的网络服务，让每个孩子都能够享受高质量的网络服务。

(一) 中国：普及校园网络覆盖，实现互联网访问

我国一直以来高度重视基础设施建设工作，以"三通两平台"项目为代表。2012年刘延东副总理提出"三通两平台"建设，"三通"指"宽带网络校校通、优质资源班班通、网络学习空间人人通"，"两平台"指"建设教育资源公共服务平台、教育管理公共服务平台"。借助该项目的实施建设，全国中小学校基本实现网络覆盖，配置多媒体教室也成为常态，学生能够访问互联网，享受数字化学习环境带来的便利。目前教育信息化投入持续增长，主要就是为了建设"三通两平台"，并已取得了突破性进展。

截至2017年12月，全国中小学(除教学点外)中，92.1%的学校实现网络接入，配备多媒体教学设备普通教室303万间，86.7%的学校已拥有多媒体教室，其中62.2%的学校实现多媒体教学设备全覆盖；学校统一配备的教师终端、学生终端数量分别为

851 万台和 1183 万台,开通网络学习空间的学生、教师分别占全体学生和教师数量的 42.2%、57.4%,国家教育资源公共服务平台已开通教师空间 1148 万个、学生空间 568 万个、家长空间 509 万个、学校和机构空间 47 万个。①

(二) 澳大利亚：增加计算机软硬件设施,提升网络宽带速度

为了能够变革 K-12 阶段学校的教与学,全面提升基础教育质量,为学生在未来数字世界的生活和工作奠定基础,澳大利亚联邦政府于 2008 年开始正式推出"数字教育革命"计划(Digital Education Revolution Program,DER)。② DER 计划直接或间接协助学校开展有效的基础设施建设,以支持技术在学校中的应用。对于没有充分认识到信息化教育优点的学校来说,DER 计划使它们改变了对技术的态度,并将其融入到教学实践中。为了保障"数字教育革命"计划顺利实施,澳大利亚联邦政府开展了系列实践项目,其中,国家中学计算机基金(National Secondary Schools Computer Fund,NSSCF)和光纤连接学校计划(Fibre Connections to Schools Initiative,FCS)主要帮助学校购置相关设备以及提高网络带宽。

FCS 计划投入 1 亿澳元,为澳大利亚学校提供高速的宽带连接,营造技术丰富的学习环境,以此来加强学生、家长、教师及更广大的社区之间的沟通与合作,同时,为实现州、地区及全国范围内数字学习资源共享奠定基础。NSSCF 的目的主要是为澳大利亚所有的中学提供经费,总额 21 亿澳元,帮助 9—12 年级的学生购买或升级原有的计算机和其他 ICT 设备,并支持所提供设备的安装和维护。第一轮项目实施于 2008 年 3 月开始,旨在针对处于最不利地位的学校(即计算机与学生的比例为 1∶8 或更高的学校)。第二轮于 2008 年 7 月开始,旨在使所有参加学校的生机比达到 2∶1。此外,还为以前没有通过补充申请资助的合格学校提供了一个机会。截至 2012 年 1 月,

---

① 教育部.2017 年 12 月教育信息化工作月报[EB/OL]. http://www. ict. edu. cn/news/jrgz/xxhdt/n20180212_48416. shtml. 2018-4-25.

② DEEWR. Digital Education Revolution Program Review [EB/OL]. https://docs. education. gov. au/documents/digital-education-revolution-program-review. html. 2018-02-01.

无论是公立学校,还是教会学校或独立学校,9 至 12 年级的澳大利亚学生在全国范围内都实现生机比 1∶1。

(三)美国:提供高速宽带连接,保障偏远地区网络服务

美国基础教育信息化十分重视基础设施建设,特别是在互联网接入方面,早已实现了中小学校全部接入互联网。然而中小学校的网络带宽并不理想,学校接入的网络带宽与普通家庭用户差异不大,但使用的用户数量却存在巨大的差异,这使得中小学校中的用户实际能够使用的网络服务远不能满足需求,高速网络的薄弱限制了美国基础教育的发展。有鉴于此,奥巴马总统于 2013 年 6 月推出"连接教育"计划(ConnectED Initiative),旨在让美国 99%的公立学校能够在未来五年内享有高速宽带网络,并提供能够利用好这项服务的相应配套设备。该计划的主要目标包括:(1)为全美学校教室和图书馆升级到新一代高速宽带网络及无线网络,预期网速不低于100 Mbps,最好能达到 1 Gbps,使得基础教育阶段的学生进入数字时代,适应数字化教学;(2)在现有资金基础上增加对教师相关培训的投入,支持和推动教师在教学中利用数字技术,提高教学质量和学习效果;(3)推动私营领域的创新研发,为教师和学生设计能适应数字时代需求的教学设备及软件,并与大学及职业技能需求接轨。① 该计划还突出强调保障偏远学区的网络服务,使偏远地区的学生也能够通过网络服务来获取优质的教育资源,提升区域教育的公平性。

截至 2015 年 6 月,白宫发布的数据显示:(1)网络连接资金方面,联邦通信委员会的 E-rate 计划将投入总额 4.7 亿美元,目前已投入 1.61 亿美元将 Wi-Fi 和高速网络连接到超过 1 万所学校的教室和全美 500 多家图书馆;(2)私营企业赞助方面,全美 50个州的 1 万所学校的 300 多万名学生正在使用他们提供的软件、硬件、无线连接和培训资源;(3)教育工作者方面,超过 1900 名学区管理人员代表,承诺致力于使他们的学

---

① 新华网.奥巴马计划全美学校 5 年内升级高速宽带网络[EB/OL]. http://news. cnr. cn/gjxw/list/201306/t20130607_512768295. html. 2018 - 01 - 26.

区适应数字时代的教学和学习,超过 1800 名教育领导人召开会议,制定了 2015 年 2 月以来在全美各地举行的 11 次峰会的实施计划;(4)图书馆和电子阅读材料方面,非营利性组织和图书馆正在与出版商合作,向低收入家庭学生提供超过 2.5 亿美元的电子书阅读材料,30 多个地方社区正在开发项目,以确保所有学生都能进入图书馆。[①]

二、 数字学习资源

数字学习资源关系到学生的自我发展,建设优质的学习资源能满足学生个性化发展的需要。基于数字化学习环境,每个孩子都能够借助互联网访问优质的学习资源,从而实现自身的发展。因此,各国在数字学习资源建设方面投入相当的精力,为学生提供更多的优质服务。中国在建设数字化学习资源过程中的中坚力量是教师,通过竞赛、活动等形式鼓励教师积极参与建设优质资源,主要为学生的课余学习提供服务。澳大利亚在建设数字学习资源方面突出强调建设部分学科,为师生提供在线课程和资源,并为数字资源整合于课堂教学提供支持。美国为中小学生提供的在线课程源于多方共同建设,并且,在线的课程学习已经能够替代课堂的正式学习。

(一)中国:鼓励教师参与建设,提供课余学习支持

我国对于数字化教学资源的建设一直十分重视,颁布了一系列政策法规指导数字教育资源的投资建设,包括新世纪网络课程建设工程、国家精品课程等项目。这些项目鼓励一线教师积极参与,尤其是"一师一优课、一课一名师"活动,通过评优的方式,大力建设优质数字学习资源,从而建立全面、系统化的教育资源库,加快我国教育资源公共服务体系的建立。

据教育部统计,2016—2017 年度"一师一优课、一课一名师"活动共评出部级优课

2 万堂、省级优课 5.3 万堂，三年累计产生省部级优课 17.5 万堂。2017 年，共有 490 门课程通过教育部认定，入选首批国家精品在线开放课程。"爱课程"网新增注册用户 6.2 万人、新增下载安装客户端 3.7 万人次，"爱课程"网中国大学 MOOC 移动终端累计下载安装 866 万人次，平台在授课程 2764 门次，新增素材 1.6 万条、新增报名 221 万人次。国家开放大学五分钟课程网已累计发布 2.9 万个五分钟课程，面向学生和社会公众提供免费阅览学习。①

（二）澳大利亚：重点建设相关学科，促进数字资源与课堂教学整合

澳大利亚的"数字教育革命"计划为基础教育信息化应用提出了具体的目标：对学生而言，通过利用信息技术工具和数字化资源，能够增强学生之间的协作与交流，为学习活动提供支持；对教师而言，借助信息技术和网络学习资源，设计"学生中心"的教学和学习活动；对家长而言，借助信息技术工具，能够随时了解学生的学习情况、学校的教学情况，并能够与教师进行在线交流，共同促进学生学习。在数字资源建设方面开展的项目主要包括澳大利亚课程连接项目（Australian Curriculum Connect Project），以及支持澳大利亚在线课程（Supporting the Australian Curriculum Online，SACOL）。

澳大利亚推动在线课程的目的是大幅提升国家、州和地区的数字课程资源建设水平，以支持所有教师执行澳大利亚课程。该计划为学生和教师提供在线课程工具与资源，重点填补英语、数学、科学和历史等学科的资源缺口，并提供额外资源，以帮助教师教授地理、语言和艺术等。此外，还为教师提供灵活的学习方法，并将教学资源整合到课堂中，为全国统一课程提供支持，同时购置特定学科（如语言）教学所需的视频会议设施。

（三）美国：多方共同建设，灵活运用在线课程服务

美国在数字学习资源建设方面比较典型的项目是虚拟学校项目。该项目开始于

---

① 教育部.2017 年 12 月教育信息化工作月报［EB/OL］. http://www. ict. edu. cn/news/jrgz/xxhdt/ n20180212_48416. shtml. 2018－4－25.

20世纪90年代，为美国的中小学生提供在线课程学习服务。虚拟学校项目中主要有三种角色发挥着重要作用：产品和工具提供商（Vendors）负责定制开发数字学习资源（在线课程内容）、教学管理分析平台（学生管理系统、学习分析系统等），以及相应的教学服务（教师培训、实时教学等）；中间提供商（Intermediate Providers）负责了解学校的课程需求，让产品和工具提供商开发合适的课程资源，并帮助学校购买资源和服务；学校和学区则利用购买的课程资源和教学服务为学生提供混合学习课程或全日制在线学习服务。

随着信息技术的发展，虚拟学校与正式学校合作更为紧密，逐渐形成两种主要的形式，一种提供全日制的在线学习服务（Full-time Virtual Schools），一种与正式学校合作提供混合的在线学习服务（Blended Schools）。虚拟学校项目通过为学生提供课程学习资源，能够有效地解决学区和学校数字化教学资源与师资缺乏的问题。对于不方便入校学习的孩子，全日制的在线学习服务使其能够在家学习（Homeschooling）。经过多年的发展，虚拟学校项目在美国产生了巨大的影响力。有关数据显示，2013年至2014年，美国已经有33个州为学生提供全日制在线学习服务，共有447所全日制虚拟学校，16个州提供混合在线学习服务，共有87所混合学校，在中小学生中，至少选修一门在线课程的人数多达46.2万人，几乎是全美学生总数的五分之二。[1] 其中，最为典型的是佛罗里达虚拟学校（Florida Virtual School），它的注册人数在州立虚拟学校中排第一位，2014—2015学年，该校注册学生人数为282678人，全日制在线学习的注册学生达到11000人，在数字化学习资源方面，佛罗里达虚拟学校提供了超过180门在线学习课程供中小学校的学生学习。[2] 在教学管理分析平台方面，全美几乎所有的学区都引进使用学生管理系统（Student Information Systems）来辅助中小学校的教学管理，提高教学管理水平，有一半的学区采购使用学习管理系统（Learning

---

[1] Gary Miron，Charisse Gulosino. Virtual Schools Report 2016：Directory and Performance Review［EB/OL］. http://nepc. colorado. edu/publication/virtual-schools-annual-2016. html，2018 - 01 - 28.

[2] Sandy Eggers. Virtual Education Reporting［EB/OL］. http://www. fldoe. org/core/fileparse. php/7509/urlt/FAMIS-Presentation-2016. pdf，2018 - 01 - 28.

Management Systems)来提供学习分析和学习支持服务。

三、 教师专业发展

基础教育信息化真正发挥其作用，需要让教师和学生具备相应的信息技术能力，从而利用信息技术来服务教与学。为此，中国制定推出了系列标准和政策，开展相关培训项目、竞赛活动，以提高教师的信息技术能力。澳大利亚在信息通信技术（ICT）创新基金的支持下，帮助学校领导和教师提升技术使用能力，鼓励教师将ICT的创新使用融入课堂教学。美国连续开展了系列教师培训项目，尤其重视信息技术与学科教学整合，以提高教师和学生的技术素养，使其适应信息化的教与学。

（一）中国：侧重培训与考核

2004年，教育部颁布了《中小学教师教育技术能力标准（试行）》，随后又在全国开展了教师教育技术能力培训计划，采取培训、考试、认证等措施，把我国教师信息技术培训引向了"全面提高教师教育技术应用能力，促进技术在教学中的有效运用，全面提高广大教师实施素质教育的能力水平"的培训。2014年5月27日，教育部颁布《中小学教师信息技术应用能力标准（试行）》，各地区纷纷启动教师信息技术能力提升工程，旨在完成全国1000多万名中小学教师的信息技术应用能力培训，以提高教师的信息技术应用能力。2017年11月15日，教育部印发《中小学幼儿园教师培训课程指导标准（义务教育语文学科教学）》、《中小学幼儿园教师培训课程指导标准（义务教育数学学科教学）》、《中小学幼儿园教师培训课程指导标准（义务教育化学学科教学）》，以进一步提高教师队伍素质的培养，规范和指导五年一个周期的教师全员培训工作，分层、分类、分科组织实施教师培训，提高教师培训的针对性和实效性。

为调动中小学各学科教师利用信息技术的积极性，从而提高课堂成效，国家每年开展"一师一优课、一课一名师"的评比活动，让教师在赛课、磨课的过程中互相提高、共同进步。在系列实践项目的推动下，中国教师的教育技术能力普遍得到提高。

（二）澳大利亚：倡导技术融入课堂教学

信息通信技术创新基金支持四个项目的实施，以协助教师和学校领导掌握技术的使用，并鼓励教师将 ICT 的创新使用融入课堂中。澳大利亚联邦政府与州、地区及教育学院合作，为新任教师和在职教师提供 ICT 应用培训，确保他们有能力利用 ICT 丰富学生的学习体验。具体来说，这些项目旨在：（1）改变向教师提供教育和支持的方式，将 ICT 纳入到日常学习中；（2）为在线教学资源创建一个存储库，用于改善教师技能策略，以及在课程中如何使用技术来吸引学生的教学方法；（3）为教师和学校领导提供安全的虚拟环境，以提高和评估他们的 ICT 技能；（4）加强学校领导和 ICT 专家之间的联系，以便更好地在学校中规划 ICT 的使用以及教师 ICT 专业的发展。

通过一系列培训项目，澳大利亚学校教师和领导的 ICT 能力得到显著提升。从领导力层面来说，学校领导者的 ICT 意识得到显著提高，在学校层面产生了大量的技术支持能力，并建立国家标准，以支持教育部门的互操作性。在教师能力层面，有效利用 ICT 的重要性得到了更好的理解，并在教学实践中不断地发展，为学生创造了有效的学习环境。教育主管部门致力于倡导教师教育的 ICT 课程，鼓励教师通过专业网络和论坛与学校开展协作。

（三）美国：促进技术与学科教学融合

美国于 1997 年启动"技术素养挑战基金"项目（Technology Literacy Challenge Fund, TLCF），该项目实施五年，总计投入资金 20 亿美元，州、学区和学校层面共同致力于把信息技术融入教与学的过程中，以期为所有教师提供培训和支持，使其能够利用信息技术帮助学生学习。[①] 尽管美国大部分中小学校都已经覆盖无线网络，但大多数教师仍然认为，在他们的教学过程中使用技术存在困难。在这样的背景下，美国联邦政府教育部在 1999 年启动"职前教师运用技术准备"项目（Preparing Tomorrow's

---

① U. S. Department of Education. State Strategies and Practices for Educational Technology： Volume I — Examining the Enhancing Education through Technology Program ［EB/OL］. https：//www2. ed. gov/ rschstat/eval/tech/netts/netts-vol1. pdf, 2018 - 1 - 28.

Teachers to Use Technology，PT3)，共计投入资金 7.5 亿美元，该项目希望通过教师专业发展、课程重构、在线教师培训、虚拟网络环境、视频案例学习、电子档案等方式，加速培养满足信息时代要求的高质量教师，半数以上的教师参与了该培训项目。在 2002 年，美国进一步开展了"技术增强教育"项目(state-level Enhancing Education Through Technology，EETT)，在该项目实施的六年时间内，总计投入了 34 亿美元，其目标在于通过使用技术来提升学生的成就，帮助学生在 8 年级以后具备足够的信息素养，并整合技术与教师培训、课程开发及教学创新。①

在利用信息技术开展教师能力培训方面，具有代表性的理论是 TPACK 理论，即整合技术的学科教学知识(Technological Pedagogical and Content Knowledge)。美国多年来在大力推进教育信息化、实施信息技术与课程整合的过程中，取得了 WebQuest 模式和 TELS 模式等影响全球的成功经验，但也存在只强调"技术"和"学生"对技术的自主应用，而没有认真关注"教师所需的知识"和"教师在整合过程中的重要作用"这类问题。而 TPACK 强调教师需要具备学科知识、教学法、技术，并让三者在真实课堂情境下有机结合发挥效用。基于这种整合观念的教师培训，要求教师以小组合作的方式，在具体的情境中，设计技术支持方案来解决学科教学中的问题，并在小组中进行完善和修改。教师通过具体的学科情境，思考如何用技术解决教学问题，从而丰富教学法知识，提高教师专业能力。2013 年美国联邦教育部国家数据统计中心的问卷调查表明，有 47.4％的教师表示参加过此类培训，并认为培训过程活泼有趣、富有挑战性、实用性强，培训后能更好地将技术融入于教学。②

---

① U. S. Department of Education. Evaluation of the Enhancing Education through Technology Program：Final Report［EB/OL］. https://www2. ed. gov/rschstat/eval/tech/netts/finalreport. pdf，2018 - 01 - 28.

② National Center for Education Statistics. Professional Development：Participation by type of professional development［EB/OL］. https://nces. ed. gov/pubsearch/index. asp? HasSearched ＝ 1＆searchcat2 ＝ subjectindex＆L1＝49＆L2＝18，2018 - 01 - 28.

第二节　基础教育信息化对教育公平的协同推进作用

教育公平是构建和谐社会的基础,是实现社会公平的重要内容。我国由于区域经济发展不平衡和城乡差距,在基础教育方面,存在着区域、城乡和学校之间的不均衡,直接影响着教育公平的实现。因此,促进教育均衡发展是我国实现教育公平的必由之路。教育信息化可以实现优质教育资源共享,是促进基础教育均衡发展的有效手段,对实现教育公平具有重要作用。在学习资源方面,教育信息化可以为优质教育资源共享提供环境条件,使得学生都能够获取相同的教育资源;在师资力量方面,教育信息化可以为教师提供更多先进的教学理念,提高教研水平,还能为区域、学校提供名师的课程教学视频,实现师资共享;在学习方式方面,教育信息化可以为学生提供精准教学帮助,满足不同学生的学习需要,实现学生的个性化发展。

一、教育资源共享促进教育机会公平

教育发展不均衡其实是教育资源在各个层面的分配不均等,而这种不均等是造成个体间教育机会出现差异的主要原因,教育资源的均衡配置是教育公平的起点。教育信息化以网络覆盖和计算机设备为基础,具有突破时空限制和信息高速流动的优势,能够扩大优质教育资源的覆盖面,有效地解决教育资源配置不均衡的问题。借助多媒体和互联网技术,使优质的教育教学资源得以共享,所有受教育者均能得到同等享受优质教育资源的机会。"三通两平台"工程的建设,首先突破的是基础设施的差异化,弥补城乡学校办学条件的差距,为教育资源均衡配置提供环境保障,让每个学生都能够享受现代化的学习环境带来的便利,实现优质数字资源的共享,缩小城乡教育差距,促进教育机会公平。

(一)数字校园建设

2012 年 3 月,我国教育部颁布《教育信息化十年发展规划(2011—2020 年)》,提出

到 2020 年，"基本实现所有地区和各级各类学校宽带网络的全面覆盖"，"实现'校校通宽带，人人可接入'"。2013 年，教育部进一步明确了以促进信息技术与教育深度融合为核心理念，以"应用驱动"和"机制创新"为基本原则的发展思路，为各地推进教育信息化明确了总体原则、方向和路径。学校基础设施建设为孩子们营造了良好的学习环境，齐全的硬件设施让孩子们能够真正享受到教育信息化带来的益处。

案例 4.1

位于海南区巴音陶亥镇的乌海市第二十三中学是乌海市最南端的学校。在这所农区学校，不仅教学楼、少年宫及实验室、微机室、电教设备齐全，操场上还有全新的塑胶跑道和标准化的足球场。仅 2010 年以来，海南区就投入 2.37 亿元，通过加固、改扩建、新建学校校舍、购买教学设备等方式，确保所有城乡义务教育中小学校办学条件达到标准。2017 年，全市 3 区都通过自治区和国家义务教育均衡发展县评估验收。

乌海的乡村学校，普遍都比城区学校多一个乡村少年宫。走进海勃湾区团结小学的乡村少年宫，这里不仅有书法活动室、科学实验室，还有京剧艺术室。针对学生的身心特点，团结小学乡村少年宫开设了包括艺术、体育、传统文化等 26 门兴趣辅导课，并与城里的文化馆合作，聘请有特长的教师担任辅导老师。

近年来，乌海市在教育资源配置优化上总计投入了近 52 亿元，改造学校 31 所，并全部配齐了教育教学设施设备。这些投入中，农区学校受益最大，农区学校的办学条件已达到甚至超过城区水平。全市已建成覆盖 46 所中小学、18 所公办幼儿园的教育网，互联网接入率、校园网建设率、"班班通"多媒体配备率均为 100％。"同频互动课堂"市、区两级平台全部建成，实现"录播教室"和"同频互动课堂"全覆盖。

教育惠民政策让城乡教育均衡更有保障。全市已经实现了从义务教育到高中阶段教育的 12 年免费教育。并且，全市义务教育学校全部实行划片就近免试入学，消除了择校、择班和大班容问题。外来务工人员子女也被纳入公共财政保障范围，享受乌海市"四免一补"政策。乌海市还建起从幼儿园到高中蒙语授课 15 年一贯制的民族教育体系,全市视障、听障、智障 3 类残疾少年儿童九年义务教育入学率达 94%。①

在义务教育工作中,家长、孩子,甚至教师在择校的时候,常常因为学校的基础设施环境落后,而拒绝在该校就读或就业。而乌海市实现了城乡无差别,积极建设农区学校,让农区学校的基础设施环境与城市学校一致,还增加乡村少年宫,使其更具特色,有效地推动了城乡义务教育一体化发展,让每个孩子都能享有公平而有质量的教育。教育振兴是乡村振兴的重要基础,教育资源配置的优化,让乡村教育充满生机和活力,为孩子、学校、区域的长远发展创造了良好的条件,打下坚实的基础。

(二) 优质资源建设

2014 年 11 月,教育部等五部委印发《构建利用信息化手段扩大优质教育资源覆盖面有效机制的实施方案》,指出："通过构建利用信息化手段扩大教育资源覆盖面的有效机制,加快推进教育信息化'三通两平台'建设与应用,实现各级各类学校宽带网络的全覆盖,优质数字教育资源的共建共享,信息技术与教育教学的全面深度融合,逐步缩小区域、城乡、校际的差距。"该方案还尤为重视"教育资源公平服务平台"建设和"优质资源班班通建设",以期能够确保学生享受数字资源共享服务,使薄弱地区学校的学生也能够享受名校名师的优质资源,促进教育资源均衡配置。

案例 4.2

2014 年 6 月,浙江省嘉善县在扎实调研的基础上,推出了以学科核心知识点解析为特征的微课学习平台"嘉善空中课堂"。嘉善空中课堂云教学平台作为嘉善县自主开发的学生网络微课点播学习平台,于 2015 年 5 月 16 日首播,在短短一个多月的时间内,连续开播六期,网站注册试点学校学生数达 2399 人,学生登录观看累计达 2877

---

① 人民网.乌海:让城乡孩子共享优质教育资源[EB/OL]. http://nm.people.com.cn/GB/n2/2018/0220/c196667-31266416.html, 2018 - 02 - 24.

人次,占试点学生注册人数的 20%,视频累计点击量达 26974 人次,学生参与作业在线测试达 856 人次,学生开展学习疑惑和问题同伴互助的解答达 1635 人次。

为推进嘉善空中课堂课程资源建设,开发一批高质量的各学科教学微视频资源,更好地服务教师和学生,每一期微课制作都专门召开各学科团队培训会议,强化微课质量意识,明确微课制作的格式和制作程序,并要求教师先行设计微课脚本,审核通过后才可制作。目前,已开发完成和教材目录相配套的初中七、八年级上册语文、数学、英语、科学、社政等五大学科系列精品微课资源 460 个,并于 2015 年 7 月 15 日开始分批上传至网站平台,供全县初中学生暑期时间提前预习新课内容;开发初中八年级下册五大文化学科形成体系的配套微课程资源 189 个,并已上传至嘉善空中课堂云教学平台;开发八年级下册专题复习微课资源 135 个,并于 7 月 15 日分批上传至网站平台,供全县九年级新生巩固八年级下册所学知识。

嘉善空中课堂作为现行课堂教学有益补充的第三课堂,正逐步走进全县师生和家长的视野。借助嘉善空中课堂平台,让全县学生共享优质教育资源,引导学生逐步接受并喜欢网络课堂学习方式,培养学生的自主学习能力,真正使网络课堂学习成为学生现有学习形式的有益补充,从而提升教育质量。[1]

嘉善空中课堂是典型的区域内教育资源共享,案例 4.2 中嘉善空中课堂云教学平台覆盖了全县的中小学校,全县学生都能够访问平台中的教育资源。嘉善县通过试点建设、名师参与、严格审核等形式,一方面保障教育资源共享的可持续发展,另一方面确保高质量的课程资源上传至平台。学生即便来自不同的学校,也可根据自己的情况,点击平台中全县各个学科名师的网络视频课程进行学习,学生访问嘉善空中课堂的权限是平等的,共享的资源是平等的。学生还可以借助平台与不同学校的师生进行交流互动,打破学校、班级、时间等时空上的限制,将全县融为学习共同体,共享学习资

---

[1] 中国教育装备网. 浙江嘉善空中课堂有序推进 推动教育公平[EB/OL]. http://www.ceiea.com/html/201507/201507140951486745.shtml. 2018 - 02 - 03.

源、学习过程，促进区域内教育均衡发展。

二、 师资力量均衡改善教育过程公平

师资配置均衡既是教育资源配置均衡的重要内容，也是影响教育过程均衡和教育结果均衡的关键因素之一。在教育教学过程中，教师发挥着重要的作用。但由于各地区的经济发展、生活环境、上升空间等因素的影响，导致各地区的师资力量存在差异。那么，学生所能够接受到的教育质量也存在差异。少数学校甚至因为缺少专任教师，不能开齐所有的课程，学生只能接受部分科目的课程教学。基础教育信息化工程借助网络手段，在师资力量均衡配置方面发挥巨大作用，优秀教师的课程教学视频可以通过网络实现共享，接入互联网后，学生便可以聆听名师的教学。

（一）专递课堂

"专递课堂"指的是通过网络手段，专门为农村和边远地区由于师资缺乏开不齐课的学校提供的网络同步课堂，或利用音视频播放设备将优秀教师的课堂教学录像呈现给农村和落后地区。在教育部发布的《教育信息化"十三五"规划》中，针对解决教育不均衡的问题，提出了具体的建设性建议：积极推动"专递课堂"建设，巩固深化"教学点数字教育资源全覆盖"项目成果，进一步提高教学点开课率，提高教学点、薄弱校教学质量；推广"中心学校带教学点"、"一校带多点、一校带多校"的教学和教研组织模式，逐步使依托信息技术的"优质学校带薄弱学校、优秀教师带普通教师"模式制度化。对师资力量薄弱的学校而言，专递课堂的形式相当于增加了优秀教师的数量，在一定程度上弥补了因师资不足造成的课程结构失衡。

案例 4.3

2017 年 11 月 17 日至 18 日，山东省教育信息化应用教学研究活动在临沂举行。临沂市河东区"专递课堂"惊艳亮相。"专递课堂"将东城实验小学设置为主讲学校，将

凤凰岭小学、活动现场设置为听课学校,三点互动,由 5 名老师、76 名学生共同参与。借助互联网和教育城域网,3 个学校的学生共同学习了东城实验小学王珊老师带来的《陶罐与铁罐》一课。在课堂上,王珊老师分别与凤凰岭小学、活动现场的学生们进行了互动,其中特别展示的对话传递及远程学生帮扶解答等特色互动应用功能更是得到了一致认可。

借助多媒体应用管理平台,利用互动教学系统的优势,将拥有强大的师资力量、高级教学质量的学校设置为中心点,将师资力量匮乏、教学质量欠佳的学校设置为听课点,也可以将年级重点班级设置为中心点,其他班级设置为听课点,中心点可以选择中心教室设计,听课点可以选择互动教室或者听课教室设计。通过专递课堂,可实现中心校一对一乃至一对多个听课点的互动课堂模式,不受地域、空间的限制,实现多个教室共上一节课。系统内部的录播模块可以将中心点的课堂实时直播、录制,自动上传至资源服务器。课堂进行中不在教室的学生和老师可以根据自身需要选择观看直播,或者登录资源平台观看录播,电脑、平板、手机端均可观看直播和录播。

目前临沂河东区刘店子小学、汤头小学、汤河小学、工业园学校、凤凰岭小学分别与坊上小学、信合小学、黄屯小学、常庄小学开展了 9 节专递课堂,课程涵盖国学、语文、数学、英语。根据计划,全区每学期将组织不少于 30 节的专递课堂,并逐步完善"河东在线学堂",实现在"在线学堂"上的网络直播、点播和网络评价、研讨等功能,不断拓展各类学科资源,充分利用现代信息技术手段,实现优质资源与教学成果的互通共享,让农村学生面对面地接受优质教育。①

专递课堂的开展,为边远地区学校的教学活动注入了新的活力和张力,优质资源在更大的范围内辐射应用,进一步提高了学校的教学质量。临沂市河东区的"专递课堂"让农村学生与城市学生一样,能够接受高质量的课堂教学,享受优质的教育。对于

---

① 中国教育装备采购网. 三步"专递课堂"亮相山东教育信息化教研活动[EB/OL]. http://www.caigou. com. cn/news/20171122110. shtml, 2018 - 02 - 04.

无法开齐所有课程的学校而言，专递课堂的形式更是发挥了巨大作用。"三通两平台"工程的顺利实施，尤其是"教学点数字教育资源全覆盖"项目的有力推进，极大地提高了农村和落后地区教学点音乐、美术、英语等国家规定课程的开课率，使400多万名偏远与农村落后地区的孩子享受到与城里孩子基本相同的教师授课。

正如案例4.4中的桃花沟教学点那样，农村教学点这些学校一般硬件设备、师资条件都相对落后，但借助教育信息化工程，却能够接触到以前所没有的资源。尽管教学点的师资数量和质量都不够理想，但孩子们能够学习更多教师的课程，享受更高质量的教学服务。对于桃花沟教学点和其他教学点来说，这一方面缓解了教学点的师资短缺问题，保证国家规定的课程开足开全，另一方面也可以很大程度上缓解"学生上学路途遥远"、"中心校寄宿条件差"、"辍学率反弹"等一系列问题。

案例4.4

作为教学点上唯一的任课教师，57岁的刘兆明在湖北省十堰市郧阳区桃花沟教学点工作的头20年，都没有这3年学到的技能多。从开关机到软件应用，从资源使用到熟练调试安装各种设备，最让刘兆明自豪的是，他这个彻头彻尾的"门外汉"也能教英语课了。

刘兆明的"法宝"是2012年底教育部、财政部启动实施"教学点数字教育资源全覆盖"项目提供的设备和课程资源，这让桃花沟教学点告别了"一间屋子一块板，一支粉笔一本书"的教学环境。

此外，2014年湖北通山通过联校网教，激活了山沟沟里的课堂，"联校网教"不仅解决了走教的三难问题，而且最大限度地实现了教育资源的互联共享。

明水教学点的小孟涵一脸幸福地告诉记者："我们有好多好多新老师，他们在屏幕上，会教我们英语，还教我们唱歌。"明水教学点只有1名教师，2个教学班，共16名学生。2013年11月以前，除音乐、美术等少数课程能见到走教老师外，其他时间只有田老师一人。

网教平台搭建起来后，教学点教师可以通过信息网络与联校本部教师一起集体备课，一起开展教学研究。现在，教学点信息化教学基本上做到了课堂用、经常用、普遍用。①

（二）名师课堂

"名师课堂"指的是特级教师、教学名师开设的网络课堂，在不影响正常教学工作的前提下，通过同步或异步的在线教育形式，为学生提供在线的教学课程。一方面，使学生能够与名师交流学习，答疑解难，改善学习效果；另一方面，也能够提高农村和落后地区教师的专业能力，实现教师教学水平与质量的提升。

案例4.5中，青岛名师在线空中课堂有效推进教育均衡发展，提升教育质量，实现优质教育资源共享，减轻学生课业负担，引导学生课后健康高效学习。同时，提升教育信息化惠民的效益和效率，让全市师生共享名师智慧。国家教育资源公共服务平台建设的目标之一，就是助力解决资源因地域、经济发展所带来的分布不均衡问题，通过组织和共享将优质资源"输送"到边疆、农村和偏远山区等贫困地区，以实现教育资源配置均衡，缩小数字鸿沟。

案例4.5

2018年初，由青岛市教育科学研究院与青岛出版社共同推出的"名师在线"空中课堂平台，让近万名中学生足不出户与岛城名师"面对面"，网上听取直播课程、讨教各学科难点。为满足广大学生、家长"学有优教"的需求，青岛市教育科学研究院与青岛出版社共同推出青岛"课后网"名师在线空中课堂。该平台通过名师资源共享、网络在线授课的创新形式，有针对性地解决初高中学生课后学习遇到的实际困难，例如缺乏名师指导、复习不系统、遇到问题难以及时寻解求助等问题。

自2018年1月7日启动试播以来，青岛市教科院组织四十余位岛城名师，在青岛

---

① 中国教育报.湖北省通山县"联校网教"激活山沟沟里的课堂[EB/OL]. http://www.jyb.cn/basc/xw/201405/t20140521_582514.html, 2018－02－04.

"课后网"名师在线空中课堂开设五十余堂完全免费的公益课程,全市近万名中学生足不出户听到来自岛城名师的在线直播互动授课。

寒假期间,青岛市教科院牵头组织推出的免费公益课程,涵盖初一到初三和高一、高二多个学科,包括青岛一中、二中、九中、二十六中、三十九中、五十八中等近20所中学的名师,将在线授课"专题精讲";同时,邀请金牌海洋辅导员开设海洋科普课,邀请心理学专业名师、特级教师开设心理辅导讲座。

与此同时,青岛出版社牵头整合优质教育资源、组织开设寒假精品在线课程(仅收取平台使用费),由多所名校名师开设初一数学和英语、初二地理和生物、高一数学和英语、高二物理和化学课程。精品课程中,每科10个课时为一个体系,由两位名师精心打造,课件不断优化完善、随堂测试即时反馈,讲解互动灵活、重点难点归纳清晰,一经推出即受到好评。

据介绍,参与名师在线空中课堂,学生在家就可以聆听名师授课、与名师互动交流,课后随时下载课件、查漏补缺,而家长也可以便捷了解学习进程,更无需担心孩子出行安全。名师在线空中课堂下一步将在每个周末与学生见面,岛城中小学各学段、各学科名师将陆续上线,梳理周期学习内容,讲解复习重点难点,引导预习阶段重点内容。青岛"课后网"还将开发推出课后分层次作业推送系统及在线听书、在线解题答疑等更多创新功能。[1]

三、 精准教育服务保障教育结果公平

为了使每个受教育者享受相对均等的教育,达到一个基本相同的结果或获得与其潜能相应的教育成就,仅仅为受教育者提供同样的学习资源和师资力量还不够,还应该根据教育对象的不同,提供有针对性的教育或所谓精准教育。每位学习者的学习方

---

[1] 凤凰网.青岛综合.四十余位岛城名师在线 青岛"空中课堂"寒假热起来[EB/OL]. http://qd.ifeng. com/a/20180201/6351373_0. shtml, 2018 - 02 - 05.

式、学习风格存在差异，必须有针对性地进行查漏补缺，才能帮助学习者取长补短，找到适合自己发展的学习方式。教育信息化通过对大量教育数据的收集、整理与分析，为实现对学习者学习分析的精准化、科学化奠定了基础，使实现精准教育成为可能。近年来，人们不断尝试对教育大数据的挖掘与运用，利用学习分析技术对学习者的学习特征进行分析，找到学习中存在的问题，为每个学习者提供精准的学习指导，做到因材施教、精准施教，让每个学习者充分发挥自己的特长和学习潜能，提高教育质量，保障教育结果的均衡。[①]

（一）大数据支持精准教与学

以往教师在开展教学的过程中，必须依赖于先前的教学经验来确定教学的重难点、判断学生是否掌握某个知识点。对学生个体而言，教学中的学习状态并不相同，知识水平、学习进度存在差异。缺少了数据支持，对教育状态的判断就成了无源之水，那么教师提供的教学很可能不适应学习者的需要。通过记录和分析学生学习过程的教育大数据，能够真实地反映每个学生的学习水平，教师根据学习分析的结果，有针对性地为学生提供教学服务，从而改善学习的效果。

案例4.6中，树德实验中学借助教育信息化的手段，真实地记录和分析学生的"课前数据"、"课中数据"和"课后数据"，教师能够更好地把准学生学习的"脉"。课前数据能够反映课程内容对学生而言的难易程度，从而设计有效的教案；课中数据能够反映学生学习的进度，从而提供个性化的帮助；课后数据反映学生学习的情况，突出讲解知识的薄弱点。以数据为指导，实现教与学方式的转变，为学生提供精准的学习服务。

案例4.6

成都市树德实验中学是成都市信息化建设实施最早的学校。学校利用未来课堂平台，着力建立课前、课中、课后的全域化学习模式，利用大数据分析体现共通共享与

---

① 汪基德，刘革.教育信息化促进基础教育均衡发展[J].教育研究，2017(3)：110—112.

个性发展，真正用数据指导教与学方式的转变。从 2016 年 9 月起，在 2016 届全年级各班全面实施未来课堂项目计划，年级各学科教师教学教研逐步进入"数据"呈现状态，对课前、课中、课后的数据进行记录和分析，为学生提供精准学习服务。

"课前数据"指的是学生课前学习教师为学生准备的微课、课件、背景材料、前测练习等记录下的相关数据。借助课前数据，能够指导教师开展教学设计，通过数据统计发现潜在问题，制定解决办法，继而保证教学计划有序进行，教学方案有效实行，提高教学效率。

"课中数据"指的是课中教与学过程中，包括随堂测试、课堂笔记、纠错订正等过程的实施"痕迹"。通过未来课堂系统，教师可以在整个课堂中随时通过数据分析，了解和监测学生的学习情况，根据学生的反馈不断调整教学，可以实现共性问题的集体解决和个性化问题的特殊关注，对及时解决课堂问题提供了有效的支撑。

"课后数据"指的是课后完成教师布置的电子作业、阅读与复习、改错与整理所反映的综合信息。在未来课堂系统中布置作业后，教师可以在任意时间、地点对作业进行批改，可查看作业时间、作答正确率等各种统计数据，借助这些数据，教师能够对学生群体各个方面的情况做出比以往纸质作业时更加准确的分析，对学生的知识薄弱点进行重点讲解，同时更有利于学生对错题进行归类研究，得到触类旁通的提升。[1]

(二) 大数据助力学生全面发展

在基础教育阶段，由于升学的压力，容易出现过于关注考试成绩的现象。但此阶段也正是孩子成长的黄金时期，身心的健康发展也极为重要。因此，基础教育阶段不能只是用学科分数来记录学生的变化，还应该采集学生的身体素质、校园活动、社会实践乃至学生阅读、公益活动等成长信息，使孩子的未来朝向全面发展。

案例 4.7 中，借助教育大数据与学习分析，能够全方位地记录学生的学习和成长

---

[1] 易永伦,杨彤. 数据：改变师生学习方式的途径——树德实验中学未来课堂实施中的大数据作用探索[J]. 教育与装备研究,2018(1)：10—14.

数据。闵行区的教育大数据不仅记录学生学习成绩的变化过程，更是详细地记录着孩子成长过程的全数据，学生在提高学习成绩的同时，还能参与丰富的社会实践活动，保障学生的身体健康成长，实现每个学生的全面发展，为学生的个性化发展提供精准教育服务，促进教育结果公平。

案例 4.7

小虎是上海闵行区某小学四年级的学生。他早晨上学是从哪个校门进的，中午吃了什么，选了哪些兴趣课，有没有去图书馆，他喜欢看哪些课外书……这些情况，小虎妈妈从家里的 IPTV 数字电视中都能看到。如果她打开电脑，登录学生电子档案的个人门户网站，孩子的成长信息更是一览无余。

这一切得益于闵行区教育局依托大数据所进行的数字化校园建设。"只有全面客观地记录学生成长轨迹，沉淀和积累多维度的学生成长数据，让反映学生发展状态的数据完整显示出来，才能推进教育质量观的转变，引导学生培养模式和教育质量管理方式的科学发展。"闵行区教育局局长王浩说。闵行区学生电子成长档案的内容包括身心健康、学业进步、成长体验、个性技能 4 个维度，围绕 4 个维度，设立了 14 个一级、38 个二级、53 个三级数据采集指标。为了收集数据，学校为每一位学生发了电子学生证，学生日常行为数据将被动态抓取和实时记录，并能在系统内自动生成各种数据统计图表，从而让学生隐性的状态和需求显性化，让家长和老师能够更直接地看到学生的点滴进步或潜在的问题。

某学校学生的成绩排在区里中上等，但在 BMI 指标的考核方面却不尽如人意；有些学生的体型偏胖，超过了区里平均水平。得到这一信息后，学校有意识地关注了学生的身体健康成长，通过与家长联动，共同采取干预措施。比如向学生家长推送文章，提供健康饮食指导；学校食堂提供每周食谱以及食物营养成分和热量指标；体育老师为肥胖学生设计个性化的体育"长作业"，根据身体特点引导学生进行循序渐进的体育锻炼。经过一学期努力，学生的肥胖率下降，很多家长反映孩子的精神状态也比以前好多了。

　　该学校还在学生成长数据的分析中发现了课程方面的"漏洞"，比如目前的艺术类课程和综合类课程比例较大，而自然类、语言类、体育类课程相对薄弱。于是学校重新完善了课程计划，增加自然类、语言类、体育类课程，还从校外引入"身边的大自然"、"机器人进课堂"、"不一样的通话不一样的梦"等系列课程，让学生在多元课程中得到成长。①

---

① 教育部.大数据"导航"学生成长——上海闵行区的教育管理信息化变革［EB/OL］. http://old. moe. gov. cn//publicfiles/business/htmlfiles/moe/s7822/201403/166331. html，2018 - 02 - 05.

第三节 基础教育信息化对教育质量保障机制的完善

基础教育信息化能够有效地促进教育均衡发展,数字资源的共享让每位学生都能够享受优质教育资源,师资力量均衡配置能弥补薄弱区域的教学差距,精准教育服务能帮助每个学生都得到最优发展,使学生基本获得相同的教育,实现教育公平。另一方面,基础教育信息化还能够促进教育创新改革,提高教育教学质量,这也是实现教育公平不可或缺的因素。从教的层面来看,教师直接影响着教学水平和教学质量,需要不断提高教师的信息技术应用能力;从学的层面来看,学生的个性化学习方式有助于激发学习的兴趣,提高学习的效果;从教与学的互动层面来看,创新教学方式能有效地改善教与学的过程。基础教育信息化实现了每个学生都能获得基本相同的教育,并从教、学、教与学的互动等方面保障教育的质量。

一、信息技术与教师专业发展

在教的层面,教师作为教育一线工作中的主力军,其自身的知识水平、专业素养以及师德风范是学生接受文化知识的重要影响因素,教师能力是培养高素质人才的关键。在教育信息化的时代大背景下,教师队伍建设的工作被放在重要位置,是教育信息化可持续发展的基本保障。教师的信息技术应用能力被认为是破解教育信息化发展瓶颈、推进基础教育课程改革和促进教师专业发展的重要软实力。因此,各地区广泛开展信息技术应用培训,以提升教师信息技术应用能力。同时,利用信息技术手段,促进教师之间的教研交流,互相切磋学习,更好地帮助教师实现专业发展。

(一) 信息技术应用能力提升工程

2014 年 5 月 27 日,教育部颁布《中小学教师信息技术应用能力标准(试行)》,提出能力标准的基本要求是"优化课堂教学",发展性要求是"转变学习方式",并把中小学教师信息技术应用能力定义为中小学教师运用信息技术改进其工作效能、促进学生学习成效与能力发展，以及支持其自身持续发展的专业能力。各地区纷纷启动教师信息技术能力提升工程，以提高教师的信息技术应用能力，推动信息技术在课堂教学中的常态化有效应用，让教师在教学中能够将信息技术与课程进行深度融合，保障教育教学质量。

随着教育信息化理念的深入人心，它所影响的不仅仅是学生的学习方式和思维习惯，更是对教师的职业技能提出了更高的要求。案例4.8中，浙江省"提升工程"覆盖了从幼儿园到高中各个教育阶段，开发了符合教师需要的培训模式，让每个教师都能够找到适合的研修课程，有目的性地提高自身的教学水平。不同学段、不同学科的教师能够根据需要，选择相应的培训课程，培训时也更有积极性，让每个教师都得到实质性的提高。以实际应用为目的的"浙江模式"，让教师在课堂教学中能够更好地利用信息技术，转变教学方式，提高教学效果。

案例4.8

浙江省是全国首个将"提升工程"从中小学教师扩展到幼儿园教师的省份，走出了一条分层分类、公开公平、顺应"互联网＋"时代教育发展的特色道路。社会的快速发展，信息技术以出乎人们想象的速度融入学校的教育教学工作之中，让部分工作在教学一线的教师应接不暇、无所适从。比如电子白板进入教室，许多教师却只会把它当作普通的投影屏幕使用。

"提升工程"以应用信息技术优化课堂教学、转变学习方式、支持教师专业发展为三大目标，形成"以校本研修为基础，网络服务为支撑"的培训模式，建立起信息技术环境下开展校本研修和课堂教学实践的管理体系。为了让每一个教师都能找到适合自己的研修课程，"提升工程"实施指导办公室开发设计了网上训前测试系统，指导教师选择合适的专题类和技术素养类培训课程。测评采用主观判断与在线测试相结合的方式，由参训教师登录浙江省教师培训管理平台进行网上自测，确保教师学习培训的针对性。课程推送则按照"分类"、"分层"原则，"分类"就是按照参训教师不同学段、不同学科推送；"分层"就是按照参训教师不同的技术基础、不同的技术环境和不同的自我需求进行分层，培训机构提供与学段、学科相应的培训课程和实践案例。

从三年来的学习实效看，这种培训定位和设计受到了一线教师的普遍欢迎，为教师培训模式的变革探索出一条新路。对 15769 名参与"提升工程"的中小学教师的随机抽样调查数据显示：98.68％的教师能在多媒体教学环境下熟练利用通用软件、学科软件、数字教育资源等开展学科教学；98.63％的教师能在多媒体环境下有效开展讲解、示范、指导、评价等教学活动；95.37％的教师能熟练利用网络社区，有效开展校本研修；98.27％的教师能主动借助互联网或软件解决课程教学中存在的问题。[①]

其他地区也同样推出了中小学教师信息技术应用能力提升工程，并取得了较好的效果。如广东省推出中小学教师信息技术应用能力提升工程，该工程为参与培训的中小学教师提供可选择的三类课程进行学习，包括 798 门应用信息技术优化课堂教学类课程，601 门应用信息技术转变学习方式类课程，498 门技术素养课，截至 2016 年 6 月 5 日，全省报名人数达 811894 人，完成测评人数为 789018 人[②]。

(二) 一师一优课、一课一名师

"一师一优课、一课一名师"活动（以下简称"优课"）旨在以应用为导向，以资源共享为纽带，以教师课堂应用为中心，创新教育教学模式和方法，推动信息技术与教育教学深度融合，提高教育质量。"优课"活动是全新的提升教师信息技术应用能力的方式之一，它集政策、研训、环境为一体，以可持续发展的政策、实践共同体为主要特征的研训体系，多维度环境、综合评价为教师信息技术应用能力提升提供了有力的支持，极大提升教师信息技术应用能力。通过活动的开展，力争使每位中小学教师能够利用信息

---

① 教备网.以用为始的"浙江模式"——记浙江省中小学教师信息技术应用能力提升工程[EB/OL].
  http://www.ceiea.com/html/201802/201802081454187931.shtml, 2018 - 02 - 08.
② 广东省教师继续教育指导中心.广东省中小学教师信息技术应用能力提升工程[EB/OL]. http://info.
  gdjsgl.com.cn/site/info/index.html#statistics, 2018 - 02 - 08.

技术至少上好一堂课,使每堂课至少有一位优秀教师能够利用信息技术讲授。活动评选出的"优课"覆盖义务教育阶段和普通高中各年级各学科各版本,可以为教师课前备课、课中上课、课后评价、教师专业发展等日常教育教学的各个环节提供参考和借鉴。

案例4.9

"一师一优课、一课一名师"活动自开展以来,得到了广大优秀骨干教师的积极响应和各级部门的大力支持。北京市共有57404名教师积极主动参与,"晒课"22797节。参加活动的教师们从"教学目标与教学设计"、"信息技术运用"、"数字教育资源应用"、"教学实施"、"学生活动与教学效果"和"专业素养与技术规范"六个方面,切实结合学生实际情况和学科特点,收集资料、整合资源、制作课件,并与教学活动有机融合。[①]

地方各级教育行政部门统筹协调电教、教研等相关部门,结合网上"晒课"和"优课"评选,组织看课、评课,开展网络教研,分享典型经验,推广优秀案例,鼓励基层教师探索利用信息技术和教育教学融合的不同方法和多种模式,踊跃展示自己的优秀课堂教学,促进生成性资源的不断推陈出新,形成示范性资源体系,为广大教师使用数字教育资源开展日常教育教学活动提供示范和便利。教研部门为教师利用信息技术和数字教育资源转变教学方式、创新教学方法、改变课堂教学提供理论和实践指导,帮助教师总结凝练信息技术与课堂教学紧密结合的优秀案例和创新模式。"优课"活动成为在实践中提高教师应用教育技术能力的一个良好平台,深化了"教师信息化能力提升工程"培训的内容和成果,使教师能够更好地展现他们的才智和经验,帮助教师不断地跟上信息化时代的步伐,更好地学习、工作和教学,是教师专业发展的"加油站"。

---

① 北京市教育委员会,北京教育网络和信息中心,北京师范大学智慧学习研究院.实现首都基础教育公平均衡优质发展——从学生和教师视角[J].中小学信息技术教育,2016(9):24—27.

二、 信息技术与教学深度融合

教学效果的改善关键在于课堂，难点也在课堂，课堂是教学的主阵地。课堂教学要激发孩子的学习兴趣，鼓励学生参与课堂活动，积极与教师和同伴互动交流，进行自主学习、协作学习和探究学习。借助多媒体、互联网技术，为学生提供更加生动形象的课堂教学；富媒体环境下，学生能够更加便捷地访问、共享学习资源，开展互动教学。交互式电子白板、虚拟现实、电子书包、创客教育等技术与教学的深度融合，构建出数字化学习环境，助力于师生、生生、人机之间的互联共通，能够营造良好的学习氛围，有效地促进学生的学习。

（一）交互式电子白板

借助交互式电子白板，教师只需要轻轻地点击鼠标，就能够直观形象、生动活泼地为孩子们呈现学习内容，教师可以随时利用网络组织多媒体教学，使得学习成为一件趣味盎然的事情。交互式电子白板与网络、计算机进行通信，利用投影机将丰富的资源展出，构造了基于一个大屏幕、交互式的协作教学环境。基础教育信息化促进了技术融入课堂的过程，不仅丰富了孩子们的知识宽度和广度，改善了教学过程，而且提升了教师的信息化应用能力和素养。案例 4.10 中，就像天津大柳滩小学的美术老师用电子白板构建一个唯美的世界，鲜艳的色彩、动听的旋律以及多变的图像，促使孩子们在其中思考、体会、感悟、创作，这是技术为教育所带来的神奇，也是课堂教学变革的起点。经过不懈努力，天津市西青区构建起以"交互式电子白板"为主体的先进、高效、实用的数字化教育基础设施，将不断推进数字化校园建设，带动教育信息化工作创新发展，更将推动西青教育的全面崛起。

案例 4.10

"安装电子白板多媒体教学设备是我们全校师生盼望已久的事情了，以前学校有一个老旧的多媒体教室，全校师生要轮流上课，如今每个教室都装上了多媒体黑白板设备，可以点击上网，也可以板书，备课也变得方便多了。现在的课堂不只是单纯的老师演示，孩子们也可以自己上前去操作了。"教师轻轻一点鼠标，大到天体运行、小到微观生物就会直观形象、生动活泼、趣味盎然地呈现在西青区中小学生的面前……不管是在城区学校还是在偏远的农村学校，教师随时利用网络组织多媒体教学，使学习成为孩子向往的趣事。

正在讲课的英语老师把电子白板的特有功能与技巧同教学内容有机结合，音频、视频、资源库、拖拽、链接、漫游、幕布、录制、遮屏、聚光灯、放大镜、实物投影等白板技能轮番上阵，孩子们完全融入了信息技术带来的"知识盛宴"。美术老师则用电子白板构建了一个唯美的世界，鲜艳的色彩、动听的声音以及多变的图像，促使同学们积极主动地去观察、去思考、去体会、去感悟、去创作。劳技老师利用电子白板的视频功能，边讲解边让学生们直观地观看折纸的步骤，使孩子们更愿意学，学得更快。

为了让"交互式电子白板"工程在教学中发挥更大的优势，西青区教育局装备管理中心对教师进行了技术培训，不仅帮助教师熟练操作电子白板，而且提升教师们的信息素养。"原来手机和云服务也可以为教学提供这么丰富的教学资源啊！"一位英语老师这样感叹道。结合多媒体软件的功能，老师们逐渐熟练技能操作，并且能够围绕课程内容，搭建课件开展教学。无论是语文课、数学课、英语课，还是科学课、劳技课，各学科老师通过逐步探索各自学科特点，发挥多媒体的效益。[①]

（二）虚拟现实

虚拟现实（Virtual Reality，VR）技术，是一种可以创建和体验虚拟世界的计算机仿真系统，它利用计算机生成一种模拟环境，是一种多源信息融合的、交互式的三维动态视景和实体行为的系统仿真，能够让用户沉浸到虚拟环境中，带来身临其境的体验。

---

① 中国网. 天津西青区普及电子白板配改造 1000 套［EB/OL］. http：//www. eduyun. cn/ns/njyxxhzixundongtai/20131125/2685. html，2018－02－08.

在基础教育阶段,VR应用于课堂教学能够产生显著的效果。学生的抽象思维能力处于发展的初级阶段,VR技术能帮助学生更好地理解和掌握较为抽象的知识点。对于物理、化学、生物等学科中涉及的部分实验来说,存在实验成本、危险系数等方面的问题,而应用VR教学能够有效地解决这些问题。另外,诸如语文、英语等语言类的学科,VR技术能实现有效的互动,或者创设特定的情境,带给学生更加真实的临场感,提高学习的积极性。

案例4.11

2018年开年,北方格外干冷,但在大兴安岭东麓余脉的一个小学,却依然延续了2017年夏天的VR热。2017年6月的一天,黑龙江省齐齐哈尔市碾子山区第三、第四小学六年级同学们上了一堂VR科学课《太阳系》。孩子们在教室里"漫步"太空,驾驶月球车登临月球……前所未有的奇妙体验令孩子们欢呼雀跃。身临其境的沉浸式教学模式极大地激发了孩子们的兴趣和好奇心,增强了学习的主动性。一堂课下来,孩子们无不感到收获满满、意犹未尽。

2017年11月15日,在清华大学附属中学朝阳学校,《罗布泊,消逝的仙湖》课上,老师通过VR技术直观呈现罗布泊周围的地理环境,让同学们真实了解到罗布泊干涸的原因,弥补了平面书本无法带来的直观体验,进一步认识到破坏生态的恶果;《秋水》观摩课上,庄子散文想象奇特、善用比喻的特点,其相对论哲学、鼓励自我突破的思想,通过黄河入海等VR技术,在同学们的心中深刻呈现出来,同学们纷纷表示:"从来没想过古文课也能体验VR技术。"①

VR应用于课堂教学营造了"自主学习"的环境,学生通过自身与信息技术环境的交互过程来获取知识和技能。借助VR技术,学生可以进入具有极强视觉冲击和沉浸

---

① 光明网.微视酷:创新VR教学方式推动教育模式进入新时代[EB/OL]. http://reader.gmw.cn/2018-01/25/content_27452136.htm, 2018-02-08.

感的虚拟世界,体验漫步太空的奇妙、感受黄河入海的磅礴,从而激发学生的兴趣点,提高学习效果。

(三) 电子书包

信息技术的飞速发展推动传统教育的快速变革,而随着移动学习和互联网技术的发展,学校正在营造以智慧校园、未来课堂为蓝本的数字化学习环境,这也使得以Pad、Tablet PC、智能手机、平板电脑等便携式、智能化学习终端为基础的一对一数字化学习方式(One to One Digital Learning)日益受到教育领域的青睐。电子书包作为教育信息化推进和信息技术发展过程中的重要产物,深刻影响着传统课堂学习方式,成为学生自主学习、教师个性化教学的重要辅助工具,能有效地提高教学效果。

案例 4.12

2017 年 11 月,贵州省安顺市首次引进电子书包智慧课堂工程,落地镇宁自治县白马湖中心学校,该校三至五年级开启 10 个实验班,534 名学生用上电子书包。"下面我发一套题目给大家做。"11 月 24 日下午,该校五年级(5)班的学生登录对应编号的平板电脑,数学老师蔡汝鹏手持教师端平板电脑轻敲,一套题目就下发到学生手中的平板电脑上。同学们直接输入答案、在平板电脑上写出计算步骤、在草稿纸上列出算式拍照上传,15 分钟后,全班 55 名学生都提交了自己的作业。学生提交完作业之后,蔡汝鹏老师按下"智能批改"按钮,瞬间自动生成分析结果,包括正确率、错误率、错的是哪些学生、正确的是哪些学生等。①

在过去的二十年间,信息技术作用于教育的效果和对教育产生的实质性影响,一直都是争论不断的话题。电子书包作为信息技术发展的产物,尽管在教学应用中能够

---

① 新浪网.镇宁一小学引进智慧课堂工程学生用上"电子书包"[EB/OL]. http://gz. sina. cn/news/sh/2017－11－28/detail-ifypathz6726849. shtml,2018－03－04.

取得较好的效果,但它的应用和推广却一直在争议中前行。

案例4.13

电子书包颇受争议

2012年秋,武汉市东湖高新区在光谷四小、光谷六小和光谷实验中学6个班率先免费试点使用电子书包。但这一新鲜事物曾颇受质疑。"家长们担心电子书包会影响孩子视力,也担心孩子上课时容易分散注意力,反对者居多。"

光谷四小为了争取家长们的理解,学校把家长、教育专家和电子书包工程师都请来,开座谈会分析利弊,并提出解决方案:电子书包由班级统一保管,有相关课程时使用并控制其使用时间;老师端增加一键锁屏功能,不给孩子"打野"的机会。2015年,该校的第一批试点班级毕业,学生们的视力比较正常,思维方式相对更加活跃。已使用了两年电子书包的六(2)班学生吴思毅说,父母确实担心用电子书包会影响视力,但老师们经常说,电子书包的定位是教学辅助工具,平时用得并不太多。"有时候电子书包还能保护眼睛。比如坐教室后面时,讲台上的字看不清,用电子书包就没这个苦恼。"随后,考虑到低年段孩子的自制力问题,学校又选了四年级的两个班试点,从小学中高段开始,每个试点班使用三年。

试点5年来,光谷四小坚持使用电子书包,但在试点班级,电子书包一周都未必用得上一次,只是作为常规课的补充。老师们最大的困惑是,如何让教学与科技设备完美结合。例如数学有很多概念课,学生必须静下心来思考,像"旋转"这样适合用电子书包呈现的课程较少。数学课的互动设计一直是难点,很多教学APP也做不好。语文、英语的电子书包课虽然更易引入互动设计,也颇受学生欢迎,但想实现的创意,技术人员却总说"做不了",只能分解成多个步骤去实现,由于太麻烦,不得不舍弃。老师们也一致认为,电子书包不能锻炼学生的书写能力,这也是它的一大弊端。

"学校试点电子书包已有5年,如今有人说电子书包已经落伍了,但它提供给我们的这种强调实时互动、尊重每名孩子的个性、开源接纳知识的思路,仍然非常有价值。"校长饶家伟说,这也是学校为何坚持使用电子书包的原因。他相信将来能实现个性化教学,教师能实时收到学生学习反馈,并为其定制个性化学习方案的未来教育模式。①

整体而言,电子书包对学习有积极、正向的促进作用,能较好地促进学生的学习,但是距离国家和教育部所希望的加快信息化进程、借助信息技术变革教育、实现个性化无所不在的学习这一教育愿景,还有较大的提升空间,电子书包与教育教学还需要进一步的融合。增强电子书包对学习的促进效果和影响水平,实现信息技术与教育教学的深度融合,所需要的不仅仅是政府层面的政策和资金的引导,更需要学校、老师和学生积极主动的配合,共同为电子书包更好地赋能于学生学习而探索出更好的应用道路。

当前电子书包虽然已经应用于较多学科,但是仍然主要集中在语文、数学和英语等传统主干学科上。电子书包在其他学科的研究应用相对较少。另外,电子书包在各学段的应用效果也是参差不齐。因此,在后续的研究和使用过程中,需要进一步扩大电子书包研究应用的学科范围,实现电子书包的多学科应用。与此同时,学校在使用和推广电子书包时,也需要根据各学段的差异和学习特点,以及学生的认知发展水平对电子书包进行针对性的融合设计,让电子书包的课堂应用从研究阶段进入常态化使用阶段。

(四) 创客实验室

在儿童时期,孩子们总是喜欢在纸上涂鸦,能够用橡皮泥捏出各种形状,拥有许多的想法和创意。但在成长的过程中缺乏一定的训练,使得学生的创造力和创新精神慢慢衰退,不利于学生的全面健康发展。创客教育正改变着学生在学校的学习,以新的方法鼓励创造和创新——利用新的数字技术来设计、制作、分享和跨时空地学习。创客一词来源于英文单词"Maker",本义是指出于兴趣与爱好,努力把各种创意转变为

---

① 湖北教育新闻."电子书包"推行 5 年　在争议中前行[EB/OL]. http://news. e21. cn/yw_66/sn/201711/t20171114_77357. shtml, 2018 - 03 - 04.

现实的人。创客教育从学生的兴趣出发，以项目学习的方式，使用数字化工具，培养跨学科问题解决能力、团队协作能力和创新能力。

案例 4.14

新学期伊始，武汉市吴家山三中的同学们又开始了科技创新课程。从 2015 年开始，每周一 3—6 节课，同学们可以脑洞大开地创作自己想象的任何作品。在学校"快乐天地"教学楼，八年级的学生正在上本学期新开设的创客课程《物理马戏团之微观大发现》。根据老师的讲解，同学们需要用眼前的一颗颗小珠子摆出不同的分子结构和分子式。不一会，一幅幅充满创意的"六边形"、"七边形"作品就出炉了。

吴家山三中学生吴敬睿说："我喜欢上这节课，因为每次老师都会让我们做些比较新奇的小实验。这门课比学校常规物理课更有趣。"吴家山三中学生万琳玥谈道："作为一个女生，平时对于理科知识点理解起来会很困难，上完这节课会加强我对知识点的理解。老师会用更加直白、更加有趣的语言和例子使我对知识点有新的理解。通过动手实践，我可以自主地理解知识点，我对物理更感兴趣了。"

吴家山三中自 2005 年就将科技教育纳入学校教学计划，打造学校特色学科。经过不断摸索，2015 年，学校开始试点创客教育。学校创客课程包括教育机器人、航空航天模型、力翰科学等 20 多门。学校根据不同课程性质，配备了机器人体验中心、创客制作室等多个专用教室。东西湖区共有创客联盟学校 36 所。为培养创客课程师资，吴家山三中将原有的科技教育教师和信息技术教师整合，成立了科技信息处来承担学校创客教育工作，同时邀请专业人士加入教学队伍，指导学生学习。①

创客教育让孩子在实际的动手操作中学习，体现"做中学"的教育理念。学生创作自己喜欢的作品，能够有效地激发学习兴趣，让学生主动地去观察现象、发现问题、思

---

① 今日头条. 武汉市吴家山三中创客教育初显成效［EB/OL］. https://www.toutiao.com/i6527039612110504451/. html，2018 - 03 - 04.

考问题、解决问题。并且在动手实践的过程中，学生将积累实践经验，体会知识间的联系，获得对知识的理解。创客教育让学生在积极参与的过程中学习多学科的知识，不仅能提高学习的效果，更锻炼学生的动手能力和创新能力，从而提升学生的综合素质。

第四节　基础教育信息化的可持续发展路径与经验

我国正加速推进教育信息化，教育信息化已成为教育改革与发展的重要推动力。可持续发展能力是教育信息化建设的重要组成部分，推进教育信息化可持续发展能力建设已成为教育信息化科学发展的重要举措。我国基础教育信息化在基础设施配置、教师信息技术能力和学生发展等方面取得了显著成效，从而促进教育公平、提高教育质量。从我国与发达国家教育信息化项目实践的情况来看，尽管我国教育信息化水平与发达国家相比还有一定的差距，但总体而言，都在朝着相同的方向迈进。在具体的实践项目中，有共同之处，但又各有特色，各国结合自身实际情况，努力促进基础教育信息化的深入发展。借鉴国际经验，结合本土发展状况，在我国基础教育信息化的可持续发展进程中，需要着力解决三大问题，即信息化基础设施的普及、信息技术能力的提升、信息技术教学的应用。信息化基础设施为教与学提供了基本的环境和资源保障，信息技术能力保证师生能够适应数字化学习需求，信息技术教学让信息技术真正为教与学所用，促进教与学的变革，让技术和人、建设和应用、技术和教育协调发展。

一、深化基础设施建设，保障教育信息化环境

基础设施建设是师生适应数字化学习环境的根本保障，必须深化教育信息化基础设施建设，打造数字校园、智慧校园，确保师生能够有机会利用信息技术进行教与学。从发达国家的基础教育信息化进展来看，美国、澳大利亚等国家在网络带宽、无线覆盖、信息技术设备等方面，投入大量资金进行建设，以确保基础教育阶段的师生都能够利用信息技术，访问互联网。在互联网接入方面，发达国家特别强调网络带宽，以提供高速的网络信息服务。在网络接入设备方面，发达国家正逐步实现 1∶1 的生机比，让每个学生都拥有能够单独使用的计算机设备，从而更好地连接互联网。在此基础上，数字化教育资源的建设让学生能够接触到更多的学习资源，为其提供更好的学习支持

服务。美国和澳大利亚在数字资源的建设方面,有计划、有重点地建设相关的学习资源,以便精准地为学生提供数字服务。学生只需要借助互联网就能够进行访问和学习,从而满足学生的个性化学习需求。

随着社会不断发展,科学技术不断进步,我国基础教育信息化建设取得了不错的成绩。在基础设施中已实现了资源与服务的广度,但在设施对准个人应用的精度上尚未取得显著的成效。还有相当一部分地区,教育信息化的基础设备还不能满足信息化教育普及的需要。首先,尽管在中小学校基本实现了网络全覆盖,但网络带宽还需要进一步升级提速,为学生提供高速的网络带宽服务;其次,由于经济发展水平的差异,并非所有的学生都能够拥有信息化设备,学校的互联网无法发挥应有的作用,许多农村的中小学,特别是在贫困山区,在信息化设备上严重匮乏,根本无法满足当前的教学需要;最后,在数字化教育资源的建设方面还有待改进,各学校、区域之间的学习资源共享共建机制不够完善,导致在信息资源建设的同时,尽管拥有大量的课程学习资源,但相对优质的教育资源仍然匮乏。而且也使得部分学校的教育资源无人问津,优秀的资源无法展现它的教学魅力,造成资源的浪费,不利于可持续发展。

因此,基础教育信息化可持续发展的基本保障需要从软硬件两方面同时入手,着力落实基础设施建设。要保证所有的学校都有互联网的覆盖,条件相对较好的学校,让每个孩子都拥有可使用的信息化设备,条件一般的学校尽可能让学生可以随时访问互联网。在优质教育资源的建设工作方面,要完善学习资源建设机制,统筹协调区域、学校优质教育资源的共建共享,让学生能够平等地接触到优质的教育资源。同时,借鉴发达国家的学习资源开发模式,协调多方力量,政府、学校、企业等共同参与,重点打造稀缺资源,突出优质资源,为学生提供更多更好的学习资源。并且,还应积极将数字资源与课堂教学整合,充分发挥优质数字资源的作用。

二、 加强信息技术培训,发挥教育信息化作用

信息技术能力培训是支撑教育信息化持续发展的基础动力。教育信息化的作用

并不主要取决于信息化装备或教育软件的先进程度,而是体现在师生能够很好地利用信息技术。提高教师的信息技术能力,掌握技术的深度应用,才能真正发挥基础教育信息化的作用。教师是信息技术与教学深度融合的关键,教师信息化教学能力不仅是信息时代赋予每位教师的责任,也是教育信息化师资力量实现可持续发展的根本保证。由此可见,信息技术能力在整个教育信息化发展体系中占据重要地位。而要提高信息技术能力,最有效的途径就是开展信息技术能力培训。

各国纷纷制定相应的政策、推出相关的培训项目和能力标准,以提高师资队伍的信息化水平。美国和澳大利亚更为重视教师能够在实际的教学过程中运用ICT展开实践及协作。我国的中小学教师、校长及管理者均已参加过全面系统的信息化培训,信息化能力和意识均有提升,但在运用ICT实践及协作等方面尚未取得明显的实施效果。需要进一步推广"浙江模式",提升教师在特定情境、实际教学中应用信息技术的能力。这就要求未来的信息技术能力培训至少需要考虑以下两方面因素。

从宏观层面来看,地区经济发展的差异,致使各学校的教育信息化设施和信息技术应用水平存在差异,尤其东西部地区教师的信息技术理念不同,有些信息技术手段在东部地区较为普及,但是在西部地区却远未被广大教师接触。那么,针对中小学教师信息技术应用能力培训的内容也需要体现出这种差异。过于强调一致性,反而容易影响培训的效果。但实际情况往往未能体现出差异来,导致培训的效果不尽如人意。因此,要根据地区、学校的实际情况,定制培训服务,提升信息技术应用能力,使得培训的内容符合特定学校教师的需求和水平。

从微观层面来看,信息技术应用能力培训内容的设计既需要充分考虑内容的覆盖面与系统性,还需要针对中小学学科教学过程中的特点进行专门化设计与内容甄选。信息技术应用面向的是中小学生,处于不同年龄段的孩子性格特点迥异、认知水平不同,学段、学科影响着教师信息技术能力培训的效果。培训的课程内容要按照参训教师不同学段、不同学科来推送,提供与学段、学科相应的课程和实践案例,让教师不仅能够掌握技术,更能将技术与学科教学融合,在实际的教学情境中合理运用技术手段。

三、 创新教育教学模式，提供信息化教学应用方案

教育信息化的最终目的在于改善教与学的效果，服务于学生的成长和发展。因此，教育信息化的可持续发展必然离不开在教学过程利用信息技术，创新教学方式，使技术与教育教学深度融合。信息技术正在不断变革学校教育，早期的多媒体和网络技术引发了新媒体技术的研究浪潮，虚拟现实技术激发了人们创设虚拟仿真学习环境的热情，爱尔兰远程教育专家戴斯孟德·基更（Desmond Keegan）教授提出"移动学习：下一代的学习"，比尔·盖茨在美国 TED 大会上声称"可汗模式"预见了教育的未来，"翻转课堂"被加拿大《环球邮报》评为当年影响课堂教学的重大技术变革，2012 年被美国《纽约时报》称为"慕课元年"，这些无一不流露出人们对新技术的美好憧憬，期望利用新技术的优势改进教学或解决教学中实际存在的问题。

已然可见的是，技术带来的最直接效应是学习兴趣的提升。数字化环境构建成学生展示的空间，课堂中心由教师转移到学生，给予学生更多的展示机会，提升学生的课程参与。教学效能在技术的支持下得到了增强。教师借助技术讲解知识点、演练习题，微课、慕课等新型技术应用方式改变了中小学教师的教学设计形式。在技术的支持下，促进了学校和社会关注每个学生的个性发展。借助教育大数据和学习分析，对学生的成长和发展的分析越来越科学，越来越精细，有利于更精准、有效地提供个性化学习支持服务。

但不可否认，技术的应用对教师提出了更大的挑战和要求。以"翻转课堂"为例，早期研究者十分关注该模式的应用实践、教学策略方面，但随着研究的深入，逐渐发现在翻转课堂实践过程中存在着种种限制条件和挑战因素。[①] 当人们意识到新技术的实践效果并不如预期的那样美好，就会对新技术重新审视、重新定位，不断调整教学实践理念和方法，以期提高教学效果。基础教育信息化的可持续发展更是如此，信息化

---

① 何克抗.从"翻转课堂"的本质，看"翻转课堂"在我国的未来发展[J].电化教育研究，2014(7)：5—16.

工程已然为教育教学带来了巨大的促进和提升，教师、家长和学生都希望能够看到有效的教育教学模式，并将其付诸教学实践。技术的发展日新月异，也就意味着基础教育信息化会不断给教育教学的变革带来新的惊喜，但只有技术被成熟有效地应用于教学实践中，不断地创新教育教学模式，才能让技术真正为教育服务。

第五章

开放与创新：高等教育信息化的推进与应用

第一节　国际视野中的高等教育信息化

一、高等教育信息化战略发展的国际动态

21世纪是知识经济时代，也是信息化快速发展时代。全球都在加强信息化建设，互联网、云计算、物联网、大数据、移动技术、人工智能等新兴技术对社会各行各业都产生了革命性的影响，教育领域也不例外，新一代信息技术正推动全球社会治理进入全面信息化时代。在全面信息化建设的浪潮下，世界各国都已经充分认识到高等教育信息化对于完善教育治理，促进教育现代化和智慧人才培养的重要性，纷纷加强高等教育信息化建设，制定发展战略，并且利用信息技术促进高校教育生态的整体变革。高等教育信息化是教育信息化建设的重要内容，是完善整个教育生态信息化建设的重要阶段。在国际视野内，国家层面的高等教育信息化建设政策制定愈加丰富，信息化设施建设也愈加完善，已经成为各国推动信息技术与高等教育融合、发展、创新的重要支撑。

（一）美国高等教育信息化战略发展

美国是世界上较早关注教育信息化战略发展的国家之一。在信息化设施建设方面，早在1990年，美国就发起了针对高等教育信息化发展的"信息化校园计划"（Campus Computing Project，简称CCP），标志着美国高校迈向信息化建设道路[①]；1993年美国政府发布《国家信息基础设施行动动议》（*The National Information Infrastructure：Agenda for Action*），提出要兴建信息时代的高速公路——"信息高速公路"，促进信息的共享。美国联邦通信委员会（FCC）也多次斥巨资在全美各大院校和图书馆建设高速网络连接和WiFi无线网络覆盖，信息高速公路的建设加快了美国

---

① The Campus Computing Project［EB/OL］. https：//www. campuscomputing. net/，2018－02－01.

高校信息化基础设施的建设进程,目前美国已经实现了98%院校的网络宽带覆盖率。在组织机构方面,美国成立了高等教育信息化协会(EDUCAUSE),负责高等教育信息化发展议题的制定,推进信息技术在高等教育中的应用,目前该协会已经吸引2000多家高等教育机构加入。在国家政策层面,针对整个教育生态信息化发展的国家教育技术规划(NETP)已经陆续发布了 NETP1996、NETP2000、NETP2005、NETP2010、NETP2016 和 NETP2017 六个版本。同时为了促进高等教育信息化发展,2017 年 1 月还补发了专门针对高等教育的教育技术规划——《重新构想技术在高等教育中的角色:国家教育技术规划的补充》,规划中提出要利用技术构建以学习者为中心的高等教育生态。利用技术增强学习能力和学习参与,促进卓越学习的发生;鼓励高校教师利用技术更好地支持学生学习,改进和发展他们的教学方法;建立支持学生成功的高等教育生态系统,提供强健的基础设施支持,连接正式的、非正式的学习环境,并在整个生态系统中分享学习成果;并且通过领导力推动高等教育创新与变革。未来技术支持下的高等教育将更加公平,更易获取,也更能支持学生学习,与此同时,也会更加注重高等教育的成果、高等教育生态发展和高等教育实践研究。①

(二) 英国高等教育信息化战略发展

英国对于高等教育信息化的战略发展也十分重视,在 1985 年发布的《20 世纪 90 年代高等教育的发展战略》(*The Development of Higher Education in the 1990s*)中充分肯定了信息技术对于推动高校发展的作用,并且对高等教育信息化发展给予了关注;1992 年发布的《扩展的高等教育系统中的教与学》(*Teaching and Learning in an Expanding Higher Education System*)又加快了英国高等教育信息化的发展,推动信息技术与英国高等教育的进一步融合;随后几年发布的国家重要发展文件《我们的信息化时代:政府的愿景》(*Our Information Age:The Government's Vision*)和《学习时

---

① U. S. Department of Education Office of Educational Technology. Reimagining the Role of Technology in Higher Education:A Supplement to the National Education Technology Plan [EB/OL]. https://tech. ed. gov/files/2017/01/Higher-Ed-NETP. pdf,2018 - 02 - 04.

代：一个新不列颠的复兴》(*The Learning Age: A Renaissance for a New Britain*)也成为英国高等教育信息化战略发展的重要指南。2009年,英国高校联合信息系统委员会(Joint Information Systems Committee,简称JISC)发布了面向高等教育信息化发展的战略规划文件《JISC 2010—2012战略》,作为英国高等教育信息化近期的发展指南,希望通过高等教育信息化建设满足英国世界一流的学术研究环境建设和服务需求。该规划基于英国的国情,将提高效率和降低成本列为下一阶段各高校及研究机构发展的关键;明确了英国后义务教育阶段教育信息化未来投资的关键领域为教学与学习、创新型研究、高校机构和资源共享;与此同时,强调高校运用信息技术,构建数字化学习环境;提升科研信息化水平和科研人员信息素养,满足高等教育服务的需要①。另外,JISC还通过教育科研网(Janet Network)的建设为高等教育信息化基础设施服务,Janet Network服务用户超过1800万户,为英国的教育和研究提供了一个安全可靠的世界级网络,使国际交流与合作得以实现。

(三) 欧美其他国家高等教育信息化战略发展

欧洲、美洲等其他国家也在高等教育信息化战略发展上做出了部署。荷兰是欧洲经济强国,其高等教育体系和高校科研实力已经广为人知。荷兰的高等教育信息化建设的发展主要由荷兰教育科研网基金会(SURFnet Foundation,以下简称SURF)负责推进,为荷兰高等教育提供信息化建设、研究、评估和监测。SURF是一个全国性的公共组织,与政府合作推进高等教育信息化的发展,并且每年向政府提交工作报告并制定下一年度的信息化发展规划。SURF每隔四年会制定一次信息化发展战略,目前荷兰正处于高等教育信息化建设的2015年到2018年战略规划("2015 – 2018 SURFStrategic Plan")阶段②。

芬兰在教育领域一直走在世界的最前端,被认为是"世界上最好的教育系统",在

---

① 吴砥,尉小荣,卢春. 中英高等教育信息化发展战略对比研究[J]. 中国电化教育,2013(2)：21—28.
② SURF. SURF Strategic Plan 2015 – 2018 [EB/OL]. https://www.surf.nl/binaries/content/assets/surf/en/2015/surf-strategic-plan-2015-2018.pdf, 2018 – 02 – 01.

PISA 测试中也一直处于国际前列,2017 年世界经济论坛发布的《全球竞争力报告》中,芬兰的国家创新能力在全球 138 个接受评估的经济体中排名第一,其高等教育和专业培训排名第二。芬兰国家层面的 ICT 战略规划《与时俱进、以人为本、竞争有力的芬兰(2007—2015 年)》已经实施,"泛在信息社会行动项目"(Ubiquitous Information Society Action Programme 2008‐2011)也已经进行,高等教育信息化建设与 ICT 应用正在不断推进和普及中。目前,芬兰正在就《高等教育与研究 2030 愿景》(*Vision for Higher Education and Research* in 2030)向民众征求意见,希望加快高等教育大众化和信息化,预计到 2030 年,让 50％的年轻人获得高等教育学位,数字化和开放性将更新高等教育教学、学习、研究和创新活动。[①]

德国政府也于 2016 年推出了"数字型知识社会"的教育战略,作为全面促进德国数字化教育的行动框架,内容涉及数字化教育培训、数字化设施、法律框架、教育组织和机构的数字化战略、国际化等五个重点行动领域,其战略目标统称为"数字化教育世界 2030",在全德范围内大力促进数字化技能培养以及数字化媒体的广泛使用,充分发掘数字化在各教育领域的潜能,增设所需的信息化基础设施,以数字化推动德国教育的国际化进程。

加拿大虽然是联邦制国家,但联邦政府一向支持信息技术基础设施的建设,因此其教育信息化应用水平也处于世界前列。加拿大联邦政府并没有教育部,只在省区设教育部,因此其高等教育信息化与省区教育政策有着比较密切的关系。国家层面主要通过信息化战略(如"信息高速公路"战略)的实施为高等教育信息化的战略发展奠定基础。省区级信息化战略项目则加快了加拿大高等教育信息化建设升级的发展进程,其中代表性省区的信息化建设有:不列颠哥伦比亚省的 BCnet、曼尼托巴省的区域高级科研与教育网络(Manitoba's Regional Advanced Research and Education Network,MRnet)和萨斯喀切温省的萨省科研网(Saskatchewan Research Network,SRnet)等。

---

① Ministry of Education and Culture. Vision for higher education and research in 2030 [EB/OL]. http：//minedu. fi/documents/1410845/4177242/Proposal＋for＋Finland. pdf/08a7cc61-3e66-4c60-af75-d44d1877 787d,2017, 2018‐02‐01.

(四) 亚洲国家高等教育信息化战略发展

亚洲国家在高等教育信息化的战略发展上也纷纷做出努力。日本为了建成世界上最先进的 ICT 国家,由 IT 战略总部(IT Strategy Headquarters)先后实施了"e-Japan 战略(e-Japan Strategy)"、"e-Japan Ⅱ 战略(e-Japan Strategy Ⅱ)"、"u-Japan 战略"和"i-Japan 战略 2015(i-Japan Strategy 2015)"。国家层面的 ICT 战略部署以及 2010 年发布的《教育信息化指南》成为高等教育信息化建设的重要指导文件。"i-Japan 战略 2015"中重点阐述了教育与人才培养计划,提出高校在教育以及大学的人才培养领域,要实现利用信息技术提高学生的学习欲望和学习能力;提高孩子们利用信息的能力;建立与高水平信息化人才需求相匹配的、稳定的人才培养结构;加强大学阶段的信息教育,完善信息化基础设施,发展远程教育等目标。[①]

韩国的教育信息化一直处于全球领先水平,并一直致力于推进信息技术在高等教育中的应用,加快高等教育信息化的发展进程。2007 年韩国教育部因在教育信息化方面的卓越成就获得了联合国教科文组织颁发的第一届 King Hamad Bin Isa Al-Khalifa 奖以及 IMS 学习影响力白金奖。1991 年,韩国提出教育网络的建设,通过计算机网络连接国内的大学;1999 年又启动了高等教育改革计划即"智慧韩国 21 工程"(Brain Korea 21,简称"BK21 工程"),成为韩国高等教育的重点建设工程、政府重点投资建设项目。BK21 工程分为两步走战略,第一阶段从 1999 年至 2005 年;第二阶段从 2006 年至 2012 年,希望建成研究型大学的高等教育体系,培养关键领域的一流人才。2002 年提出的"提高高等教育电子化学习综合计划"则支持大学建立电子化学习中心,并且经费一直支持到 2015 年;2015 年 4 月又在"2015—2019 年大学信息化总体规划"(2015-2019 Master Plan for University Informatization)中提出高等教育信息化建设 12 项任务,其中翻转学习和 MOOC 等成为应对国内外高等教育环境变化的主要建设内容,并且教育部将为高等教育信息化提供未来发展目标,推进大学教育与信息技

---

① IT Strategic Headquarters. i-Japan Strategy 2015 [EB/OL]. http://japan. kantei. go. jp/policy/it/i-JapanStrategy2015_full. pdf,2018-02-02.

术的融合，提高大学生的信息素养。①

(五) 经验总结

综合欧洲、美洲以及亚洲等发达国家的高等教育信息化发展动态来看，发达国家普遍重视本国高等教育信息化的战略发展，而且纷纷都在加快推进、部署本国的高等教育信息化发展战略，提升高等教育信息化水平，增强高等教育在国际上的影响力。在顶层设计方面，各国都在积极推进教育信息化政策的制定，给高等教育信息化发展提供方向的指引。美国和日本在政策制定方面比较持续和突出，信息化发展战略层层推进，逐步传承，其中美国还制定了针对高等教育信息化发展的教育技术规划，其他国家则是在特定阶段发布特定的信息化发展战略；在信息化基础设施的建设方面，各国的步伐都在不断加快，"信息高速公路"（如美国、加拿大）以及教育科研网（如英国、荷兰、韩国）的搭建对于各国高等教育信息化的发展提供了重要支撑，加快了高校校园的数字化建设进程；与此同时，高等教育信息化的规划和管理也得到了重视，美国的高等教育信息化协会（EDUCAUSE）、英国高校联合信息系统委员会（JISC）以及荷兰的教育科研网基金会（SURF）等是高等教育信息化组织机构建设的典型代表。

二、 国际经验与本土进程

(一) 国际高等教育信息化发展经验的启示

从当前高等教育信息化战略发展的国际形势来看，各国都在推动高等教育信息化发展的战略部署，通过高等教育信息化促进世界一流、顶尖大学的建设，培养满足知识经济时代和信息化时代的一流人才。发达国家高等教育信息化战略部署给我国高等教育信息化建设带来了经验的借鉴和方向的指引。国际经验告诉我们，国家层面的信

---

① KERIS. 2016 White Paper [EB/OL]. http://english. keris. or. kr/whitepaper/WhitePaper_eng_2016. pdf, 2018 - 02 - 03.

息化顶层设计和政策制定是高等教育信息化发展的"指南针"，将为高等教育信息化发展指明前进的方向；信息化基础设施的建设则是高等教育信息化的基石，是高校信息化建设的重要支撑和依托；信息化组织机构的建设则是高等教育信息化的活力源泉，将加快高等教育信息化建设步伐和进程，完善高等教育信息化的规划与管理。

在我国推进"教育信息化 2.0"时代和"双一流"大学建设的背景下，高等教育信息化的战略部署和推进已经刻不容缓。高等教育信息化是促进我国高等教育改革创新和提高质量的有效途径，推进信息技术与高等教育的融合，对于促进高等教育质量全面提高和教育现代化具有重要的影响作用。相比其他国家来说，我国高等教育信息化建设起步较晚，与国际高等教育信息化建设水平存在差距，追赶任务比较紧迫。但是，当前我国高等教育信息化建设目标明确，在推进我国高等教育信息化建设上，国家、教育部和高校等各级部门做出了巨大的努力，并且先后出台了一系列重要政策文件，作为我国高等教育信息化发展的战略部署，我国高等教育信息化将可能实现跨越式的发展。

（二）我国高等教育信息化发展战略部署

1998 年，教育部发布《面向 21 世纪教育振兴行动计划》，提出要实施"高层次创造性人才工程"，加强高等学校科研工作，积极参与国家创新体系建设，创建若干所具有世界先进水平的一流大学和一批一流学科，实施"现代远程教育工程"，形成开放式教育网络，构建终身学习体系，启动"中国教育和科研计算机网 CERNET 高速主干网建设"项目，安排专项经费，建设 CERNET 高速光纤传输网络，开启了我国深入落实科教兴国战略，全面推进教育改革和发展的新纪元①。2010 年，《国家中长期教育改革和发展规划纲要（2010—2020 年）》中提出要加快教育信息化进程，并且强调了"信息技术对教育发展具有革命性影响，必须予以高度重视"②。2012 年，教育部发布《教育信息

---

① 教育部. 面向 21 世纪教育振兴行动计划［EB/OL］. http://www. moe. edu. cn/jyb_sjzl/moe_177/tnull_2487. html，2018 - 02 - 03.
② 中共中央办公厅，国务院办公厅. 国家中长期教育改革和发展规划纲要（2010—2020 年）［EB/OL］. http://www. moe. edu. cn/publicfiles/business/htmlfiles/moe/moe_838/201008/93704. html，2018 - 02 - 03.

化十年发展规划(2011—2020 年)》,对各级教育信息化发展提出了总体部署,以教育信息化带动教育现代化,其中针对高等教育信息化发展提出要加强高校数字校园建设与应用;促进人才培养模式创新;促进高校科研水平提升;增强高校社会服务与文化传承能力①。2013 年,《中西部高等教育振兴计划(2012—2020 年)》中提出加强中西部高校信息技术基础设施建设,充分利用信息技术发展现代远程教育,将优质教学资源输送到中西部地方高校,推进优质数字化资源共建共享,通过信息技术与高等教育的深度融合,促进高等教育质量全面提高。② 2016 年,教育部印发《教育信息化"十三五"规划》,提出到 2020 年,基本建成"网络化、数字化、个性化、终身化的教育体系,建设'人人皆学、处处能学、时时可学'的学习型社会"。③ 国家层面的信息化战略部署成为推动高等教育信息化发展的重要动力,也使得我国高等教育信息化建设迎来了新的腾飞时期,信息化建设不断取得突破与创新,与世界水平的差距也不断缩小。

与此同时,国家对新兴信息技术的密切关注和政策引导也使得以互联网、MOOC、大数据、人工智能等为代表的新一代信息技术在高等教育中的融合进程不断加快,高等教育信息化创新水平不断提高,并且助力我国进入"教育信息化 2.0"时代。《"互联网+"行动计划》的发布将"互联网+"提到国家战略层面上来,推动了"互联网+高等教育"深度融合的实践进程;《教育部关于加强高等学校在线开放课程建设应用与管理的意见》则提出要构建具有中国特色的在线开放课程体系和课程平台,以"高校主体、政府支持、社会参与"为方针,推动中国特色的在线开放课程的建设与应用,体现了教育部对国际慕课建设发展态势的密切关注。④ 国务院印发的《促进大数据发展行动纲要》中则明确提出建设"教育文化大数据",教育大数据的建设也已经提高到国家战略

---

① 教育部. 教育部关于印发《教育信息化十年发展规划(2011—2020 年)》的通知[EB/OL]. http://www. moe. gov. cn/srcsite/A16/s3342/201203/t20120313_133322. html,2017-11-25.
② 教育部. 教育部　国家发展改革委　财政部关于印发《中西部高等教育振兴计划(2012—2020 年)》的通知[EB/OL]. http://www. moe. gov. cn/srcsite/A08/s7056/201302/t20130228_148468. html,2018-02-03.
③ 教育部. 教育部关于印发《教育信息化"十三五"规划》的通知[EB/OL]. http://www. moe. edu. cn/srcsite/A16/s3342/201606/t20160622_269367. html,2018-02-03.
④ 教育部. 教育部关于加强高等学校在线开放课程建设应用与管理的意见[EB/OL]. http://old. moe. gov. cn//publicfiles/business/htmlfiles/moe/s7056/201504/186490. html,2018-02-03.

层面,教育大数据在高校中的应用水平和受重视程度进一步得到提高。国务院《新一代人工智能发展规划》的提出则使得人工智能教育在教育中的应用进程加快,而高校作为人工智能的重要阵地,自然也将切实推动人工智能技术在高等教育信息化中的应用。

(三) 我国高等教育信息化基础设施建设现状

在国家教育信息化战略的精心部署下,经过多年的建设,我国高等教育信息化基础设施建设已经取得重要进展和成就,高校信息化基础设施的建设为学习型社会的形成、终身学习理念的构建,以及"双一流"大学的建设起到了重要的支撑作用。在网络和宽带的覆盖上,截至 2014 年,中国教育和科研计算机网(CERNET)100 G 主干网总带宽达到 3.15 T 以上,形成了为 2000 多所高校提供千兆以上的高速接入能力,其中为 500 所高校提供万兆以上的接入能力。国际国内互联总带宽超过 90 Gbps,国际互联带宽超过 65 Gbps。同时建成了覆盖全国 54 个重点学科点,总容量达 10 TB 的分布式重点学科信息服务系统,为我国高等教育和科技创新提供了重要的信息资源。CERNET 还支持多项大型教育信息化工程,包括网上高招远程录取、数字图书馆、教育和科研网格、现代远程教育等[1][2]。2003 年以来,CERNET 联合 100 多所高校参加了中国下一代互联网示范工程 CNGI,建成全球最大规模纯 IPv6 下一代互联网主干网CNGI-CERNET2,IPv6 用户超过 500 万户。[3] 在数字化学习资源建设方面,国内高校优质教育资源的开放共享取得巨大成就,录制了 3000 多门国家级精品课程,400 多所高校建设了 3000 多门慕课,2018 年初又批准了 490 门"国家精品在线开放课程",并且计划到 2020 年,以国家名义推出 3000 门"国家精品在线开放课程"和 1000 个"示范性

---

[1] 中国教育和科研计算机网. CERNET 主干网国际互联带宽(1994—2014)情况[EB/OL]. http://www. edu. cn/szkfz_12718/20141105/t20141105_1198797. shtml,2018 - 02 - 03.

[2] 中国教育和科研计算机网. 数字看发展[EB/OL]. http://www. cernet20. edu. cn/history_imgs01. shtml,2018 - 02 - 03.

[3] 中国教育和科研计算机网. CERNET 简介[EB/OL]. http://www. cernet20. edu. cn/introduction. shtml,2018 - 02 - 03.

虚拟仿真实验教学项目"，进而带动 10000 门慕课和 5000 个虚拟仿真实验教学项目在线运行。[①] 在数字化校园建设方面，教育部科技发展中心于 2015 年发布的《高等教育信息化发展研究报告》显示：90％的高等院校建立校园一卡通系统，88％的高等院校拥有校园安全监控系统，74％的高等院校建立了统一的身份认证系统和科研管理数据库。[②]

---

① 教育部. 教育部推首批四百九十门"国家精品在线开放课程"[EB/OL]. http://www.moe.gov.cn/s78/
A08/moe_745/201801/t20180116_324675.html，2018 - 02 - 03.
② 教育部科技发展中心. 高等教育信息化发展研究报告[M]. 北京：清华大学出版社，2015.

第二节　面向开放共享的高等教育信息化

一、 开放教育资源运动

21世纪是全球信息技术飞速发展的时代,技术与教育的双向融合加快了全球教育信息化发展的进程。几十年来,世界各国的高等教育机构都在积极迎接互联网技术发展带来的机遇与挑战,加快高等教育信息化的变革与创新,并且充分利用信息技术革新高等教育教学过程。高等教育信息化资源的开放与共享顺应了高等教育大众化的需要,符合信息化时代与学习型社会人们对于优质教育资源的强烈需求,也是高等教育和互联网技术融合发展的必然趋势。一场酝酿已久的高校"开放教育资源运动"也终于迎来了绽放的时刻。这场运动揭开了高等教育神秘的面纱,打破了大学的围墙,以实际行动助力改善全球高等教育资源的不均,为每个普通人获得高水平大学教学和学习资源提供了新的机会,也使得全球高等教育发展理念逐渐走向开放化、共享化、自由化、个性化和终身化。

(一) 开放教育资源运动的起源

开放教育资源(Open Education Resources,简称 OERs)运动最初起源于麻省理工学院(MIT)的"开放课件项目"(OpenCourseWare,简称 OCW)。2001年,时任校长的查尔斯·韦斯特(Charles Vest)宣布建设麻省理工学院的开放课件项目,将学校核心的教学资源(如教材、教学大纲、演讲笔记、习题、阅读清单、模拟试题等)发布于互联网上,开放给所有将其用于非商业用途的人们,世界各地的教育工作者、学生都可以通过互联网获得麻省理工学院提供的免费课程资料,以此扩大麻省理工学院的国际知名度和影响力水平。[①] 受到麻省理工学院开放课件项目这种"开放共享"理念的影响,开放

---

① MIT. MIT Open Course Ware [EB/OL]. https://ocw.mit.edu/about/site-statistics/,2018-02-04.

教育资源运动开始在国际高等教育领域迅速蔓延开来，众多国际组织也纷纷助力开放资源运动的发展。2002年，在联合国教科文组织（UNESCO）的推动下，"开放式课件对高等教育影响论坛"得以召开，"开放教育资源"一词第一次被提出。随后，开放教育资源的内涵与外延也在实践进程中不断被完善。

联合国教科文组织将"开放教育资源"定义为任何类型的教育材料，而且任何人都可以对它们合法自由地复制、使用、修改和重新分享，这些教育材料可以是教科书、教学大纲、讲义、作业、测试、项目、音频、视频和动画等。① 国际经济合作与发展组织的教育创新研究中心（OECD-CERI）则将开放教育资源理解为提供给教师、教育工作者、学生和独立学习者的免费、公开的在线学习资源，其目的是为了人们在教学、学习和研究中使用、共享、组合、适应和扩展这些资源。这些开放的资源包括学习内容、开发使用的软件工具以及实际资源（如开放的许可证）等。其中学习内容可以是各种各样的教育材料，文本、图像、音频、视频、模拟、游戏、门户网站等，既可以是完整课程，也可以是更小的单元（如图表或者测试问题等）。休特基金会（William and Flora Hewlett Foundation）给出的概念解释则为"开放教育资源是指存在于公共领域或根据知识产权许可证发布的，允许人们自由使用和再利用的教学、学习和研究资源。开放教育资源包括完整的课程、课程教材、模块、流媒体视频，测试，软件和其他用于支持获取知识的工具、材料和技术"②。综合来看，开放教育资源蕴含以下三个特点：第一，是在教育环境中使用的任何类型的学习资源；第二，通常情况下，它们是以数字化形式呈现的；第三，它们允许人们根据不同的教育环境进行重用、共享、调整使用。

---

① UNESCO. What are Open Educational Resources (OERs) [EB/OL]. http://www. unesco. org/new/en/communication-and-information/access-to-knowledge/open-educational-resources/what-are-open-educational-resources-oers/，2018 - 02 - 04.

② OECD-ERI. Open Educational Resources. http://www. oecd-ilibrary. org/docserver/download/9615061e. pdf? expires＝1519788967&id＝id&accname＝guest&checksum＝7DDB12178E7E9E0D4ABCBDB23A30 B917，2018 - 02 - 04.

（二）开放教育资源运动的国际发展

开放教育资源运动的发展对于全球高等教育的发展具有重要意义,尤其在促进和改善发展中国家的高等教育上,可以为全球学生免费提供一些世界上最好的课程学习资源。全球教师、教育政府部门也可以从这些优质的开放资源中获得启发和创新。印第安纳大学的柯蒂斯·邦克(Curtis J. Bonk)教授在其著作《世界是开放的：网络技术如何变革教育》一书中也将开放教育资源纳入到开放教育世界十把金钥匙中,足以看出开放教育资源对于开放教育的重要影响力。在过去的十多年间,开放教育资源运动正在积极的推进和发展中。一系列围绕国际开放教育资源发展的活动得以召开,2002年联合国教科文组织召开了"开放式课件对高等教育影响论坛",开放教育资源运动正式拉开序幕;2005年首届"开放教育国际会议"、"第二次开放教育资源论坛"相继召开,同年"国际开放课件联盟(Open Course Ware Consortium, OCWC)"宣布成立并发布了门户网站,该联合体包括耶鲁、哈佛、麻省理工学院等200多所高等教育机构和相关教育组织,利用联盟高校内部优质资源,促进全球正式和非正式学习资源的共享;2007年,众多致力于开放教育资源运动的人员在南非的开普敦达成了开放教育资源的第一个宣言《开普敦宣言》,呼吁各国政府、出版商、教育工作者、学习者们积极融入到这场开放教育资源运动中来;2009年参会人员又达成了《达喀尔开放教育资源宣言》;2011年联合国教科文组织和英联邦学术组织联合发布了《高等教育开放教育资源指导方针》［*Guidelines for Open Educational Resources（OER）in Higher Education*］;2012年6月,联合国教科文组织又主办了"世界开放教育资源大会",在大会上,各国达成了进一步促进开放资源运动发展的《巴黎宣言》,强调各国要提高对开放教育资源的认识,借助信息技术创设的有利环境,制定有关开放教育资源的战略和政策,促进开放教育资源在正规与非正规教育中的利用。

与此同时,世界各国高等教育机构也在开放教育资源运动的带动和影响下,相继投入开放教育资源建设的活动中,开放教育资源运动在各国高校也逐渐推广开来,并且取得了较大的成就,为全球高等教育的进一步发展提供了活力源泉。麻省理工学院在宣布建立"开放课件项目"之后的2002年就在线上开放1259门课程资源供全球的学习者使用，并且先后于 2005 年、2009 年和 2011 年发布了三次项目评估报告，平台最新的数据报告显示该项目已经累计上线 2400 多门开放课程，拥有将近 3 亿人的访问，平均每月有将近 200 万人访问线上平台，访问用户来自全球各大洲的教育工作者、学生以及个人学习者，并且调查显示 80％的用户认为通过学习这些开放资源对自身发展有积极的影响，96％的教育工作者认为平台上的资源有助于其改进自身课程。① 受到麻省理工学院开放课件项目的带动和影响，开放教育资源运动在全球掀起了发展热潮，国际大学联盟率先与麻省理工学院展开项目合作，将其开放课件项目内的课程资源翻译为西班牙语和葡萄牙语；随后美国的其他高校也纷纷展开行动，如卡耐基梅隆大学启动了开放学习创新计划（Open Learning Initiative，OLI），耶鲁大学发布开放耶鲁课程学习平台（Open Yale Courses），犹他州立大学启动 USUOCW 开放课程项目（Utah State University Open Course Ware），加州大学伯克利分校则宣布将开放课程录像免费分享到著名的视频网站 Youtube 上。欧洲地区的开放教育资源运动也不断发展，英国开放大学早在 2006 年就启动实施了开放学习项目（Open Learn），成为第一个参与开放教育资源运动的远程教育机构，随后荷兰开放大学也实施了开放教育资源项目。亚洲的日本和韩国也在推动本国的开放教育资源的建设。

（三）开放教育资源运动的本土进程

在国际开放教育资源运动的影响下，我国教育部也积极推进开放教育资源运动的本土进程。为了推动我国开放教育资源运动的发展，保持与国际的接轨和合作，2003 年由 IET 教育基金会牵头成立了中国开放式教育资源共享协会（China Open Resources for Education，CORE）。同年，教育部实施了"高等学校教学质量与教学改革工程"，并在《教育部关于启动高等学校教学质量与教学改革工程精品课程建设工作的通知》中提出要深化教学改革，促进现代信息技术在教学中的应用，共享优质教学资源，全面提高教育教学质量，提升我国高等教育的综合实力和国际竞争能力，并且决定

---

① MIT. MIT Open Course Ware［EB/OL］. https：//ocw. mit. edu/about/site-statistics/，2018－02－04.

在全国高等学校(包括高职高专院校)中建设一批具有一流教师队伍、一流教学内容、一流教学方法、一流教材、一流教学管理等特点的示范性课程(简称"精品课程建设"),并上传到互联网上,形成中国高教精品课程网站,向全国高等学校免费开放。① 随后几年,全国高校响应这一号召,开始积极投入到国家精品课程资源的建设中,根据国家精品课程资源中心 2011 年 6 月的数据报告显示,国家精品课程资源中心共拥有国家级精品课程 3835 门,省级精品课程 8279 门,校级精品课程 8170 门。② 进入 2012 年,教育部将原有的国家精品课程资源网升级改造为精品资源共享课,统一到爱课程网平台(http://www.icourses.cn)进行共享应用,目前已经发布了上千门课程。

二、 大规模开放在线课程

随着全球信息技术的飞速发展,高等教育信息化不断呈现出新的面貌,信息技术不断推进高等教育的革新与发展,高等教育信息化资源的建设也随着新技术的不断融入,迎来了新的发展契机。高等教育信息化资源开放共享的模式也不断演变。在开放教育资源运动时期,高等教育信息化资源的开放与共享处于相对离散的状态,各高等教育机构的信息化资源建设相对独立,而随着高等教育信息化资源建设在实践进程中的不断发展,新的学习理念和新技术的出现,高等教育信息化资源开放共享模式开始走向了系统化状态,而开放教育资源运动到大规模开放在线课程的发展过程,标志着高等教育信息化资源的开放共享模式进入新的发展时期。

(一) MOOC 的起源和发展概述

大规模开放在线课程(Massive Open Online Course,MOOC)是为了增强知识传

---

① 教育部. 教育部关于启动高等学校教学质量与教学改革工程精品课程建设工作的通知[EB/OL]. http://old. moe. gov. cn//publicfiles/business/htmlfiles/moe/s3843/201010/109658. html, 2018 - 02 - 04.

② 国家精品课程资源网. 国家精品课程资源中心工作简报(2011)第 5 期[EB/OL]. http://www. jseti. edu. cn/s/29/t/11/a/4521/info. jspy, 2018 - 02 - 04.

播而由具有分享和协作精神的个人或组织发布的、散布于互联网上的开放课程，它是一种基于关联主义的全新的高等教育信息化资源共享模式①。MOOC 具有大规模、开放性、灵活性、在线学习等显著特点，它的出现给整个教育生态带来"一次风暴"，也一度被喻为席卷高等教育发展与变革的"一场海啸"以及"500 年来高等教育领域最为深刻的技术变革"。MOOC 的出现最早要追溯到 2008 年，当时史蒂芬·道恩斯（Stephen Downes）和乔治·西蒙斯（George Siemens）基于"将世界上最优质的教育资源送达地球最偏远角落"的美好愿望，首次提出"大规模开放在线课程"的概念。MOOC 带来的创新学习理念和学习方式给高等教育信息化资源建设与发展注入了新的活力，并且在全球高等教育领域开始了快速推进和发展时期。

2012 年，MOOC 在国际高等教育领域"风暴似的影响力"达到巅峰，有着 MOOC "三驾马车"之称的 Udacity、Coursera 和 edX 集合世界一流大学的优质资源，将其开放给学习者，MOOC 平台一经上线就吸引全球上万人注册学习，让人们不得不感叹其巨大的影响力，这一年也被称为"MOOC 元年"。2013 年，慕课开始了在国内的本土化进程，先是北京大学和清华大学宣布加入哈佛大学和麻省理工学院发起的 MOOC 平台 edX，成为国内率先试水 MOOC 的高校，两个月之后，复旦大学和上海交通大学宣布加盟由耶鲁大学、麻省理工学院、斯坦福大学等著名高校共建的 MOOC 平台 Coursera，同年果壳网旗下 MOOC 学院也正式上线，平台收录了 1500 多门各大 MOOC 平台上的课程，吸引了 50 多万名学习者在这里点评课程、分享笔记、讨论交流。2014 年，由国内高水平大学自主研发的 MOOC 平台开始陆续投入使用，包括清华大学自主研发的 MOOC 平台"学堂在线"、上海交通大学自主研发的"好大学在线" MOOC 平台，以及受教育部国家精品开放课程任务的委托，由"爱课程网"和网易公司合作发布的"中国大学 MOOC"学习平台。

随后几年间，国内外其他 MOOC 平台也都纷纷上线，MOOC 的发展与研究日渐成熟。虽然也曾出现过"反 MOOC"运动，但是 MOOC 在高等教育信息化资源建设中

---

① 王永固，张庆. MOOC：特征与学习机制[J]. 教育研究，2014(9)：112—120.

依旧在稳步向前推进。在 2017 年"第十六届中国国际远程教育大会"上，MOOC 之父史蒂芬·道恩斯在《在线学习与 MOOC：愿景与路径》主题演讲中指出：MOOC 时代还远没有过去，它的目标是对学生进行帮助和支持，让学习者能够自己为自己的学习创造条件，从而实现个人的转变。Coursera 在 2017 年的年会则用创新技术、终身学习和生活改造三个关键词指明了 MOOC 未来的走向，帮助创建全新的终身学习生态环境，通过在线教育实现人的终身教育，最终实现改造人们生活的终极目标。

（二）国内 MOOC 的发展现状

当前 MOOC 在中国的本土化进程已经经历了第一个五年，现已步入下一个五年。在这五年的实践发展进程中，我国 MOOC 建设与应用呈现爆发式增长，MOOC 在高等教育信息化资源的建设与应用上实现了大范围的优质资源共享，MOOC 已获得高等教育界越来越多的认同，并且有效改善了我国中西部高等教育资源的不均，为促进我国高等教育公平化、大众化做出了巨大贡献。这五年来，以跨区域、跨校、跨学科专业等各种形式组建的慕课联盟覆盖面逐步扩大，推动跨校、跨区域共享与应用模式不断涌现。各省级教育部门和高校纷纷制定在线开放课程建设和应用规划，并在学分认定、转换以及相关配套机制建立等方面开始了积极探索与实践。而且国内的众多 MOOC 平台如"学堂在线"、"好大学在线"、"中国大学 MOOC"、"华文 MOOC"、"UOOC 联盟"等都运转良好。由重庆大学倡导的"中国东西部高校课程共享联盟"2016 年成员已增加到 122 所，全国受益学校超过 2000 所，覆盖大学生超过 1000 万名，累计已有 400 多万名大学生通过联盟的共享课程获得学分；由深圳大学倡导发起的"全国地方高校 UOOC（优课）联盟"至 2016 年已有 104 所大学加盟，覆盖师生人数达 250 余万人，注册人数达数十万人；与此同时，中国高校计算机教育 MOOC 联盟也宣布成立，并且其线上 CMOOC 平台也已经上线。根据有关统计显示，相关高校和机构已经自主建成的 10 余个国内慕课平台中，学堂在线、爱课程网已居国际国内领先行列，460 余所高校参与建设了 3200 余门慕课线上课程，5500 万人次高校学生和社会学习者选学了慕课课程，西部高校获得高水平大学教学支持，共享了 2400 门优质课程，而且已有600多万人次大学生获得慕课学分。[①] 2017年"第四届中国MOOC大会"指出教育的信息化、全球化、智慧化时代正在到来，未来中国教育将更加具有开放性，更加个性化，更加智能化。

（三）MOOC应用模式的发展

随着MOOC在高等教育信息化资源建设中实践的不断推进，MOOC在高等教育信息化中的应用模式也在不断发展和创新。MOOC出现的早期模式是基于关联主义学习理论的cMOOC，以史蒂芬·道恩斯和乔治·西蒙斯于2008年合作开设的"Connectivism and Connective Knowledge"课程为代表，它强调知识是网络化联结的，而学习是连接专门节点和信息源的过程，其教学过程将学习者、教师、学习资源看成一个有机的整体，强调知识的群体建构和学习共同体的价值，其核心内容包括关联主义、知识建构、师生协同、分布式认知等。随后2012年出现的Coursera、Udacity、edX等MOOC平台属于xMOOC的典型代表，xMOOC是MOOC在实践过程中的创新发展模式，它以行为主义学习理论为指导，侧重知识的传输而不是知识的构建，学习者通过视频、作业和测试完成学习过程，因此xMOOC更接近传统教学理念。虽然xMOOC大多是属于知识的输送，但是却有利于实现高等教育信息化资源的标准化建设，更容易被复制和推广。进入后MOOC时期，随着MOOC在高校应用过程中出现的种种弊端（如高辍学率、高弃课率等），以及人们对于MOOC的不断反思和创新尝试，SPOC（Small Private Online Course）应运而生。SPOC概念由加州大学伯克利分校的阿曼多·福克斯提出，是一种将MOOC资源用于小规模、特定人群的教学解决方案。SPOC通常使用MOOC的技术平台和教学手段，进行授课的校内课程通常只允许本校的学生参加，教师会组织线上线下的教学活动，从而实现线上线下混合式教学、发挥各自优势效果。当前SPOC在高校主要有两种应用模式，一种是高校教师对自己的教

[①] 教育部.教育部推首批四百九十门"国家精品在线开放课程"[EB/OL]. http://www.moe.gov.cn/s78/A08/moe_745/201801/t20180116_324675.html, 2018 - 02 - 04.

学班级开设 MOOC,以翻转课堂的形式进行教学,另一种则是从庞大的选课学生中甄选出部分学生,入选者须保证学习时间和进度,参与在线讨论,完成规定的作业和考试等。SPOC 有助于建立更为直接的师生关系,教师也可以把更多精力放在了解学生的学习状态上。SPOC 是 MOOC 教学理念在发展过程中的新应用,将有助于高等教育教学信息化走得更远、更精彩。从 cMOOC 到 xMOOC 再到 SPOC,MOOC 的理念和模式一直在不断发展过程中。未来随着高等教育信息化资源的建设以及新技术的不断融入和发展,MOOC 还将出现更多的创新应用模式。

三、 共享理念蔚然成风

互联网技术的发展在推动高等教育信息化稳步向前发展的同时,也给高等教育信息化资源建设提供了创新理念和强大的精神力量,高等教育信息化资源的共建共享,将是一个必然的趋势。"共享教育理念"也在共享经济的带动和影响下受到各方的关注和重视,华东师范大学终身教授丁钢在采访中就曾提到,当前教育需要向共享教育理念转化,共享教育对于推动社会终身学习的发展,促进知识和学习资源的"随需所获,学以为己"以及实现面向未来的学习型社会具有重要意义,而且共享教育将催生出新的教育格局。而对于高等教育信息化发展来说,教育资源的共享将突破大学校园的围墙,消除高等教育资源孤岛和不均,推进全球教育公平发展、提高高等教育教学质量、促进国际高等教育机构合作共赢、增强高等教育的社会服务能力,并且为实现高等教育现代化进程提供强大的资源支撑。虽然"共享教育"至今才作为一种创新理念被提出,但是在高等教育信息化的发展过程中,基于共享理念的实践已经十分丰富,无论是在高等教育信息化资源共享组织的建设还是共享教育资源的建设,都已经取得较大的突破和成就。

(一) 共享组织的发展
在高等教育信息化资源共享组织的建设方面,国际之间以及各国家内部成立了各种资源共享共建组织。在国际上，国际开放课件联盟具有较大的影响力，吸引了全球20多个国家和地区的200多所高等教育机构和组织的加入，一同致力于优质共享资源的建设，并且我国网易也于2011年加入了国际开放课件联盟，共享全球名校课程。日本则由大阪大学、京都大学、京王大学、东京技术研究所、东京大学和早稻田大学联合在本国内部成立了日本开放课件协作体（JOCW），随后日本其他高校和组织也纷纷加入，目前已经有25个机构和组织加入其中。韩国也于2007年推出了KOCW（Korea Open Course Ware）服务。我国则成立了中国开放式教育资源共享协会（CORE），并且选择一些国内优秀的精品课程翻译为英文开放课程，共享给全世界的学习者，促成我国优质教育资源国际交流和共享，并且和国际开放课件联盟（OCWC）、经济合作与发展组织（OECD）等机构建立了良好的合作关系。与此同时，还依托智慧树平台成立了东西部高校课程共享联盟，促进我国东西部高校之间实现共享和学分互认，全国受益高校超过2000所，覆盖大学生人群超过1500万人，在课程建设、援藏援疆等方面取得了显著成果。另外全国地方高校"优课联盟"、地区MOOC联盟"黑龙江省高校优质课程联盟"、计算机专业领域的CMOOC联盟等也纷纷成立。这些组织的成立推动了国内高等教育优质资源共享机制的建设，加快了我国高校资源跨校、跨地区的共建共享和学分互认管理办法的实施。

（二）共享资源的建设

在高校信息化教学资源的共享方面，共享教学资源的建设经历了开放教育资源运动到大规模开放在线课程的发展之后，已经在国内外形成了一大批由世界一流高校、一流师资团队、一流教学内容、一流管理团队建设的优质高等教育资源。国际方面，以三大知名MOOC学习平台为例，Coursera目前已经拥有来自29个国家的160个合作伙伴，并且向全球学习者提供了2658门优质共享课程；edX也已经开设了包含自然科学、社会科学和人文科学在内的2048门共享课程，全球学习者都可以通过互联网进行资源的获取；Udacity则提供了大批高质量的计算机类课程，其中不乏一些计算机领域前沿研究（如人工智能、深度学习、VR/AR等），并且学习者可以通过付费获得认证，目前平台服务的学习者超过百万人；欧盟 MOOC 平台"OpenupEd"则汇集了 12 门语言的慕课课程，提供了欧洲和阿拉伯等国家的大学近百门课程；法国大学的数字 MOOC 平台"FUN"是由法国政府出资建设的，在上面可以学到法国名校的课程；英国开放大学上线的"FutureLearn"平台已经提供了 193 门共享课程，与全球 77 所知名大学、49 个组织机构展开合作；澳大利亚上线的"open2study"平台也已经提供了 49 门免费课程和部分认证课程供学习者选择；日本于 2014 年建设的 JMOOC 已经累计上线 140 场讲座，服务了 50 多万名学习者；韩国则通过高校推出了 K-MOOC(Korean Massive Open Online Course)，截至 2016 年 10 月，已经上线来自 10 多所高校的 128 门课程。国内 MOOC 在经过五年的发展之后也取得了巨大突破和成就，上线了如中国大学 MOOC、学堂在线、好大学在线、ewant、华为 MOOC、智慧树、超星慕课等一大批优秀的 MOOC 平台，受益学习者超过千万人。

(三) 共享软件与应用

在软件开发与应用资源共享方面，开源软件与应用在高校不断推广开来，这些共享软件与应用提升了高校信息化校园建设水平，使高校在信息化教学和信息化管理方面发展迅速。美国高等教育竞争联盟(A-HHC)早在 2006 年发布的研究报告就显示，美国 57％的高校已经在校园信息化建设中使用开源软件，其中既包括 Apache、Linux、MySQL 等基础开源应用，也包括一些开源学习管理软件。目前在全球推广的开源软件和应用众多，众多国家和国际知名高校也加入到开源软件的开发和建设中。美国开发的 uPortal 开源网络门户系统可以帮助高校建立"一站式"的校园门户网站。由美国印第安纳大学、密歇根大学、斯坦福大学、麻省理工学院等高校开发的 Sakai 开源课程管理系统也得到全球高等教育机构的广泛应用，国内的北京邮电大学、上海交通大学、复旦大学和华东师范大学也都应用了 Sakai 的开源服务。类似的开源学习管理系统还有澳大利亚的 Moodle 系统，Moodle 在高校教学信息化中的应用也十分广泛，对于高校搭建在线学习平台和课程管理平台十分便利，目前已经积累了国内外将近 9000 万用户。其他开源软件与应用还包括 DSpace 共享大学知识系统、瑞典的 Learnloop 合作学习系统、eduCommons 课程开放系统、加拿大的 Atutor 课程管理系统等。另外,由哈佛大学与麻省理工学院一起推出的知名 MOOC 学习平台 edX 在宣布建设之初也曾承诺以开源软件的形式发布,其他感兴趣的大学和机构可依托平台的开源代码,进行功能的改进和增加。清华大学就在 2013 年组建专业团队,启动基于 edX 开放源代码的中文平台研发工作,历时 4 个月后推出了中国本土化创新版本的 MOOC 平台"学堂在线"。为了促进开源软件和应用资源的共享,国内众多高校也投入到开源软件的开发和共享中,纷纷建立开源软件共享资源站,代表性的有清华大学开源软件镜像站、中国科学技术大学开源软件镜像站、浙江大学开源镜像站、重庆大学开源软件镜像站等。

四、 开放学习环境发展

当前,互联网技术在高等教育中的应用范围不断拓宽,应用的程度也逐渐深入,高等教育信息化在互联网技术的推动下也进入多元发展的新时期。互联网与高等教育的深度融合使得高校学习环境走向开放化。互联网技术的开放性、共享性、分布式、结构化、个性化等特点为创设开放的高校学习环境提供了理念的借鉴;移动互联网技术、云计算、物联网等新技术的出现与成熟为高等教育搭建开放学习环境提供技术支撑;多样化的在线学习资源如微课、慕课、私播课等为开放学习环境的形成提供了资源保障。在开放学习环境下,在线学习、混合学习、碎片化学习、非正式学习等学习方式也受到高校学习者的青睐,个性化学习在互联网时代成为现实。开放学习环境提倡的是一种以学习者为中心的人本主义学习理念,在开放学习环境中,学习者可以依据自己个人的兴趣、爱好等,选择自己想学的内容和适合自己的学习方式,并且可以按照个人的节奏、步骤、进度进行学习。在高校传统教学环境中,大学教师是学习的主导者和控制者,学习者的个性化特征不能体现,大多处于被动地位。而在开放学习环境下,教师可以充分利用在线资源,采取混合学习、翻转课堂等创新教学方式进行授课,将学习的主动权从教师转移给学生,开放、自由、个性化的学习环境也能更好地满足学习者的学习需要,符合高校学习者的学习风格,学习者可以更专注、更主动地学习,从而获得更深层次的理解，教师也可以通过开放学习环境更多地与学生进行交流。高校开放学习环境的建设也在互联网技术的推动下呈现更多新的面貌，从在线学习(e-learning)环境到移动学习(m-learning)环境再到无所不在的泛在学习(u-learning)环境，开放学习环境在高校的建设中不断取得突破和创新，但其宗旨却一直是服务学习者，满足学习者的学习需求，促进学习者个性化学习和发展。

（一）在线学习环境

随着高等教育信息化的不断推进与发展，高校信息化基础设施不断完善，开放学习环境在高校应用的早期形式主要是在线学习环境的建设。互联网学习资源的不断丰富和高校信息化设备的完善，为在线学习在高校中的应用和推广提供了条件，在线学习在高校的应用也获得了越来越多的关注。在线学习通常指在由通信技术、微电脑技术、计算机技术、网络技术和多媒体技术等所构成的电子环境中进行的学习。2014年高等教育版《美国新媒体联盟地平线报告》指出当前教育范式正在向在线学习的方向转移，并且预测未来五年内，在线学习在高等教育中将会逐步向常态化使用阶段发展。在高校，大学生如今在互联网上花费大量闲暇时间来进行学习和交流信息，根据巴布森调查研究集团在2013年初发布的研究结果，超过670万名学生（占美国高等教育在册学生的32%）在2011年秋季选修过至少一门在线课程，这个数字比之前一年增长了50多万[①]。因此，在线学习环境的创设在高校已经变得非常重要，基于互联网的在线学习能够提供很多实体校园所不及的优势，包括让学生具备越来越强的信息素养，为越来越多的协作学习活动提供机会。在线学习发挥了合作学习的潜力，让学生能够在课堂外进行交流，交换各自对于学习主题或学习项目的意见，有助于提高学习效率和学习质量。目前在线学习的灵活性、易获取性、价值性也得到了更为广泛的认可，而且能够根据需要整合各种多媒体和信息技术。在线学习平台的建设也在高校不

---

① NMC.《新媒体联盟地平线报告（2014高等教育版）》[EB/OL]. http://cdn. nmc. org/media/2014-nmc-horizon-report-he-CN. pdf，2018 – 02 – 05.

断展开,华东师范大学为了促进在线学习环境的建设,由学校教务处和信息办牵头,以 Black-board 在线教学平台为原型,搭建了辅助本校师生进行在线教学和学习的"大夏学堂"在线课程教学平台,能实现课程管理、资源建设、在线交流与互动等多种功能。国内其他高校如清华大学、北京大学、上海交通大学、浙江大学等也都纷纷建设了基于本校特色的在线教学和学习平台。

(二) 移动学习环境

移动互联技术的发展与成熟又将开放学习环境建设带入新的发展时期,随着智能手机、平板电脑、智能手表等智能移动终端在大学生中的进一步普及,移动学习环境成为高校开放学习环境的又一创新发展。移动学习为高校师生的教学与学习方式革新注入了新的活力,在高校教学土壤中不断生根发芽,引发了越来越广泛的关注,在移动学习环境下开展教学也更能满足大学生个性化学习的需求。移动学习是一种在移动设备帮助下的能够在任何时间、任何地点发生的学习。移动学习所使用的移动设备能够有效地呈现学习内容并且提供教师与学习者之间的双向交流,允许学习者利用多个移动设备,随时随地访问学习资料。移动学习有较多的优势(如:移动性、便携性、交互性、情境性)和特点(如:Anywhere, Anytime, Anyone, Any device, Anything),能为学习者创设个性化学习环境,很好地满足学习者个性化学习需求。中国互联网络信息中心(CNNIC)发布的第 40 次《中国互联网络发展状况统计报告》中指出,截至 2017 年 6 月,我国网民规模达到 7.51 亿人,其中手机网民占比达 96.3%,移动互联网在社会中应用的主导地位进一步强化,手机上网比例持续提升。而且使用手机进行在线教育课程学习的占比为 16.6%,排在手机所有应用的第 14 位,足以看出移动学习方式在社会中的地位。美国出版集团麦格劳希尔(McGraw-Hill Education)2015 年发布的高等教育数字学习报告指出,81%的大学生正在使用移动设备学习,成为仅次于笔记本电脑的第二大使用设备,移动学习在高等教育中将会更加流行。美国 EDUCAUSE 分析和研究中心(ECAR)2017 年发布的《高等教育十大战略性技术》报告中预测的 10 项技术中,"教学中的移动设备集成"在今后五年中将会在高校达到"主流"采用的水平

（即在61％—80％的院校中得到部署）。2017年高等教育版《美国新媒体联盟地平线报告》也将移动学习放在了一年以内被高校广泛应用的技术行列，高等教育需要利用无处不在的移动设备来加强教与学的改革和发展。

（三）泛在学习环境

开放学习环境建设的终极目标和理想状态是实现无所不在、无处不在的学习，即泛在学习。泛在学习又名无缝学习、普适学习、无处不在的学习。泛在学习可以看作是在线学习的发展和延伸，它能很好地克服在线学习过程中存在的缺陷和限制。随着云计算、移动互联技术的不断发展，移动学习也逐渐被引入到泛在学习体系中来。泛在学习环境是充分融合了互联网技术、移动技术、云计算、传感技术等在内的无缝学习空间。在泛在学习环境下，任何人（Anyone）可以在任何地方（Anywhere）和任何时间（Anytime），使用任何可用的智能设备（Any device），采取任何可能方式（Anyway），去获取满足自身所需的任何信息（Any contents）和任何学习支持服务（Any learning support）。2016年教育部发布《教育信息化"十三五"规划》，其中明确指出教育信息化的最终目标是"构建'网络化、数字化、个性化、终身化'的教育体系，建设'人人皆学、处处能学、时时可学'的学习型社会"。泛在学习环境的发展对于终身学习理念的形成和学习型社会的建设具有重要的理论指导意义和实践意义。在泛在学习环境中，学生根据自身需要进行持续的学习，访问一切可获取的学习资源。泛在学习十分注重学习的情境性和社会性，强调将学习融入学习者的日常生活中，促进学习者的社会性互动和交流，形成知识共同体。泛在学习模式已经不断地从理论探讨阶段过渡到实践应用阶段。2015年复旦大学举办"全国高校教学创新研讨会"，会上教育部易班发展中心联合复旦大学、华东师范大学共同探讨了"泛在学习"教学模式。该模式将线上线下的课程学习与小组讨论融合，教师在开课前录制课程部分内容，并通过互联网平台发布，学生通过终端学习、讨论、提交作业，教师在实体课堂做扩展性讲授，组织更深入的分组讨论，并通过网络掌握小组讨论进度，随时进行指导。目前，这种基于"泛在学习"理念的教学模式已经在厦门大学、复旦大学、上海理工大学、上海海洋大学等高校进行实践应用。

第三节　走向创新发展的高等教育信息化

一、高等教育信息化创新理念

（一）"互联网＋"

当前整个社会已经发展到全面信息化时代，以云计算、大数据、移动互联、人工智能等为代表的信息技术已经渗透到包括教育在内的各个领域，并且也在不断加快高等教育信息化建设的进程。纵观当前国内高等教育的发展态势，我国的高等教育信息化已经迎来了一个重要的转折期。2015 年《国务院关于印发统筹推进世界一流大学和一流学科建设总体方案的通知》（"世界一流大学和一流学科"简称"双一流"），提出要"加快建成一批世界一流大学和一流学科，提升我国高等教育综合实力和国际竞争力，为实现'两个一百年'奋斗目标和中华民族伟大复兴的中国梦提供有力支撑"①。"双一流"建设的启动将加快高等教育的发展和改革，而高等教育信息化的创新发展将为"双一流"建设提供重要的支撑和保障，因此在这样的时代背景下，高等教育信息化建设必须以创新的理念为指导，而"互联网＋高等教育"的提出恰恰是高等教育信息化建设在理念指导上的重要创新。

2015 年 3 月 5 日中共十二届全国人大三次会议上，李克强总理在政府工作报告中首次提出《"互联网＋"行动计划》，第一次将"互联网＋"提到了国家战略层面上来。"互联网＋"是指利用互联网的平台、信息通信技术把互联网和包括传统行业在内的各行各业结合起来，从而在新领域创造一种新生态。②"互联网＋高等教育"是互联网科技与教育领域相结合的一种新的教育形式，将推动高等教育信息化的深度变革和创新

---

① 国务院. 国务院关于印发统筹推进世界一流大学和一流学科建设总体方案的通知［EB/OL］. http://www. gov. cn/zhengce/content/2015-11/05/content_10269. htm，2018 - 02 - 05.
② 国务院. 国务院关于积极推进"互联网＋"行动的指导意见［EB/OL］. http://www. gov. cn/zhengce/content/2015-07/04/content_10002. htm，2018 - 02 - 05.

发展,将成为我国高等教育信息化发展的重要战略选择。"互联网+"给高等教育信息化带来的将不仅仅是创新的理念指导,以移动互联、社交网络、云计算、大数据等为代表的新一代信息技术也必将融入到高等教育信息化的建设中,为高等教育信息化提供重要的技术支撑。而且随着互联网与高等教育的深入融合,整个教育生态都将出现新的面貌,新技术与高等教育的融合方式也将更加丰富,更加科学,更加合理。

"互联网+高等教育"将推动高校教学模式的创新。在学习环境上,学习空间的创新设计和改造越来越人性化,开放学习环境的发展将成为未来高校学习空间建设的趋势,并且随着移动互联网技术在高校教学中应用的不断深入,高校教学可以不受时间、空间和地点等各种条件的限制,大学生的学习将更加开放、更加自由;在学习资源上,知识获取方式有了根本性的变化,互联网平台上大量的开放教育资源和以 MOOC、SPOC 为代表的在线课程将使得大学生获取知识的来源更加丰富,渠道更加便利,优质教育资源与服务的作用和价值被放大;在学习方式上,多样化的混合学习将成为未来高校学习的主流,学习将不再是单一的面对面的传统课堂授课形式,在线学习、移动学习、泛在学习以及各种形式的创新学习方式将让高校的教学活动开展得更加丰富多彩、生动有趣。在互联网技术的支撑下,高校教学将饱含人本主义色彩,服务大学生,为了大学生的全面化、个性化的发展需求而教学。

"互联网+高等教育"将支撑高校管理模式的创新。通过信息化手段推动高校治理的现代化一直以来都是高等教育信息化的一个重要特征,随着基于互联网技术的高等教育管理信息化的发展,高校信息化业务已经涉及学校的方方面面,既包括管理应用类,也包括服务应用类,信息技术在高校的应用不断深入,高校管理信息化水平也迈入一个更高的台阶,越来越精细化。首先,在高校推行的首席信息官(CIO)机制将推动高等教育管理信息化建设更加专业化;其次,信息门户系统、教学管理系统、教务管理系统、科研管理系统、网络教学平台系统、学生工作管理系统、办公自动化系统、财务管理系统、后勤管理系统等各类智能化、整合化的信息系统在高校的普及将提升高校治理的效率和水平,使得智慧校园成为可能;与此同时,教育大数据和学习分析技术的创新应用也使得高校管理由技术支撑转向数据支撑,更加具有针对性和个性化,通过对各类智能管理系统中多维数据的采集和分析，将有助于高校对学生的各方面（如经济状况、学习状况、心理状况）进行监测和管理，做到全方位地服务学生。

"互联网＋高等教育"将助力高校科研模式的创新。首先，互联网的开放共享、合作创新理念与科研精神不谋而合，在"互联网＋"理念的指导下，高校科研信息化进程将不断加快，而科研信息化的发展将打破来自大学之间、科研机构之间、国家之间、地域之间的各种界限，促进国内和国际高校之间研究的交流、合作、共享，并且加强不同学科之间的交叉与融合，缩小科研领域的数字鸿沟。其次，在互联网平台的支撑下，大量的科研信息和科研数据不断汇聚，日益增长，而以知识挖掘、虚拟现实、超级计算等为代表的信息技术将为高校科研信息化提供强大的支撑和保障。最后，在互联网时代，高校科研的协同创新也已经步入了实践阶段，一大批联合实验室和协同创新中心得到建设，以教育部2012年启动的"高等学校创新能力提升计划（简称'2011计划'）"为例，目前由各高校和科研单位牵头已经成立了包括科学前沿、行业产业、区域发展类在内的38个协同创新中心。

因此，在"互联网＋"理念的指导下，我们必须革新传统观念，以开放、融合、共享、创新等理念去革新高校的信息化建设和发展，利用互联网技术改造高校的教学信息化、管理信息化和科研信息化，促进高等教育现代化的发展，进而构建信息化时代的高等教育生态体系。

（二）智慧教育生态

当前信息技术与教育的融合不断深入，整个教育生态系统正处于转型升级的关键时刻，高等教育信息化在深度和质量上也在不断发展，创新的教育理念和模式在高校正逐步形成，智慧教育生态成为高等教育信息化应用的新阶段、新境界和新诉求。智慧教育是素质教育在信息化时代和知识经济时代的深化与提升。智慧教育生态主张通过构建技术融合的生态化学习环境，通过培植人机协同的数据智慧、教学智慧与文化智慧，本着"精准、个性、思维、创造"的原则，让教师能够施展高成效的教学方法，让学习者能够获得适宜的个性化学习服务和良好的发展体验，使其由不能变为可能，由小能变为大能，从而培养具有良好的价值取向、较强的行动能力、较好的思维品质、较深的创造潜能的人才。智慧教育的目标是充分为学习者考虑，培养智慧型人才，体现文化智慧、数据智慧、教学智慧，并且最终构建以学生的学习体验为中心、以满足学生学习服务为中心、以学习者学习数据为中心的教育生态系统。在智慧教育生态理念的指导下，高等教育将以全体学生的学习和发展为中心，引领高等教育信息化走向人本主义情怀。[①] 智慧教育生态将为学生创设智慧学习环境，帮助教师采取智慧教学手段，将学生培养成智慧型人才。

在智慧教育生态理念的指导下，高校应该加强智慧校园环境的建设。智慧校园是一种以面向师生个性化服务为理念，能全面感知物理环境，识别学习者个体特征和学习情境，提供无缝互通的网络通信，有效支持教学过程分析、评价和智能决策的开放校园环境。智慧校园环境以物联网为基础，支持高校师生开展智慧型教学和学习，辅助高校管理者进行智能管理和决策。智慧校园建设既要满足校园信息化教育的基础支撑，又要满足高校信息化应用服务，涉及自动化办公活动、教学活动、科研活动、设备运作、校园文化生活等各方面，将充分支持智慧教学、智慧学习、智慧管理等个性化服务与应用。当前，依托互联网、物联网、云计算、大数据等技术，高校已经逐步展开智慧校园建设的创新实践，将智慧教育生态由理念指导阶段进入实践摸索阶段。腾讯早在2015 年就有关智慧校园整体解决方案同北京邮电大学、同济大学、华南理工大学、大连理工大学、华东师范大学五所高校签署战略合作协议，在校务管理移动化、校内消费数字一体化、校园大数据挖掘与信息化建设等搭建"智慧校园"方面进行深度合作。

在智慧教育生态理念的指导下，高校应该把智慧人才培养放在首位。随着社会经济、政治、文化、教育的不断发展，人才资源的培育成为各国教育的重点。21 世纪各国综合国力的竞争，归根结底是人才的竞争。世界各国也纷纷制定基于国情和国家发展需要的人才培养方案。美国基于《21 世纪技能框架》提出培养具备批判性思维、问题解决、信息素养、媒体素养，以及较好的职业生活技能的公民；德国工业 4.0 提出未来

---

① 祝智庭，彭红超. 智慧学习生态系统研究之兴起[J]. 中国电化教育，2017(6)：1—10.

产业将向数据化、智能化发展，而人才培养也在注重基础能力的同时，更加注重综合能力、实践能力和信息素养的培养；新加坡基于建设"思考型学校和学习型国家"的愿景，提出要培养自信的人、主动的学习者、积极的贡献者和热心的国民；我国发布的《中国学生发展核心素养》则提出未来中国公民应该具备人文底蕴、科学精神、学会学习、健康生活、责任担当、实践创新等核心素养。在"双一流"建设的今天，智慧人才的培育是高等教育不可回避的现实问题，也是高等教育需要承担的重要社会责任，它涉及教育教学的理念革新、学习环境的技术创新、教学方法创新、学习评估观念的革新等方面。在智慧学习生态系统下，高校需要培养的智慧人才应该是具有良好的价值取向、较强的行动能力、较好的思维品质、较深的创造潜能的人才，需要具备价值观、行动、思维、创造这四大属性，这既包含做的智慧，也体现了思的智慧。[①]

在智慧教育生态理念的指导下，高校应该采取智慧教学手段。首先，在教学理念上，高校需要以先进的教学理念为指导，采取建构主义教学观、人本主义教学观展开教学设计，充分注重学生的个性化差异，满足每个学生的个性化学习需求，促进学生各方面智慧的发展。其次，要采取智慧教学方法，充分考虑学习对象的差异、学习风格的差异、学习兴趣的差异，采用不同的教学方法，适当开展问题学习、合作学习、探究学习、项目学习、社会性学习等，培养学生的行动能力、批判性思维能力、创新能力。与此同时，也需要融入创新教学模式，高校教师在教学过程中应该积极开展以翻转课堂教学模式、移动学习模式、混合学习模式等为代表的创新教学模式，以学习者为中心，激发学生的学习兴趣和学习主动性。最后，在教学评价上需要将智慧评价作为智慧教学的反馈调节机制。传统教育评价在评价内容、评价工具、评价方法和评价过程等各方面都暴露出越来越多的问题和局限性。因此，高校在教学评价上应该充分利用信息技术的支撑，开展智慧评价，应用各种评价技术和评价工具，收集学生各方面的学习数据，充分应用数据挖掘、学习分析、可视化等技术，实施基于数据的评价，让教师的评价更加科学客观，也使得评价结果的呈现更多丰富、生动和具体。

---

① 祝智庭，彭红超.智慧学习生态：培育智慧人才的系统方法论[J].电化教育研究，2017(4)：5—14.

（三）终身学习

在知识经济和全面信息化时代，教育信息化的不断发展让终身学习成为可能。信息技术将成为构建"网络化、数字化、个性化、终身化"的教育体系，营造"人人皆学、处处能学、时时可学"的学习型社会的重要依托。终身学习自从被保罗·朗格朗正式提出以来，已经在世界各国产生巨大影响，并且被广泛传播。我们古语常说的"学无止境"、"学海无涯"以及"活到老学到老"等也无不体现终身学习的理念。目前全球都在积极倡导终身学习的理念，教育在向终身学习迈进的过程中也迎来了新的里程碑。联合国教科文组织发布的《教育 2030 行动框架》指出教育是一项基本人权，为了实现这一权利，国家必须确保普及全纳、公平的优质教育和学习，不让一个人掉队，其中教育 2030 的总体目标为"确保全纳、公平的优质教育，使人人可以获得终身学习的机会"，而包括大学在内的高等教育机构，应该全力支持、积极倡导终身学习理念，为学习者提供公平、优质的终身学习机会制定相关政策。[①] 我国在《教育信息化十年发展规划（2011—2020 年）》和《教育信息化"十三五"规划》等政策文件中也纷纷倡导终身学习体系的构建，并且强调了高等教育在终身学习体系构建中的重要地位，扮演着重要角色。在终身学习理念的指导下，人们不断地接受学习，不断地接受教育将成为人们未来生活一部分的观念。

在终身学习理念的指导下，构建终身学习环境是高等教育信息化改革的方向。中国高等教育从新中国成立以来已经取得了较大的进步，高等教育的社会服务功能越来越凸显。以高等教育毛入学率为例，新中国成立的 1949 年为 0.26%；到改革开放之初的 1978 年，则上升为 1.55%；2015 年毛入学率已经上升到 40%，与新中国成立时相比，高等教育毛入学率增长超过 150 倍，并且预计到 2019 年将达到 50% 以上，进入高等教育普及化阶段。[②] 可以看出，我国高等教育将不再是少数人的精英教育，不再是

---

① UNESCO. Education 2030 Framework for Action-Towards Inclusive and Equitable and Lifelong Learning for All [EB/OL]. http://unesdoc. unesco. org/images/0024/002456/245656E. pdf, 2018 - 02 - 05.

② 教育部. 系列高等教育质量报告首次发布[EB/OL]. http://www. moe. edu. cn/jyb_xwfb/xw_fbh/moe_2069/xwfbh_2016n/xwfb_160407/160407_sfcl/201604/t20160406_236891. html, 2018 - 02 - 05.

终结性教育,我国高等教育已经进入大众化阶段,未来终身学习将成为常态。美国教育部前任副部长特德·米切尔(Ted Mitchell)指出,美国有 300 万个新工作,同时 60% 的雇主表示很难找到合适的人(Business Roundtable,2010),因此获得大学学位并不是学习的终点,未来的人在一生中都需要制订学习计划。著名 MOOC 平台 Coursera 在 2017 年年会展望 MOOC 发展之道时,终身学习就是其未来发展的三个关键词之一。斯坦福大学的开环大学计划(Open Loop University,Stanford 2025)、爱丁堡大学的 C2025 开放教育计划等都是希望构建全新的终身学习生态环境。清华大学也成立了终身学习实验室,与相关领域专家共同合作,在理论层面与方法层面开展深入的研究和探索,努力开发更有助于学生探索发现和动手学习的工具与平台。

在终身学习理念的指导下,加强高校数字化学习资源建设与共享是高等教育信息化工作的重点。终身学习体系希望构建的是一个"人人皆学、处处能学、时时可学"的学习环境,社会中的每个成员为适应社会发展和实现个体发展的需要,进行持续的学习。而要倡导终身学习,首先需要让学习者能轻易接触到开放共享的学习资源,数字化学习资源的建设与共享将成为高校倡导终身学习理念,推动高等教育进一步普及化、大众化的重要保障。当前,我国高校正在积极推动建立优质数字教育资源的共建共享机制,为全社会各类学习者提供优质数字教育资源,推动学习型社会的建设和终身学习理念的形成。在 2018 年教育部首批 490 门"国家精品在线开放课程"中,以北京大学、清华大学、武汉大学、哈尔滨工业大学等一流大学建设高校为主建设的 344 门课程入选,占比 70.2%,足以看出高校对于数字化学习资源建设的重视。① 与此同时,在开放教育资源运动和 MOOC 浪潮的影响之下,高校数字化学习资源建设与共享的步伐不断加快,国内众多知名高校纷纷建设了面向整个社会学习者的 MOOC 学习平台(如学堂在线、中国大学 MOOC、好大学在线、UOOC、CMOOC 等),上线了一大批制作精良、免费的在线课程,为构建学习型社会,倡导终身学习理念做出了行动表率和巨

---

① 教育部. 教育部推首批四百九十门"国家精品在线开放课程"[EB/OL]. http://www.moe.gov.cn/s78/A08/moe_745/201801/t20180116_324675.html,2018-02-04.

大贡献。

在终身学习理念的指导下，高校教师也应该转变观念，提高自身信息素养和信息化教学能力。高校教师是高等教育教学活动的开展者，是高校信息化教学的实施者，承担着培养中国特色社会主义事业合格建设者和接班人的历史职责。所谓言传身教，在信息技术日新月异的变化下，高校教师是学生学习的重要指引者，高校教师自身学习观念和信息素养对于学生信息素养的提升具有重要的影响，而且高校教师在帮助大学生树立终身学习理念的过程中具有重要作用。对于面向大众化、终身学习的高等教育信息化来说，倡导高校教师自身形成终身学习观念，将终身学习理念作为高校教师的职业道德之一具有深远的意义。《国家高校教师教育技术能力指南》指出高校教师信息化教学能力包含五部分，即基本的信息素养、实施信息化教学的能力、资源管理和处理能力、进行知识管理的能力、不断完善自我的能力。可以看出，在高等教育信息化不断发展的今天，高校教师需要树立终身学习理念，不断完善自己的知识结构，不断提高自我素质和能力，不断接受新的信息技术和新的教学方式，提升自身的信息素养和信息化教学能力，将终身学习作为自身重要的职业道德，以使自己的教育观念和知识体系跟上时代的变化，更好地引导、帮助大学生树立终身学习理念。

二、 高等教育信息化创新应用

（一）混合学习

最近几年，借助互联网学习资源和学习平台，开展基于线上与线下相融合的混合学习（Blended Learning）模式受到广大教育工作者的青睐。混合学习是在线学习和面授学习结合的最佳形式，在高等院校中日益流行，越来越多的学习者和教育工作者将混合学习看作是一种创新的教学和学习模式，混合学习在高校中的实践应用也如雨后春笋般不断涌现。混合学习是教育信息化发展的重要产物，是信息技术与教学融合的一次创新尝试。何克抗教授指出："所谓混合就是要把传统学习方式的优势和数字化学习的优势结合起来，既要发挥教师引导、启发、监控教学过程的主导作用，又要体现学生作为学习过程主体的主动性、积极性与创造性,将这二者结合起来,使二者优势互补,从而获得最佳的学习效果。"①

在高等教育信息化不断发展的今天,高校数字化学习环境已经逐渐走向成熟,高等教育信息化学习资源也不断丰富,这为高校开展混合学习提供了条件和空间。混合学习的优势很明显,能充分发挥课堂讲授教学和在线辅导学习的双重优势,并且充分彰显教师和学生的"双主体地位"。混合学习的教学形式十分灵活,冲破了书本和课堂的局限,教师和学习者可以充分利用互联网资源和电脑、智能手机、平板等智能终端,开展没有时间和空间限制的教学活动。而且各种信息技术和社会性软件使得混合学习可以较好地支持合作学习、项目学习、探究式学习等各种教学手段,可以较大程度地满足学习者的学习差异性需求,调动学习者的学习兴趣,促进学习者个性化、全面化的发展。

混合学习的出现,对于高等教育教学信息化革新是一次新的机遇,高等教育领域对于混合学习的重视程度和水平也在不断提高。作为预测信息技术在高等教育中应用趋势的权威报告,《新媒体联盟地平线报告(高等教育版)》连续在 2014 年、2015 年、2016 年和 2017 年都提到了混合学习在高校中的应用,足以看出混合学习对于高等教育教学信息化创新的重要性。清华大学学堂在线和艾瑞咨询发布的《2017 年中国大学生在线学习白皮书》也显示,2017 年中国在线教育市场规模预计达 1941 亿元,用户规模预计达 1.1 亿人,随后几年将保持 20％以上的高速增长。在在线教育快速发展、不断盛行的局面下,线上教学与线下面对面学习相结合的混合学习也必将进入普及阶段。

目前,混合学习教学实践已经逐渐成为高校教学应用的新常态。国际方面,美国佛罗里达大学对传统面授学习、混合学习和全网络学习这三类不同的教学模式进行了全面考察,从中发现混合学习是对课堂活动分类最有效的方法,学生和老师关系更亲近,学习交流也更持久。伊利诺伊大学有经验的混合学习导师则设法激发网络环境下

① 何克抗. 从 Blending Learning 看教育技术理论的新发展(下)[J]. 中国电化教育,2004(4)：21—31.

的社交活动和批判性思维，就像他们在面对面教学中一样，提供多路径学习来满足不同学生的学习偏好，并且模仿校园环境里学习者所习惯的互动方式。另外，宾夕法尼亚州立大学和斯隆联盟也推动混合式学习的创新，这两个机构联合发起了"促进在线学习参与的领导力研究"项目，旨在探索混合式学习的关键挑战和重点领域。

国内方面，《教育部关于加强高等学校在线开放课程建设应用与管理的意见》中提出"鼓励高校结合本校人才培养目标和需求，通过在线学习、在线学习与课堂教学相结合等多种方式应用在线开放课程，不断创新校内、校际课程共享与应用模式"。教育部在线教育研究中心则面向全国高校开展"混合式教学试点项目"，依托中心的学堂在线，协助全国普通高等院校探索具有中国特色的线上线下混合式教学改革实践方式和方法，为全国高校在线教育教学提供指导和示范作用。清华大学在 2014 年 10 月发布的《清华大学关于全面深化教育教学改革的若干意见》中就提出要依托在线课程，推动MOOC、SPOC 和混合式课程建设，推动新技术在教学上的应用。[①] 并且，清华大学基于"雨课堂"实施的混合式教学课程约占全校 3000 门课程的五分之一，走在全国高校的前列。清华大学还与复旦大学强强合作，启动了国内首个基于混合式教育的金融学辅修专业项目，标志着国内首个线上与线下结合、名校强强合作的教学项目正式启动。混合学习模式利用信息技术充分覆盖了大学生课前、课中和课后的学习，并且线上与线下教学融为一体，实现了师生实时互动，正逐步占领高校课堂。

（二）教育大数据

当前整个教育生态系统正处于转型升级的关键时刻，云计算、物联网，以及移动互联网等新兴智能技术的快速发展使得数据以指数形式每日剧增，新一轮技术的快速发展和大数据的不断积累，使得包括教育在内的社会各行各业正在悄然发生巨大的变化。2012 年联合国发布的大数据白皮书《大数据促发展：挑战与机遇》（*Big Data for*

[①] 清华大学. 清华大学发布关于全面深化教育教学改革的若干意见[EB/OL]. http://news. tsinghua. edu. cn/publish/thunews/9948/2014/20141017142602293970435/20141017142602293970435_. html，2018 - 02 - 05.

Development：Challenges & Opportunities）中明确指出大数据时代已经到来，大数据的出现将给整个社会的各行各业带来深远的影响。① 其中，大数据与教育的融合将给教育的发展与改革带来新的机遇与挑战，将使得包括高等教育信息化在内的整个教育生态系统产生革命性的变化和影响，高等教育将迎来大数据时代。牛津大学教授舍恩伯格在著作《与大数据同行：学习和教育的未来》（*Learning with BIG DATA：The Future of Education*）一书中说道："大数据正悄悄影响到教育体系的每个层面，对于全世界的学习与教育活动，都会产生极为深远的影响。"②大数据在高校的应用将推动高校教育教学方式的革新，重构高校教育教学的评价方式、颠覆高校教学模式、实现对大学生的个性化教育服务支持。大数据是一笔重要的资源和财富，蕴含着重要的价值，未来大数据将会成为教育生态系统转型的重要驱动力。我们在教育中使用大数据也是为了实现更精准的预测和分析，使得教育更加科学化、个性化。下一阶段高校信息化建设的重要内容也应该是"一切为了数据，让数据成就一切"。

教育大数据是教育与大数据结合的产物，是在大数据的基础上附加了一个领域的概念，即教育领域的大数据，是大数据的一个子集。目前对教育大数据的概念界定不是太明确。美国 2012 年发布的《通过教育数据挖掘和学习分析促进教与学》报告指出教育大数据有广义和狭义之分，广义的教育大数据泛指所有来源于日常教育活动中人类的行为数据；而狭义的教育大数据是指学习者行为数据。③ 国内学者认为教育大数据是指在教育活动过程中所产生的以及根据教育需要采集到的，一切用于教育发展并可创造巨大潜在价值的数据集合。教育大数据的主要特点包括六个 V，即大体量（volume）、高速（velocity）、多样化（variety）、真实性（veracity）、价值（value）和可视化

---

① Hegazi，Abdel Rahman Farag. Big Data for Development：Challenges & Opportunities［EB/OL］. http://www. unglobalpulse. org/sites/default/files/Big-Data for Development-UNGlobalPulseJune2012. pdf，2018－02－05.

② 维克托·迈尔-舍恩伯格，肯尼思·库克耶. 与大数据同行：学习和教育的未来[M].上海：华东师范大学出版社，2015.

③ 徐鹏，王以宁，刘艳华，等.大数据视角分析学习变革——美国《通过教育数据挖掘和学习分析促进教与学》报告解读及启示[J].远程教育杂志，2013(6)：11—17.

（visualization）。对于教育大数据的类别，依据不同的分类标准有不同的类别。可以依据数据来源、数据产生环节，以及数据结构化程度进行分类，当前比较认可的是采取数据的结构化程度进行分类，可分为结构化数据、半结构化数据和非结构化数据。①

　　教育大数据建设目前已经在国家层面和高等教育层面铺展开来，教育大数据将成为提升高等教育信息化治理能力和推动高等教育现代化的重要支撑，对于实现高等教育因材施教、适应性教学、个性化教学等创新人才培养理念具有重要作用，对于实现高等教育决策科学化、管理精细化、学习个性化和精准化具有重要的影响。2015 年国务院印发的《促进大数据发展行动纲要》中明确提出建设"教育文化大数据"，标志着教育大数据的建设已经上升到国家战略层面，教育大数据建设迎来重大发展机遇期。② 2017 年《国家教育事业发展"十三五"规划》提出，要加快教育大数据建设和开放共享，鼓励学校利用大数据技术开展对教育教学活动和学生行为数据的收集、分析和反馈，为推动个性化学习和针对性教学提供支持。③ 同年，我国首个专门从事教育大数据研究和应用创新的国家工程实验室——"教育大数据工程实验室"也由华中师范大学牵头，联合教育部教育管理信息中心等单位共同建设，目标建设成为国内领先、国际一流的教育大数据理论研究、工程化实验、教育管理服务和专门人才培养平台。与此同时，大数据在高校中的实践进程也在不断推进和创新。北京大学联合中国高等教育学会教育信息化分会、中国科技大学以及其他单位共同发起成立"全国高校大数据教育联盟"，成为我国第一家针对高校领域开展大数据"产、学、研、用"活动的社会公益组织。北京师范大学自 2009 年启动"一张表"工程以来，先后建成了校务数据管理平台、学校校务数据管理中心、校园大数据平台，并且围绕基于数据的科学决策、精准管理、智慧服务开展了大量的探索。其他的高校大数据服务与创新应用还有西安交通大学的"教

---

① 祝智庭，沈德梅.基于大数据的教育技术研究新范式[J].电化教育研究，2013(10)：5—13.
② 国务院.国务院关于印发促进大数据发展行动纲要的通知[EB/OL].　http://www.gov.cn/zhengce/content/2015-09/05/content_10137.htm，2018 – 02 – 05.
③ 国务院.国务院关于印发国家教育事业发展"十三五"规划的通知[EB/OL].　http://www.gov.cn/zhengce/content/2017-01/19/content_5161341.htm，2018 – 02 – 05.

育大数据分析驱动智慧教育"、电子科技大学的"一体化大数据提供师生精准画像"、大连海事大学的"基于大数据的'i+学习空间'"等。

(三) 学习分析

学习分析(Learning Analytics)是"大数据"在教育领域中应用的重要支撑技术,2012年,美国发布的《通过教育数据挖掘和学习分析促进教与学》报告指出大数据在高等教育领域应用的两大关键技术包括学习分析技术和教育数据挖掘技术。[①] 学习分析这个术语来源于商业领域,商家通过数据挖掘分析来把握消费趋势并对消费者的行为进行预测。随着高等教育信息化建设的不断推进,在线学习在高校中不断普及和推广,高校大规模开放在线课程也不断丰富,学习者在网络平台学习过程中产生了大量的行为数据,这些数据不断积累,并且被平台记录下来,而学习者行为数据中蕴含的巨大价值不断被教育工作者所感知,如何从教育大数据中挖掘出其中存在的意义,发挥教育大数据的作用,指导教育教学成为当前教育工作者急需攻克的难题,学习分析技术在这关键时刻应运而生,成为高等教育信息化创新应用的重要代表,受到极大的关注和重视。

2011年,第一届"学习分析与知识国际会议(International Conference on Learning Analytics and Knowledge,LAK)"在加拿大成功召开,会议将学习分析界定为"为了理解和优化学习与学习发生的环境,对学习者及其情境的数据进行测量、收集、分析以及形成报告"。[②] 同年的《新媒体联盟地平线报告(高等教育版)》预测,基于数据的学习分析技术将在未来的四到五年内成为主流,学习分析开始受到各方的关注,并且随后几年(2012年、2013年、2014年、2016年)的《新媒体联盟地平线报告(高等教育版)》也都连续提到了学习分析技术在高等教育中应用的重要作用和巨大价值。美国高等教育信息化协会 EDUCAUSE Learning Initiative 发布的高校《2018年教与学的关键议

---

① 徐鹏,王以宁,刘艳华,等.大数据视角分析学习变革——美国《通过教育数据挖掘和学习分析促进教与学》报告解读及启示[J].远程教育杂志,2013(6):11—17.

② 顾小清,张进良,蔡慧英.学习分析:正在浮现中的数据技术[J].远程教育杂志,2012(1):18—25.

题》(*2018 Key Issues in Teaching and Learning*)中,学习分析依旧位列其中,学习分析在高等教育应用的广泛前景和巨大意义不言而喻。

随着这几年学习分析技术在高等教育中的不断应用,学习分析已逐步得到了发展。美国高等教育信息化协会 EDUCAUSE 在其发布的《高等教育中的学习分析：机遇,挑战,进程和推荐》(*Analytics in Higher Education：Benefits, Barriers, Progress, and Recommendations*)研究报告中指出：目前,很多高等院校纷纷表示分析技术能在很多方面(优化资源配置、提升学业成绩、优化学校财务等)给学校带来极大帮助,这些方面往往具有战略意义,学习分析在促进学生学业取得成功、提高教师的教学效能以及优化高校资源配置等方面的重要作用也得到了验证。当前,学习分析在高校教学应用的主要路径是对学生学习过程中生成的教育大数据进行意义挖掘、解释和分析,从而对学习者各方面的学习进行学业评估、学业预警和学业预测,进而促进个性化学习的形成。

随着学习分析技术的成熟,学习分析在高校中的实践应用也不断丰富,学生、教师以及相关工作者纷纷受益。美国亚利桑那州的奥斯汀皮耶州立大学在学业咨询中使用"学位指南针"软件,希望能帮助学生选择一条最佳学习路径。该软件采用学习分析技术,帮助学生确定他们要获得学位所需完成的课程以及选择哪些课程更容易成功。美国普渡大学则利用学习分析技术尝试对学习进行预警,并且建立了一套有效的预警机制,能够有效针对那些处于学习挣扎状态的学习者,提高新生的保有率(指大学的大一新生在课程结束后继续在该大学就读的比例)。它们开发的课程信号灯(Course Signals)系统类似于交通信号灯,每一个学生的课程学习页面上会显示红、黄、绿三种颜色的信号灯,表示学习者的三种学习状态：红灯表示存在极大的课程学习失败可能；黄灯表示在课程学习中存在问题,有学习失败的可能；绿灯则表示学习成功概率很高。根据预警信号灯,教师可以及时通过电子邮件、短信、在线消息等方式对学习者进行干预,帮助学习者顺利完成课程学习。斯坦福大学 Lytic 实验室的研究人员、教育工作者以及访问专家正在全力以赴建立一个用于数据分析的用户信息中心(dashboard,意为仪表盘),帮助教师追踪学生的参与程度。卡佩拉大学基于学习分析技术的"能力地图"则可以帮助学生了解自己的学习状态,它可以不断地告诉学生每门课他们学到什么程度,还有多少没有完成以及什么地方是需要重点努力才能完成的。科廷大学则专门组建学习分析团队,使用大数据为研究人员和大学的领导提供支持。英国开放大学也利用学习分析技术来监测学生的学习投入度。

(四) 人工智能

2016 年谷歌研发的人工智能围棋"AlphaGO"战胜人类顶尖棋手李世石,这场人机博弈在引发全球关注的同时,也使得人工智能技术走入大家的视野,社会关注热度迅速攀升。人工智能是多学科交叉融合的产物,涉及计算机科学、软件科学、神经与脑科学、心理科学以及教育科学等领域的知识。人工智能已经成为技术应用的一个新的关键领域。该领域对机器人技术、语言识别、图像识别、自然语言处理和专家系统等的人工智能研究已经给社会各行各业带来了巨大影响,人工智能应用价值也越来越凸显。美国作家雷·库兹韦尔在著作《奇点临近》中预言在 2035 年,人工智能在整体上将会超过人的智能,未来人类将与机器融合,机器人将逐渐取代人类。[1] 全球知名调研机构 Gartner 公布的"2017 年十大战略科技发展趋势"中,人工智能与机器学习、智能应用和智能物件等与人工智能相关的技术第一次出现在报告中,并预测人工智能将在社会各个领域快速发展。进入 2018 年,人工智能依旧热度不减,"2018 年十大战略科技发展趋势"的前三项也均与人工智能技术相关,分别是人工智能基础、智能应用与分析和智能物件。[2] 在人工智能时代,高校作为人工智能研发、应用以及人工智能人才培养的关键领域,人工智能与高等教育的融合,以及人工智能对未来大学的影响也发人深省。

在高等教育信息化应用日益丰富的今天,人工智能的融入将使得高等教育信息化走向智能化、人性化。高等教育领域也对人工智能的应用呈现出积极的态度,2017 年

---

[1] 雷·库兹韦尔. 奇点临近[M]. 北京: 机械工业出版社,2011.

[2] 中国教育和科研计算机网. Gartner 公布 2018 年 IT 领导者关注的十大技术趋势[EB/OL]. http://www.media.edu.cn/zcjd/hwgc/201801/t20180115_1580531.shtml,2018 - 02 - 05.

"人工智能将如何影响未来教育？——人工智能与未来教育高峰论坛"在华东师范大学举办，众多知名学者专家纷纷围绕人工智能与教育进行了深入积极的探讨，华东师范大学教育学部主任袁振国在总结发言中认为在人工智能时代，教育依然会有"诗和远方"，并且指出人工智能可以帮助学生腾出更多的学习时间、改变教学形态，提高我们的教育效率、管理水平，改善我们的评价方式等。可以看出，未来人工智能将成为高校营造智慧教育生态的核心力量。在整合教育大数据、机器学习、学习分析等先进技术的基础上，人工智能技术使得高校智慧教育从理念设计阶段逐步走向现实应用阶段，人工智能将支撑高校建设智慧校园环境，助力高校教师进行智慧教学，帮助学生进行智慧学习等。所有"智慧教育"理念的背后都会有人工智能技术的影子，人工智能破解了教育在个性化教育和精准培养方面不足的难题。

国家层面也将人工智能提高到国家战略地位，2017 年 7 月 8 日，国务院印发《新一代人工智能发展规划》，提出在 2030 年成为人工智能领域的世界领导者，打造规模超过 1 万亿元的本土产业。其中对于人工智能在教育领域中的应用，明确指出："人工智能已经成为国际竞争的新焦点，应逐步开展全民智能教育项目。利用智能技术加快推动人才培养模式、教学方法改革，构建包含智能学习、交互式学习的新型教育体系。开展智能校园建设，推动人工智能在教学、管理、资源建设等全流程应用。建立以学习者为中心的教育环境，提供精准推送的教育服务，实现日常教育和终身教育定制化。"①教育部教师工作司印发的《教育部教师工作司 2018 年工作要点》通知中提出要启动教师教育振兴行动计划，推动教师教育在历史交汇期实现全面振兴，其指出："启动人工智能＋教师队伍建设行动，探索信息技术、人工智能等支持教师决策、教师教育、教育教学、精准扶贫的新路径。……支持部分学校引入人工智能教学实验，推动教师主动适应信息技术变革。"②人工智能发展迎来了新纪元。美国在国家层面也发布

---

① 国务院. 国务院关于印发新一代人工智能发展规划的通知［EB/OL］. http://www. gov. cn/zhengce/content/2017-07/20/content_5211996. htm, 2018－02－05.

② 教育部. 关于印发《教育部教师工作司 2018 年工作要点》的通知［EB/OL］. http://www. moe. edu. cn/s78/A10/A10_gggs/A10_sjhj/201801/t20180124_325390. html, 2018－02－05.

了《国家人工智能研发战略规划》（*The National Artificial Intelligence Research and Development Strategic Plan*），对人工智能的发展与应用进行了规划和展望。另一份《规划未来，迎接人工智能时代》（*Preparing for the Future of Artificial Intelligence*）报告指出，当前人工智能在工业、能源、环境、经济、教育、医疗等各个领域都扮演着重要的角色，人工智能已成为推动社会各领域前进的主要力量。该报告还为美国政府及相关机构更好地应对未来人工智能的发展，提出了若干建议和对策。对于学校，要加强 STEM 课程、计算机、AI 课程、机器学习、数据科学等课程的内容建设，培养学生的数字素养和 AI 应用意识。这份报告对未来人工智能在教育中的更好应用和更好发展提供了重要的参考价值。

第六章

支撑与引领：职业教育信息化的建设与发展

职业教育是专业培养生产、建设、服务和管理高技能人才的系统化人才培养体系，是我国教育系统的重要组成部分。职业教育的目的在于促进学习者的职业发展，提高劳动者就业、创业能力，满足社会对人才的要求，服务于经济社会发展。随着信息技术的发展，信息化成为现代教育的重要标志，职业教育信息化作为培养高素质劳动者和技能型人才的重要支撑，也成为教育信息化和国家信息化的重要基础与组成部分。相较于基础教育和高等教育领域，职业教育信息化起步较晚，成果较少，发展较为落后，是我国教育信息化需要着重加强的薄弱环节。近年来，随着国家、政府不断加大对职业教育的投入，职业教育信息化也取得了一些成就。职业教育信息化以高素质技能型人才的培养为核心，利用信息技术的功能创新职业教育人才培养思路与培养模式，并且在现代职业教育发展中运用信息思维和网络思维，加快建设职业教育信息化发展环境，有效提高职业教育实践教学水平，提升职业教育的人才培养质量与社会影响力，完善教育信息化体系，加速现代信息技术的普及，促进我国经济社会发展。

当前，世界各国都在大力推进教育信息化发展。信息化的到来，也给我国职业教育提出了新的要求。要使我国职业教育信息化发展实现对发达国家的追赶和超越，达到国际领先水平，必须先要具备国际视野，审视我国与发达国家的职业教育信息化差异，明确我国职业教育信息化的发展方向。本章关注国际视野中的职业教育信息化，审视信息化对我国职业教育的变革，探究信息化能够为职业教育带来的创新性应用，为我国职业教育信息化的推进提供借鉴。

第一节　国际视野中的职业教育信息化

我国教育信息化开展最近 20 年来，出台了一系列推进发展政策，并对我国职业教育信息化的发展提出了新的要求。国际上很早就开始了教育信息化的进程，在职业教育信息化上做了很大投入，并取得了重要突破，一些国家甚至已经形成完善的职业教育信息化体系，步入了信息技术与职业教育深度融合，促进职业教育变革发展的阶段。本节选取职业教育处于世界前列的德国和职业教育信息化发展较早的日本，在职业教育信息化政策战略、项目及成效等方面与我国进行对比分析，为我国职业教育信息化持续推进提供借鉴。

一、德国的职业教育信息化

从国际范围来看，德国的职业教育远远走在世界各国的前列，发达的职业教育无疑是德国经济迅速腾飞的重要原因之一。职业教育信息化的发展更是改变了德国职业劳动和业态，对德国职业教育产生了深刻影响。德国职业教育信息化的发展经验值得我国借鉴，尤其是在教育信息化高速发展的今天，探讨信息技术在德国职业教育中的应用和取得的成效显得尤为重要。

（一）德国职业教育信息化战略

德国是世界上主要的经济强国之一，也是欧盟国家中最重视信息化建设、信息化程度较高的国家之一。与此同时，德国对教育信息化的投入与建设始终走在世界前列。近年来，德国更是颁布了一系列有关信息化发展的规划。2010 年德国联邦政府就面向未来五年发布了《信息与通信技术战略：2015 数字化德国》，其中详细规划了发展重点、主要任务和相关研究项目，以实现在 2015 年达到"数字化德国"的目标。2014 年 8 月，德国联邦政府出台了《数字化行动议程（2014—2017）》，目的是在变革中推动"网络普及"、"网络安全"及"数字经济发展"这三个重要进程，使德国成为具有国际竞争力的"数字强国"，并强调在名为"职业教育及培训中的数字媒体"项目背景下，加大职业教育领域对数字媒体工具的使用。

1. 数字化教育世界 2030

德国对信息技术和信息化建设的投资一直居世界领先地位。近年来，德国政府推出了一系列信息技术开发规划，特别是在教育信息化领域，投入了大量的资金并给予了很多政策支持。近年来，德国更是为教育信息化发展推出了一系列战略决策，其中，2016 年 10 月，德国政府推出了"数字知识社会"教育战略，作为全面推广德国数字教育的行动框架，涵盖数字化教学教育培训、数字化设施、法律框架、教育组织和机构的数字化战略、国际化等未来十到二十年的五个关键行动领域，战略目标统称为"数字化教育世界2030"。这一行动框架的总目标是，在全德范围内大力促进数字化技能培训及数字化媒体的广泛使用，充分发掘数字化在各教育领域的潜能，增设所需的基础设施，制定体现时代特色的法律框架，以数字化推动德国教育的国际化进程。特别地，"数字化教育世界2030"针对职业教育的课程与教学方面提出了要求：

第一，职业教育和培训的课程要强化数字化内容。德国鼓励职业院校开展信息技术类专业，并要求在其他课程中也要加强数字化内容的学习。双轨制教育作为德国职业教育的主要方式，学校教学能够为数字化经济提供所需知识，跨企业的职业教育中心可以提供高水平的数字化深造，双轨制信息技术职业更应加大对实践的要求和信息技术的应用，满足现有职业和新业态不断变化的需求。①

第二，倡导数字化学习方式。一方面，德国教育部统筹规划数字化职业教育，协助企业（特别是中小企业）创建数字化学习的组织机构，建立跨企业的数字化职业培训中心，促进职业人才技能的强化；另一方面，深入研究数字化给职场带来的挑战与机遇，使用信息化手段了解专业发展方向和需求，以职业为导向，建构完善的职业体系。学习的个性化、基于需求的学习、云学习、创新学习环境等也成为职业教育教学改革的重要议题。随着职业教育信息化的推进，职业世界中的现代学习环境将会加强虚拟空间和物理真实环境的联系。

第三，加强数字化学习环境的建设。"数字化教育世界2030"要求更多的学习必须安排在单独的空间，如可以通过虚拟学习环境来实现。德国联邦职教所主席艾森（Esser）指出，数字化的教学方式能够促进4.0能力的发展②。在德国联邦-州数字化协定中，规定联邦教育部负责在未来五年投入数亿欧元，推进校园数字化建设；州级政府负责组织教师培训，协助学校制定战略发展，建立州内共同的技术标准，负责数字化

---

① 新华网.德国着力突破网络基础设施瓶颈，助力"数字战略2025"[EB/OL]. http://www.xinhuanet. com/info/ttgg/2016-08/20/c_135614469. htm, 2018-02-03.

② 赵文平.德国应对"工业4.0"的职教发展动向[J].现代教育管理,2017(9)：95—101.

设施的维护与运作保障。① 同时，在 MINT-EC 学校网络框架内建立学校云（School-Cloud），即联邦教育部与州级政府及相关研究机构开展的新合作项目。MINT-EC 学校网络成员可以跨州试点使用中央学校云，以统一处理、管理和维护学校的硬件与软件设施。

除上述三个方面之外，"数字化教育世界 2030"中指出，要在课程与教学中落实数字化教育，还必须使教师具备数字化教学的能力②。目前，德国数字化教育面临的主要难题不是设备和环境的建构，而是如何使教师掌握先进的数字化教学手段，因此有必要继续加强对师资队伍的数字化能力培训。德国联邦教育与研究部部长万卡（Johanna Wanka）强调，联邦政府将在 5 年内拨款 50 亿欧元，升级全国 4 万所中小学和职业技术学校的计算机设备，为它们安装无线网络，还将对教师的数字化教学和进修提供更多支持③。

2. 职业教育 4.0 战略

工业 4.0 经济发展计划对具备高技能的新型人才的需求不断上升，在此背景下为了培养更多信息科学等技术类专业人才，适应社会经济发展，德国职业教育系统开始着力培养能够承担高级技术工作的信息化新型专业人才。为此德国联邦教研部、德国联邦职教所于 2016 年 4 月联合提出了"职业教育 4.0"的倡议。"职业教育 4.0"是"工业 4.0 时代的职业教育"的简称，是在数字化工作世界中根据经验导向和科学导向拓展职业品质，也是德国职业教育领域对"工业 4.0"的人才培养创新和应对措施，重点是"变"。也就是说，德国的"职业教育 4.0"是在"工业 4.0"新形势下，为适应德国工业和经济界未来对职业人员的新需求，而做出的培养模式的改变。"职业教育 4.0"的核心内容是"职业教育中的数字化建设与发展"，包括以下几个方面：一是开发新的数字

---

① 田园. 德国力推数字化教育战略［N/OL］. 光明日报，http://kns. cnki. net/kcms/detail/detail. aspx?dbname＝CCNDTEMP&filename＝GMRB201703010150&dbcode＝CCND, 2018 - 02 - 03.

② 德国"数字化教育战略 2030"及其启示.［N/OL］. 搜狐. http://www. sohu. com/a/120701073_387177.

③ Bundes-ministerium für Bildung und Forschung. Berufsbil-dungsbericht 2017［EB/OL］. http://www. bmbf. de/pub/Berufsbildungsbericht_2017. pdf，2018 - 02 - 03.

化解决方案,如灵活的学习与工作场所、综合信息管理平台、开放的教育资源;二是提升职教培训中学徒的数字化技能水平;三是支持企业参与数字化学习网络的构建,比如共同开发和利用数字化基础设施与技术资源。①

围绕"职业教育4.0"的核心内容,德国联邦教研部、联邦职教所等部门启动实施了一系列具体项目和措施,并给予大量经费支持,以推进"职业教育4.0"建设。

一是联邦教研部与联邦职教所于2016年4月共同启动实施"职业教育4.0——适应未来数字劳动的专业人才资格与能力"倡议。该倡议支持德国科研界与行业、企业共同开展相关课题研究,以相关双元制职业教育专业为基础,分析数字化对职业资格要求在数量和质量上的影响,从而更好地预测未来职业资格需求,并为开发相关新教育职业及修订更新职业教育教学规范标准提供依据。

二是实施"促进跨企业培训机构及能力中心数字化"特别资助计划。该计划时间为2016—2019年,总投入将达1400万欧元,以支持跨企业培训机构改善装备条件,开展教学改革创新,加快专业人才数字化培养,迎接职业教育4.0。该计划包含两项资助措施,其一是资助相关跨企业培训机构举办者特别是中小企业购买特定的数字装备、设备,其二是资助能力培训中心开展项目试点并构建网络联系,开发构建新型学习及教学过程,以适应数字化发展对学习和劳动的要求。

三是继续推进实施"职业教育中的数字媒体"计划。该计划自2012年开始实施,预计投入为1180万欧元,旨在推进数字技术在职业教育与继续教育中的应用,支持开发适用于教学、网络联系及信息沟通等方面的数字媒体新产品,提高现代化装备水平,提高学习者、教学者以及劳动者应用数字技术的水平。

四是实施"面向未来职业继续教育创新方案"重点资助计划。该计划于2015年11月启动实施,着眼于职业继续教育的发展与创新,对已有职业继续教育形式进行审核和评估,综合考虑正规教育、非正规及非正式等形式的职业学习及其对职业教育学生

① Bundes-ministerium für Bildung und Forschung. Berufsbil-dungsbericht 2017 [EB/OL]. http://www. bmbf. de/pub/Berufsbildungsbericht_2017. pdf,2018 - 02 - 03.

能力的开发等方面要求，审视数字化及其技术发展和"终身职业"弱化等因素对继续教育的影响，并对职业继续教育进行重新设计。

五是实施面向未来"数字世界"的专业人才的资格与能力培训，该项目将于2016—2018 年投入 275 万欧元，用于分析数字化对职业资格要求在数量和质量上的影响，从而更好地预测未来职业资格及需求，为开发新专业及制定教学规范标准提供依据。[①]

此外，德国联邦教研部 2016 年在实施"新职业起步者"计划过程中还明确新的重点，支持中小企业瞄准数字化调整其职业教育过程。联邦劳动部继此前的《劳动 4.0绿皮书》后，还于 2016 年 11 月颁布了《劳动 4.0 白皮书》，将职业教育与继续教育作为其核心行动领域。

（二）德国职业教育信息化发展状况

德国是一个联邦制国家，实行的是联邦制的教育管理体制，整个教育事业由国家监督，但有关教育方面的立法和管理等具体事项主要由各联邦州负责。由于各州的教育立法有所不同，因此，各联邦州之间的学制、大纲、教材以及教学内容都有所相异。尽管如此，在国家政策和社会各方面的共同支持下，德国职业教育信息化取得了很大成就，位于世界前列。

第一，教育信息网络基础设施建设。德国联邦政府创设了职业教育信息互通共享网络平台，在此平台上能够充分利用信息科技的优势，实现教学管理体系的标准化、规范化、精心化、一体化，让职业教育教师能够更加便捷地了解职业教育发展的动态以及相关政策，主动利用开放的教育资源、大数据，提出多种多样的个性化解决方案，减轻教师的教学负担，提供更高质量的教学。职业院校学生能够及时获取专业最新信息，充分利用互联网知识和非正规的学习方式强化自身技能，实现个性化的学习。职业院

[①] Bundes-ministerium für Bildung und Forschung. Berufsbil-dungsbericht 2017［EB/OL］. http://www. bmbf. de/pub/Berufsbildungsbericht_2017. pdf，2018 - 02 - 03.

校毕业生不再是繁重的体力劳动者,技术技能人才不再仅仅负责操作,而是成为生产过程的监控员,学习场所和工作场所也更加灵活,知识转化与共享能力更加便捷。

第二,教育信息资源的利用与信息技术的应用。德国在多方面利用教育信息资源和信息技术促进信息化人才的培养。首先,职业技术人员利用信息技术和资源重新进行自我定位,并通过持续学习和技能强化,使自己从传统的机器操纵者转变为工业流程的掌控者;其次,职业院校利用信息技术了解市场发展方向和需求,并紧跟市场需要开设专业,调整职业人才培养体系,使开设的专业紧跟市场需要,提高数学、信息、工程等方面的专业比例;再次,职业教育的课程设置凸显了对数字信息能力的培养,提高了职业技术人员对数字化智能系统的运用;最后,职业院校加强了数字化学习环境的建设,课堂教学方式突出学生的主体地位和实际操作运用,提高学生的知识迁移和应用能力。

第三,信息化教师队伍的培养与培训。为提升职业教育教师的信息化教学能力,德国有计划地对教师进行新技术教育的培训。一是设立地方性的专供教师培训的计算机中心,作为培训教师的场所,并由教师进修学院组织咨询团,对教师遇到的问题作解答;二是培训过程中,注重提高教师应用现代教育技术的能力和教育教学能力,以使所有教师具有最新的教育理论,具备专业和教学所需技术方面的主要理论基础,拥有操作计算机和程序设计的能力及最新专业知识,有能力适应最新教学内容,有能力开发新型教学模式。

第四,职业教育信息化政策法规和标准建设。2005 年,德国颁布实施新的《职业教育法》,其后不断调整和更新。从 2015 年初开始,联邦职业教育研究所就一直忙于加强资格标准的变革调整工作,制定了"教育职业标准",包括职业体系和职业资格框架,被称为"职业教育条例"的综合方案,涵盖了职业标准的各个层面。在职业资格变化更新的系统中,德国始终围绕"信息技术能力资格"这一核心,也就是说"工业 4.0"时代下凸显的数字化发展特点实质上在职业资格中凸显的是信息技术能力资格。这些法律法规的制定让整个职教系统有法可依,成为德国职业教育信息化得以繁荣发展的坚实后盾。

二、日本的职业教育信息化

为了步入世界强国的行列，日本进行了多次教育改革。20 世纪 80 年代，日本将信息化教育作为基本国策，并将教育信息化作为教育政策的新重点、新方向。经过 30 多年的发展，日本教育信息化成效显著，教育信息化发展程度已经处于世界先进水平，职业教育信息化发展也已经成熟，为应对快速发展的全球化和信息化时代做好了充分的准备，也为经济的发展做出了不可磨灭的贡献。因此，研究和分析日本职业教育信息化对于我国职业教育信息化的开展具有重要意义。

（一）日本职业教育信息化战略

日本的职业教育包含在高等教育体系内，职业教育体系主要包括学校内的职业教育、企业内的职业培训及公共职业训练三个组成部分。除此之外，日本进行职业教育的学校还包括"专修学校"等中等程度的职业院校、高等专科学校和短期大学等。完善的学校内职业教育与发达的企业内培训相互补充、相互融合，理论与实践的结合完善了职业教育培训。面对世界教育信息化潮流，日本政府不断调整教育政策，使日本职业教育适应教育信息化发展的需要。日本中长期国家技术战略计划即"千年工程"明确指出，教育信息化是国家的一个主要施政方向，职业教育的发展也以此为依据。

在教育信息化战略的引领及相关政策、项目和规范的引导下，1970 年，日本的大学（包括进行专门教育的高等职业教育机构）开始设置信息相关专业。1973 年，为将来可就职于某些特定职业而学习专业知识的高中（如农业高中、工业高中、商业高中等）开始设置信息技术课和信息处理课。1985 年，日本开始实行计算机"教育方法开发特别设备"国库补助，也是"临时教育审议会第一次咨询答复"、"与信息化社会相对应的初等中等教育状况的调查研究合作者会议第一次审议报告"、"社会教育审议会教育媒体分科会·教育用软件开发方针"等关于普通教育和职业教育信息化发展主要方针政策出台的一年，这一年通常也被称为日本的"计算元年"。1993 年日本开始全面实施新教学大纲,新教学大纲的制定是从信息教育是整个职业教育的基础这一观点出发的,并在初中的"技术·家庭"课中设立新的学习领域——"信息基础"。① 文部省1994年出台"教育用计算机新装备计划",将职业教育学校计算机的设置目标设定为平均5.4人/台。2001年日本颁布了包括促进互联网应用与普及、计算机软件资源研发等内容的"e-Japan计划",也为职业教育信息化的发展提供了引领。此后,日本职业教育信息化相关的方针政策不断出台,都成为日本职业教育相关学校和部门制定教育信息化目标、进行信息化建设的主要依据。

（二）日本职业教育信息化发展状况

日本是亚洲市场经济发展较为完善的发达国家,教育信息化的进展也较为迅速,职业教育基本上是在市场经济的需求和教育信息化的双重作用下发展起来的。目前,日本职业教育信息化发展成熟,信息技术应用已渗透到职业教育教学、研究、应用和管理的各个方面。

第一,信息化基础设施的普及。随着信息化政策的施行和职业教育信息化项目的开展,日本职业教育信息化的基础设施也日趋完善。在校园网的普及方面,到2010年为止,日本的高等职业学校的校园网配备率达到99%。2006年,日本中等职业学校和高等职业学校的生机比分别为6.5∶1和5.7∶1,普通教室LAN的连接率为67%。2016年,在日本47个都道府县中,只有9个地区略低于生机比6.2∶1的平均水平;教师作为国家公务员,已经达到了人手一台计算机配置的全国均一化;教学用计算机和教务系统已完全普及。② 在此基础上,校园网的网速也呈不断增快的趋势,职业院校校园无线网络的普及率也不断提高。同时,日本职业学校的图书馆也向着信息化和数字化的方向迅速发展,普遍建立了电子图书馆,电子图书和电子期刊的数量随之迅速增加,为教学和科研活动提供了丰富的信息资源。相应地,学校用于购买电子杂志的

① 李文英.适应信息化发展的日本职业教育[J].职业技术教育,2002(28)：62—64.
② 张玮,李哲,奥林泰一郎,等.日本教育信息化政策分析及其对中国的启示[J].现代教育技术,2017(3)：5—12.

经费也迅速增加。

第二,职业教师队伍的信息化建设。教师信息素养与信息教育指导能力的提高是职业教育信息化发展的重要条件之一。近年来日本职业学校和普通学校教师的研修计划不断得以充实,教师的信息素质和信息教育指导能力也逐年提高。日本开启了多个项目和计划对职业教师进行培训,如日本宫崎县职业教育科针对初中"技术·家庭"课中"信息基础"的开设,有计划地安排县内教师培训。培训主要在专门的计算机学校进行,每年安排100名教师进行为期6天的短期培训。培训的内容主要包括"初中等教育中的信息教育"、"软件的利用及其指导"和"程序设计"等。教育信息化人才支援中心对具有计算机使用经验但已失业的中高年龄人员,以及计算机知识丰富、已毕业尚未就职者进行培训,并将其转化为教师信息教育研修和使用计算机授课的指导辅助人才,辅助职业教师信息化培训。早稻田大学主持的非营利性研究工程,为学校中担当信息教育的教师提供互联网方面的各种信息和建议。其主要做法是通过电子信箱回答教师的提问,解决他们因信息环境变化而产生的不适应等问题。这些项目和计划的实施,有力地促进了职业教师队伍的信息化建设。

第三,信息化教育资源的开发。为了促进教育信息化发展,日本极为重视教育用硬件和软件的利用与开发,尤其把信息技术教育应用作为人力资源发展信息化框架(IT Human Resource Development Scheme)的组成部分。在硬件方面,1990年日本政府对信息教育实施财政补助,1994年规定了每台新购入计算机的购入经费标准,1995年对各种学校每台计算机配备软件数的指导方针和计算机价格作出了明确指示。在软件开发方面,文部省于1994年开始启动委托研究开发事业,对每个开发小组资助2000多万日元的研究开发费,以促进学校必要的多媒体软件的开发。到1997年已经选定了67个软件,经过开发后作为教材通过流通机构提供给学校。[①] 在日本政府的大力提倡和鼓励下,民间企业对学校的信息化也提供了各种服务。系统商针对新教学大纲开发的教育软件不断投入市场,开发商将网络型教育系统的开发放在了首位,侧

---

① 李文英.适应信息化发展的日本职业教育[J].职业技术教育,2002(28):62—64.

重为不习惯使用计算机的教师和学生开发足够简单的操作系统。软件商从占领学校市场的角度出发，致力于开发与学校的信息化环境相适应的商品，并向教育机构和学生实行优惠销售。微型软件商为了使软件更容易导入学校，试图新设包括契约等面向学校的许可证制度等。日本的一些高等专门院校已经使用 CAI 系统进行授课，进一步实现多媒体化，而且正不断向人机对话系统转轨。

第四，教育信息资源的利用与信息技术的应用。早在 20 世纪 90 年代初，日本的职业教育信息化就已经达到了很高的水平。在 2001 年日本政府制定 e-Japan 战略以后，日本的各职业院校就开始制定自己的信息化教学战略，随着日本政府对 e-Japan 战略的推进和各职业院校信息战略的实施，日本的职业教育信息化取得了飞速的发展。信息技术课程也随之普及，日本文部科学省为了促进国家发展和尖端人才的培养，鼓励职业学校开设信息技术课程，为社会培育更多的信息化人才。在政府的鼓励和引导下，日本开设信息技术课程的学校越来越多。日本的信息化教学主要包括以下几个方面：一是充分利用互联网和卫星通信技术，开展远程教育；二是利用校园网，使学生通过计算机，不出寝室或家门，就能按时学习有关课程；三是教师的教学计划、教材讲义和科研成果等全部在校园网公开，使学生能够随时随地自由利用；四是面向社会的成人教育和业余学习，充分利用校园网开展教学；五是根据需要，部分公开讲座，免费向社会开放。校园服务的信息化水平也有了很大的发展，主要包括以下三点：一是建立电子账户，使学生能及时方便地与学校各个部门沟通信息，相互联系；二是学校的作息时间、各项活动和有关通知等，全部在校园网公布；三是在校园网公布就业信息，为毕业生提供就业指导和就业服务。①

三、我国的职业教育信息化

我国国家层面的教育信息化战略始于 2010 年颁布的《国家中长期教育改革和发

---

① 王玉珊. 日本教育及其在经济发展中的作用研究[D]. 大连：东北财经大学，2012.

展规划纲要（2010—2020 年）》（以下简称《教育规划纲要》），并在教育信息化建设和推进过程中取得了令世界瞩目的成绩。但是相较于发达国家，我国教育信息化起步较晚，教育信息化水平与发达国家已步入信息技术在教育领域的深度应用，全面进入整合和创新的水平仍有一定距离。在职业教育领域也存在相同的状况，因此可以吸取发达国家职业教育信息化建设的经验和教训，结合我国实情，进一步推进我国职业教育信息化的发展。

（一）我国职业教育信息化战略

我国国家层面的教育信息化战略始于 2010 年的《教育规划纲要》，此后，随着对职业教育信息化关注程度的提高，我国的教育信息化相关战略部署和政策规划都会着重强调职业教育信息化的建设，并制定一系列的规划纲要和体系规范推进职业教育信息化的发展。

2011 年《教育部关于推进高等职业教育改革创新引领职业教育科学发展的若干意见》中提出："大力开发数字化教学资源，推动优质教学资源共建共享，拓展学生学习空间，促进学生自主学习。推进现代化教学手段和方法改革，开发虚拟流程、虚拟工艺、虚拟生产线等，提升实践教学和技能训练的效率和效果。搭建校企互动信息化教学平台，探索将企业的生产过程、工作流程等信息实时传送到学校课堂和企业兼职教师在生产现场远程开展专业教学的改革。"[①]

2012 年教育部《教育信息化十年发展规划（2011—2020 年）》在职业教育信息化部分提出"加快职业教育信息化建设，支撑高素质技能型人才培养"、"建设专业化技术支撑队伍"、"提升教育信息化领导力"、"优化信息化人才培养体系"、"创新优质数字教育资源共建共享机制"等[②]。

---

① 教育部. 教育部关于推进高等职业教育改革创新引领职业教育科学发展的若干意见[EB/OL]. http://www.moe.gov.cn/srcsite/A07/s7055/201109/t20110929_171561.html. 2011-9-29.
② 教育部. 教育部关于印发《教育信息化十年发展规划（2011—2020 年）》的通知[EB/OL]. http://old.moe.gov.cn/publicfiles/business/htmlfiles/moe/s3342/201203/xxgk_133322.html. 2012-6.

2013 年教育部《教育信息化工作要点》明确"实施职业院校'宽带网络校校通'建设"、"促进职业教育领域优质数字教育资源建设与应用"、"实施'全国职业学校信息技术职业能力提高计划'"等。

2014 年《国务院关于加快发展现代职业教育的决定》提出："构建利用信息化手段扩大优质教育资源覆盖面的有效机制，推进职业教育资源跨区域、跨行业共建共享，逐步实现所有专业的优质数字教育资源全覆盖。"①

2015 年教育部《教育信息化工作要点》提出加快职业院校数字校园建设，基本实现全国职业院校"宽带网络校校通"，推进职业教育优质数字资源的开发与应用及数字资源管理与学习平台的建设，开展专业教学资源库建设，开展教师信息化教学能力培训等②。

2016 年教育部《教育信息化工作要点》提出"办好全国职业院校信息化教学大赛。成立职业教育资源库共建共享联盟，探索成果认证、积累和转换机制。进一步做好国家示范性职业学校数字化资源共建共享计划"。③

2017 年教育部《教育信息化工作要点》在"推动数字校园和智慧校园建设"模块中提出，推动落实《职业院校数字校园建设规范》，继续开展"职业教育百所数字校园建设实验校"项目，完成第一批实验校的中期评估，依托国家教育资源公共服务平台，征集优秀空间，汇聚优质资源、先进技术和院校优秀教育教学成果，并进行推广应用，推进"网络学习空间人人通"专项培训④。同年，《教育部关于进一步推进职业教育信息化发展的指导意见》中为了全面提升信息技术支撑和引领职业教育创新发展的能力，加快推进职业教育现代化，就进一步推进职业教育信息化发展提出了指导意见。

---

① 国务院. 国务院关于加快发展现代职业教育的决定［EB/OL］. http://www. gov. cn/zhengce/content/2014-06/22/content_8901. htm. 2014－05－02.

② 教育部. 教育部办公厅关于印发《2015 年教育信息化工作要点》的通知［EB/OL］. http://www. moe. gov. cn/srcsite/A16/s3342/201502/t20150215_189356. html. 2015－02－15.

③ 教育部. 教育部办公厅关于印发《2016 年教育信息化工作要点》的通知［EB/OL］. http://www. moe. gov. cn/srcsite/A16/s3342/201602/t20160219_229804. html. 2016－02－04.

④ 教育部. 教育部办公厅关于印发《2017 年教育信息化工作要点》的通知［EB/OL］. http://www. moe. gov. cn/srcsite/A16/s3342/201702/t20170221_296857. html. 2017－02－03.

2018 年《教育部工作要点》中提出推进职业教育专业教学资源库建设与应用,继续举办全国职业院校技能大赛和信息化教学大赛①。同年,教育部办公厅印发的《教育信息化和网络安全工作要点》中确定了"基本实现各级各类学校互联网接入和提速"的核心目标。在"完善教育信息化基础环境建设"方面,教育部表示将继续开展职业院校数字校园建设实验校项目,完成第一批 129 所实验校的验收和第二批 151 所实验校的中期评估,落实《职业院校数字校园建设规范》。在"持续推进职业教育和高等教育资源建设"方面,持续推进职业教育专业教学资源库建设和应用,立项支持国家级资源库新建项目 16 个左右、升级改进项目 3 个左右,遴选一批国家级备选库,完成建设期满的国家级资源库项目验收。同时加快推进示范性虚拟仿真实验教学项目建设,项目运营平台上线运行,认定两批 350 个项目,形成支撑 22 个专业类的在线虚拟仿真实验教学项目集成学习环境。在"拓展网络学习空间应用广度与深度"方面,继续推动"网络学习空间人人通"普及应用,实现"一人一空间"。继续与中国电信、中国联通、中国移动合作开展中小学、职业院校校长和骨干教师"网络学习空间人人通"专项培训,计划全年培训职业院校校长 1000 人、骨干教师 2000 人、中小学校长 2000 人、骨干教师 5000 人。在"促进信息技术与教育教学融合发展"方面,推动大数据、虚拟现实、人工智能等新技术在教育教学中的深入应用,继续办好全国职业院校信息化教学大赛、中国教育信息化创新与发展论坛、全国中小学生电脑制作等应用交流与推广活动。②

虽然我国国家层面的职业教育信息化战略与基础教育信息化及高等教育信息化相比起步较晚,但从 2010 年以来,尤其是近年来,教育信息化相关推进政策和项目紧密开展,国家不仅在各类教育信息化政策中对职业教育领域的教育信息化发展提出要求,还专门出台了一系列政策,为我国职业教育信息化的发展提供了强有力支撑。在这些政策及项目的支持下,我国职业教育信息化快速发展并取得了一定的成就。

---

① 教育部. 教育部关于印发《教育部 2018 年工作要点》的通知. [EB/OL]. http://www. moe. gov. cn/srcsite/A02/s7049/201802/t20180206_326950. html. 2018 - 02 - 01.
② 教育部. 教育部办公厅关于印发《2018 年教育信息化和网络安全工作要点》的通知. http://www. moe. gov. cn/srcsite/A16/s3342/201803/t20180313_329823. html. 2018 - 02 - 12.

（二）我国职业教育信息化发展状况与国际比较

职业教育信息化建设并不是与国家信息化或者教育信息化建设同步的，只是当国家对职业教育的地位有了清晰认识，并重新定位其在经济社会发展中的作用以及在国民教育体系中属于一个类别的教育之后，职业教育信息化建设才会引起足够的重视。因此不管是相对于教育其他领域的信息化还是发达国家的职业教育信息化，我国职业教育信息化的起步与发展都相对较晚，尽管如此，"十二五"以来，职业教育信息化发展还是取得了较大的进展。目前，我国职业教育信息化的战略部署初步形成，基础设施建设进一步加强，管理规范和技术标准不断健全，数字教育资源开发和应用持续深入，教育资源和教育管理平台建设扎实推进，教师信息化意识与能力显著增强。[①] 但是相比发达国家完整的职业教育信息化体系并实现职业教育现代化，我国还存在很大的差距，需要对比自身条件和发达国家教育信息化状况，进一步推进我国职业教育信息化发展，以适应当今教育改革和信息技术创新应用趋势，实现职业教育现代化，为国家经济社会发展提供有力的技术技能人才支撑。

1. 职业教育信息化政策法规与标准建设

通过国家的信息化、教育信息化和职业教育信息化的战略规划，我国已初步形成了职业教育信息化的战略部署。德国在职业教育信息化发展的各个方面都有所部署，日本根据信息化发展状况不断调整完善相关政策标准，并且各个职业院校都形成了自己的教育信息化规划，相比之下我国还有一定的差距。

在政策方面，2002 年和 2005 年，国务院分别发布《关于大力推进职业教育改革与发展的决定》与《关于大力发展职业教育的决定》两个文件，均强调"加强职业教育信息化建设"。自 2003 年起，教育部将职业教育信息化建设情况作为衡量学校办学水平的重要指标之一，并列入"国家级重点中等职业学校评估指标体系"。2012 年，教育部先

---

① 教育部. 教育部关于进一步推进职业教育信息化发展的指导意见[EB/OL]. http://www.moe.gov.cn/srcsite/A07/zcs_zhgg/201709/t20170911_314171.html, 2018 - 02 - 03.

后印发《教育信息化十年发展规划（2011—2020 年）》和《教育部关于加快推进职业教育信息化发展的意见》，为总体推进职业教育信息化建设指明了方向。2014 年 6 月，国务院发布《关于加快发展现代职业教育的决定》（国发〔2014〕19 号），以及 2017 年《教育部关于进一步推进职业教育信息化发展的指导意见》为职业教育信息化下一步任务完成做了具体的时间规划。这些政策的颁布，为我国职业教育信息化发展指明了方向和建设思路。

在相关法律法规方面，我国第一部《中华人民共和国职业教育法》（以下简称《职教法》）自 1996 年 9 月 1 日起施行，其中第十九条表述为"国家鼓励运用现代化教学手段，发展职业教育"。2018 年 2 月 5 日，国家印发《职业学校校企合作促进办法》，对职业学校校企合作的方式、促进措施、监督检查等作出了明确规定，为我国职业教育信息化发展提供了法律保障。

在项目实施方面，1998 年国务院批转了由教育部制定的《面向 21 世纪教育振兴行动计划》，把职业教育信息化作为教育信息化的重要内容之一。为贯彻落实《职教法》以及国务院关于职业教育信息化建设的战略部署，教育部采取一系列相应措施推动建设进程。2001 年至 2003 年，按照统一部署，实施"教育部远程职业教育资源建设项目"，"国家职业教育数字化信息资源库"框架初步形成。此外，近年来"职业教育信息化大赛"、"全国职业院校教师微课大赛"、"职业院校教师素质提高计划"等多个项目相继开展，为我国职业教育信息化提供了项目支撑，推进了我国职业教育信息化的开展。

通过以上法律法规、项目和政策文件，我国初步形成了职业教育信息化战略部署，从各个层面明确了职业教育信息化发展目标，为我国职业教育信息化推进提供了保障。德国在职业教育信息化战略和政策中对信息化建设与发展的各个方面都有所部署，且各个地区都有自己的职业教育信息化规划；日本面对教育信息化潮流，进行阶段性教育信息化调研，并根据调研结果不断调整教育政策和信息化政策，目前已形成完善的职业教育信息化部署，各个学校也都制定了自己的教育信息化规划。与德国和日本两国相比，我国职业教育信息化部署还不够完善，没有形成全面覆盖的职业教育信息化战略部署。

我国的职业教育信息化需要具有前瞻性视野,站在国际职业教育发展的前沿,根据社会发展对未来人才的要求,吸取发达国家职业教育信息化政策、法规及其推进成效的经验和教训,对我国职业教育信息化进行阶段性调研,制定总体的职业教育信息化战略规划,不断调整职业教育信息化相关政策和法规,以适应我国职业教育信息化发展,并指导各个地区、职业院校制定并推进自己的职业教育信息化规划,从上到下形成完善的职业教育信息化部署,为我国职业教育信息化发展提供保障。

2. 职业教育信息化网络基础设施建设

随着教育信息化的不断推进,我国职业教育信息化领域已经取得了一些成绩,但是与日本完善的职业教育信息化网络基础设施建设相比还有很大的差距。

截至 2016 年,全国 56％的职业院校已经建成了自己的校园基础网络,还有 7％的高职院校正在建设自己的校园网。8.35％的高职院校已经具备千兆以太网的接入能力,24.14％的高职院校建设完成了电子化图书馆,每个高职院校拥有 1.56 个多媒体教室,职业学校学生人均计算机 0.1 台,教师用计算机人均 0.87 台,这些基础设施的建设为我国职成教育信息化发展提供了有效的技术支撑环境①。教育部还印发了《职业院校数字校园建设规范》,为做好规范的实施和推广指明了方向。中央电化教育馆启动了"职业院校数字校园建设实验校"项目,已分两批遴选了 280 所实验校进行试点;2017 年完成了第一批 129 所实验校的中期评估,遴选了 26 个优秀案例并开展相关培训工作。总的来说,我国职业教育信息化在校园网络建设、实验室建设等方面进行了一些探索,取得了一些成绩。但是,和日本的职业教育信息化在校园网、计算机和信息化图书馆等基础设施的配置相比,我国还有很大的差距。此外,我国的职业教育信息化网络基础设施建设还存在区域之间、学校之间不平衡的问题。

3. 职业教育信息化管理规范和技术标准

随着职业教育和职业教育信息化的不断发展,我国制定了一系列的法律来保障职业教育信息化,但是与德国形成的完整的职业教育信息化法律法规和职业教育信息化

---

① 赵明辉,贾超. 我国职业教育信息化发展研究[J]. 电脑迷,2017(11).

标准体系有所不同。

2017 年 12 月 26 日发布的《职业院校专业人才培养方案体例框架和基本要求》对教育信息化下的职业教育人才培养提出了要求。2018 年 2 月 5 日,教育部印发《职业学校校企合作促进办法》,规定了职业学校与企业、机关、事业单位、社会团体等机构开展合作的形式、促进措施。这些标准和规范的发布,为职业教育信息化的规范化发展提供了保障,是职业教育信息化的理性支撑。但是这些规范和标准刚开始实施,职业教育信息化的规范体系刚开始构建,效果如何还未可知。而德国已经形成了一套完整成熟的职业教育信息化标准规范体系,法律法规也完全覆盖了职业教育领域的各个方面,为德国职业教育信息化提供了保障,我国与之相比,还有很长的路要走,需要纵观我国职业教育信息化全局,在各个层面建设符合我国职业教育信息化发展的标准规范和法律法规,并根据职业教育信息化推进实际,不断调整,形成完整、成熟的职业教育信息化标准规范和法律法规体系。

4. 职业教育信息平台和资源建设

数字教育资源是教育信息化的核心,我国也逐渐形成了职业教育资源体系,但是与德国建立的标准化、规范化、精心化、一体化的职业教育信息互通共享网络平台,日本信息技术教学工具应用普及和内容丰富、题材广泛、门类齐全的职业教育信息化资源相比,还存在资源库建设不完善、资源覆盖面窄等问题。

第一,职业教育资源平台建设方面。教育部采取多项措施推进职业教育资源平台建设,建设职业教育国家、省、学校三级互为补充的教育资源平台和管理体系。目前已有 1000 所院校、3094 家行业企业参与了资源库建设,建设了 88 个专业教学资源库、1个民族文化传承与创新资源库和 1 个数字校园学习平台,注册学员超过 158 万人,累计访问超过 2.5 亿人次。同时,教育部积极推进政务信息系统数据共享应用的试点工作,并相继建设了全国中等职业学校学生管理信息系统、高等职业院校人才培养工作状态数据采集与管理系统等多个信息平台,持续完善平台功能,拓展相关应用,充分发挥数据的基础功能,有效服务职业教育信息采集、资助和管理等方面的相关需求。

第二,职业教育信息化资源建设方面。各级教育行政部门鼓励学校、企业、研究机构以及其他社会组织等多元主体开发建设职业教育教学课件，在全国范围内评审征集图、文、音、视、动画等多媒体方式有机结合的职业教育课件。2003—2010 年，全国支持建设精品共享课程，极大地丰富了职业教育教学资源。2011 年启动国家示范性职业学校数字化资源共建共享计划，建立全国职业教育数字化资源共建共享联盟，确定了 87 个专业协作组，协同推进专业教学资源库和管理信息系统建设，并开展优秀多媒体教学课件评选工作，各地报送多媒体课件 3237 个，评出各类获奖作品 1131 项。① 此外，我国还通过设立"政府工程项目"、"建设资源基地"、"推进协作共建"和"社会征集评审"等手段完善职业教育信息化资源开发机制，在整合职业学校与行业企业职业标准、技术标准、业务流程、作业规范、教学文件等资源的基础上，通过数字化实现共享应用，有效解决全国高职学校同类专业的共性需求，为学生自主学习提供优质、丰富、多样化的资源和个性化服务，从而带动全国职业学校专业教学模式和教学方法改革。

随着"职业教育专业教学资源库建设"、"现代远程职业教育资源建设"、"职业院校信息化教学大赛"等项目的推进，国家、地方政府都开始鼓励职业院校和各组织机构建设职业教育资源平台，鼓励教师开发数字化教育资源，使我国职业教育信息化平台和资源完成了从无到有的过程。但是我国目前虽然初步建成了一系列职业教育资源平台，拥有了大量的职业教育信息化资源，但信息化职业教育资源依然稀缺，大部分学校仅仅完成网站建设，网络学习资源以文字为主，网络课程、学科课件、视频资源、电子图书等相对来说非常稀少。我国与德国和日本等职业教育信息化领先的国家存在显著差距，在职业教育信息化资源建设方面还有很长的路要走。我国需要加强职业教育信息化平台和资源的建设与管理，吸收更多优秀的职业教育信息化资源，查漏补缺，对相对稀缺的职业教育信息化资源进行重点建设，完成各类资源建设的协同发展。

5. 教育信息资源的利用与信息技术的应用

在教育信息化蓬勃发展和各种职业教育信息化项目实施的背景下，我国的职业院

---

① 教育部办公厅. 教育部办公厅关于公布全国中等职业教育优秀多媒体课件评选获奖名单的通知[EB/OL]. http://old. moe. gov. cn//publicfiles/business/htmlfiles/moe/A07_zcwj/201106/121745. html，2018－02－03.

校开始尝试利用教育信息资源和应用信息技术来促进教学、学习和学校管理,取得了一定的成果。德国职业院校将教育信息资源和信息技术应用在职业教育各方面的做法值得我国借鉴。

教育部《关于进一步推进职业教育信息化发展的指导意见》对职业教育资源的利用提出了要求——"网络学习空间全面普及,线上线下混合教学模式广泛应用,自主、泛在、个性化的学习普遍开展,大数据、云计算等现代信息技术在职业院校决策、管理与服务中的应用水平普遍提升",为职业教育信息化资源的有效利用和信息技术的应用指明了方向。同时为了促进教育信息资源的有效利用与信息技术的应用,我国开展了"职业院校信息化教学大赛",随着政策的颁布和大赛的进行,职业院校开始有较多教师开始使用信息化教学资源来完成对职业院校学生学习的指导,包括使用数字化学习环境进行线上或线下教学,在课堂中使用数字化教育资源等。我国还建立了大数据、云计算等信息技术中心,通过对信息化职业需求和学生学习、教师教学的分析来调整专业方向,改善教师教学,加强对学生的个性化培养,促进学生学习。但与德国充分利用教育信息资源,促进职业教育各方面的发展相比,我国的信息化资源利用率依然较低,利用面也较窄,造成了一定的资源浪费,需要借鉴德国资源利用和信息技术应用的有效经验,促进教育信息资源的有效利用与信息技术的合理应用。

6. 信息化职业院校教师队伍的培养和培训

我国开展了一系列的职业院校教师培训计划和项目,对教师信息化教学水平的提高产生了一定的效果,但德国和日本教师充分掌握并应用信息化教学方法,对我国职业院校教师培养有一定的参考作用。

教育部2017年3月发布的《职业院校教师素质提高计划项目管理办法》对职业院校教师进行培训规划,并依托职业院校教师素质提高教育信息化服务平台和应用软件进程,对项目进行全程管理和质量监测。我国连续八年举办全国职业院校信息化教学大赛,开展信息化教学能力提升培训,重点面向国家级贫困县,继续组织开展职业院校教师信息化教学能力提升公益培训。目前我国职业院校教师信息化水平的培养和培训取得了一定的成就,教师也逐渐尝试采用信息化手段进行教学。日本和德国的职业教育教学采用丰富灵活的教学模式,如认知学徒式、模拟操作、实验实习等建立在信息化组织基础上的教学模式,以及 E-mail、BBS、专家辅助教学系统、课程网站和虚拟现实等信息化辅助手段来进行。我国与这两个国家的职业教育信息化水平还存在差距。

另外,我国职业教育信息化还存在地区差异、院校差异以及中高职差异明显等问题,需要进一步完善职业教育体系,对薄弱地区和薄弱环节在政策和项目上予以倾斜,加大投入,加快信息化改造传统教学和学习的步伐,全面提升信息技术支撑和引领职业教育创新发展的能力。

第二节 信息化支撑职业教育现代化

伴随着信息技术的高速发展，信息化已成为现代教育的重要标志。信息化的到来给职业教育的发展带来了新的机遇，帮助职业教育能够更好更快地培养高素质劳动者和技能型人才。

一、信息化完善职业教育结构

随着经济建设的不断发展，供给侧结构性改革的持续推进，我国产业结构也在不断调整，社会、经济、文化结构逐渐转型，劳动力市场不断变化，就业结构不断调整，就业压力不断增强，高技术、高科技产业的迅速发展急需高素质的操作型人才。这为我国职业教育和技能培训带来了新的挑战和机遇，利用信息化的契机完善职业教育结构，促进职业人才的培养，既能缓解学生的就业压力，又能促进我国新兴产业的不断发展。

自 2002 年全国职业教育工作会议以来，各地区、各部门认真贯彻《国务院关于大力推进职业教育改革与发展的决定》，职业教育取得了一定的进展。但从总体上看，职业教育仍然是我国教育事业的薄弱环节，发展不平衡，投入不足，办学条件比较差，办学机制以及人才培养的规模、结构、质量还不能适应经济社会发展的需要。从宏观层面来看，职业教育结构由专业结构、层次结构、形式结构、布局结构等要素构成，与我国政治、经济、科技、文化等其他系统有着密切联系，又受政治、经济、科技、文化等因素的影响和制约。我国可以通过大数据、云计算等信息技术了解市场发展方向和需求，制定切合实际的、可操作的高职教育结构内部的发展目标，进一步调整和优化职业教育结构，加大教育投入力度，鼓励企业参与办学，提高教育水平。职业院校管理者也可以利用信息技术紧跟市场需要开设专业，能够使开设的专业紧跟市场需要，提升学生就业水平，优化职业教育专业构成，适应我国经济发展和全球发展趋势。职业院校教师可以利用信息技术了解专业发展现状和趋势，以发展的眼光看待本专业，及时调整专业培养目标，使学生掌握适合市场的专业技能。

二、 信息化变革职业教育教与学

我国对职业教育的要求在于培养高素质劳动者和技能型人才，这也是职业教育与高等教育、基础教育的不同之处。职业教育需要学生掌握更强的实用技能，而信息化工具和信息化学习环境则给职业教育带来了新鲜的血液。

由于职业教育具有适应性、实用性的特点，信息化在职业教育上的应用呈现出独特的面貌。依托在线学习平台和移动互联网平台等信息技术，还可以有效整合教学资源，改革教学结构，优化教学过程，建立起一个数字化的学习环境，并能够结合教师的指导作用、个性化探索、智能辅导学习、自主合作、虚拟实践、评价驱动学习以及其他要素。信息技术与教学的有效结合能够使得静态知识动态化、抽象知识可视化和学习内容趣味化、碎片化，增加实践性；使教学过程符合职业院校学生的认知规律，使学生充分吸收知识；同时信息化的学习环境，能够让学生根据自己的职业理念和学习兴趣，选择自己感兴趣的内容，调节学习节奏，实现个性化的学习。利用平台监控学习过程，收集学生学习数据，改革评价方法，改变学习效果反馈形式，并对学生学习过程和学习结果进行多元、科学、便捷、多方位的综合评价，进而更好地促进教师教学和学生学习。

案例 6.1 和案例 6.2 表明，在职业院校教学和学习中使用信息技术，除了减少教师教学工作量，提高学生的学习效率和准确率之外，还能够激发学生的学习积极性，让学生参与到课程的学习中来。

案例 6.1

无锡职业技术学院教师杨晴元利用 BIM(建筑信息模型)技术进行职业教育《建筑给排水系统工程量计算》的课程教学，获得了教育部主办的 2017 年全国职业院校信息化教学大赛高职组信息化教学设计赛项一等奖。

使用 BIM 软件在让学生的认知更为直观的同时，也给了学生实践的机会。在使用 BIM 软件之前，学生只能对着 CAD 图纸进行大量重复的枯燥计算。而现在，学生们可以自己建立三维的 BIM 模型，画面直观、清晰，每种材料的属性都可以随时查看，计算工程量事半功倍。同时 BIM 软件可以直接得出计算结果，提供参考对比，也提高了计算的准确率。像 BIM 这样的信息化技术进入课堂，还营造了良好的课堂氛围，在直观交互的学习环境下，提高学生学习兴趣。[①]

案例 6.2

无锡职业技术学院的团队在《零件尺寸测量》课堂上运用 SPC 智能测量系统（包括 SPC 游标卡尺和千分尺）进行实训。

游标卡尺和千分尺的测量技术要求很高，动作稍不规范，就会导致测量结果不准确，在生产过程中无法准确检验零件尺寸是否合格。在传统课堂上，老师不可能紧盯着每位学生操作，一旦测量结果不准确，也不知道哪一步出了问题，纠正起来耗时耗力。利用 SPC 智能测量系统能够自动采集学生的测量数据，并实时汇总到测量数据分析软件中，教师可以随时查看学生测量的数据结果。这样教师就可以精准定位到出错的学生以及错误的步骤，及时纠正。

使用 SPC 测量工具后，学生的课堂热情明显提高了。"用传统的游标卡尺和千分尺上课，学生动手测量的积极性不太高，不太用心。现在有了数据统计，学生成绩直接录入系统，每个人都看得到。这激起了大家的好胜心，都想比一比谁测得准，形成了一种良性竞争。"苗盈说。[②]

---

① 殷星欢. 职业教育＋信息化，碰撞出新的火花[N/OL]. 无锡日报，http://epaper. wxrb. com/paper/wxrb/html/2017-12/06/content_678153. htm，2018－02－04.

② 同上.

三、信息化提升职业教育实践教学水平

职业院校学生不仅需要在课堂上学习丰富的理论知识,同时还需要有丰富的实践经验。社会经济的发展,尤其是信息化对工业设计职业岗位要求的变化,使得在高职教育中以实际项目而非模拟或虚拟项目来驱动实训教学的要求更加迫切,这就要求在职业教育现代化的发展历程中注意提升职业院校的实践水平,增加学生的实践机会,促进职业院校学生理论与实践的充分融合。一方面学校可以通过参与实际项目,让学生在项目的进展中应用所学知识,提高实践水平;另一方面,可以同相关专业企业联合培养,通过校企合作在学校中学习理论知识,然后到企业中进行实践训练,培养理论和实践共同发展的信息化职业人才。但是往往学校本身具有的实践机会较少,能够参与的项目不多,企业联合培养经验也不足,结果导致很多学生在实训中没有得到有效的训练,职业技能得不到提升。借助信息化手段整合资源,则为实训引入更多的实际项目提供了可能。

案例 6.3 和案例 6.4 描述了信息化为职业院校学生提供更多的实训机会。一方面让学生真正参与到实践当中,使学生的职业技能得到加强;另一方面,通过信息化提供的实践机会较多,参加的企业较多,涉及的专业范围也较广,给学生的职业技能训练提供了更多的机会和选择。

案例6.3

以湖南某高职院校工业设计专业为例。2005 年之前,实训项目大多为虚拟项目,由专业老师根据自己的经验提出设计题目,学生做出的设计并不能直接用在生产中,实训的效果大打折扣。随着信息化的不断深入,借助网络平台,实际项目的引入力度得到加强,途径更加丰富。例如借助网络平台与工业设计公司取得联系,通过信息手段可以非常方便地将企业的实际项目引入到实训中。借助信息化,该院工业设计专业还组织学生以设计比赛为课题进行实训,拓宽了实训中实际项目的

来源。①

案例 6.4

世界大学城是一座网络虚拟城市。它以网络交互远程教育为核心,综合了远程教学、网络办公、即时通信、商务管理、全民媒体、个性化数字图书馆等功能。世界大学城的中国高职院校云平台和中职院校云平台上都提供了很多优秀课程和资源,学生和教师都可以从这里获得所需的信息。2010 年推广"世界大学"空间建设以来,很多企业加入了信息平台,使实际项目的引入更加便捷,也为学生将自己所学技能转化为实践提供了平台。②

四、信息化促进职业教育均衡发展

信息化背景下,职业教育模式的完善更加注重教育公平。对于职业教育而言,在初中阶段教育以及高中阶段教育之后的分流,本身就带有促进教育公平的性质——为不能进入普通高中以及普通高等教育之外的学生提供继续接受职业教育的机会,使之能够有一技之长以立足于社会。但是职业教育信息化本身也存在区域、校际发展不均衡的问题。可以说,职业教育信息化肩负着推动我国区域职业教育公平发展的时代重任。推进职业教育信息化在更高质量上更加公平的发展,不仅是职业教育信息化发展的必然要求,也是职业教育均衡发展的内在要求。

第一,基础设施建设。区域职业学校信息化基础设施建设,包括职业学校"宽带网络校校通"等信息化支撑平台的建成等,给职业教育的公平发展提供了硬件基础。通过加快职业教育信息化建设步伐,能有效地推动职业教育的改革,转变教育发展方式,加快现代职业教育发展步伐,缩小城乡、地域、经济等因素带来的发展不平衡现象,从

---

① 湖南工业职业技术学院. 课程实训平台[EB/OL]. http://www. hunangy. com/website/shixun/,2018 - 02 - 04.

② 北京禾田雨橡互联网科技有限公司. 世界大学城[EB/OL]. http://www. worlduc. com/,2018 - 02 - 04.

而促进教育公平。

第二，教学体系改变。从精品课程到MOOC的推行，职业教育的理论或实践课程均可以在线的形式呈现，利用职业教育信息化搭建课堂教学与实训教学的桥梁，开启职业教育的第三课堂，形成校企共建的职业教育培养方式，如此职业教育体系必然随之改变，变成面向社会、面向人人的大众职业教育。多种教学体系的融合和推进，改善了原有软硬件资源不足造成的教育不均衡状态，使职业教育的每个学生都有接受优质课程的机会。精品课程与MOOC的推行，也扩大了职业教育的范围，使职业学习摆脱了时间和空间的限制，让没有机会学习相关课程，或想要进一步学习的职业技术人员有了学习的机会，从而促进了教育公平。

第三，资源共享机制。资源开发机制的建立与资源共享模式的形成，是优质数字资源开发与应用的关键。目前我国已经建立四大数字资源开发机制，分别为"政府工程项目"机制，主要负责统筹资源开发；"建设资源基地"机制，保证资源开发的持续性与集中性；"推进协作共建"机制，以全国职业教育数字化优质资源共建共享联盟为依托，促进资源协同开发；"社会征集评审"机制，通过向社会征集资源，扩充"国家职业教育数字化信息资源库"内容，资源共享模式主要通过网络建设来完成。

案例6.5

教育部设立"国家职业教育数字化信息资源库"信息发布平台。经过一年多的试运营，2012年12月10日"中国职业教育信息资源网"正式投入运营，发布职业教育改革与发展政策和信息，共建共享优质数字教育教学资源①，如图6.1所示。

---

① 教育部.中国职业教育信息资源网［EB/OL］. http://www.tvet.org.cn/html/index.html，2018－02－04.

图 6.1　中国职业教育信息资源网首页

案例 6.6

教育部设立分专业的产教结合教育网,依托示范性职业院校建立专业群落产教结合教育网。如电子技术应用专业群落产教结合教育网(http://www.dzjsyy.com),集聚、发布并共享电子技术行业动态、知名企业用人状况等信息①。

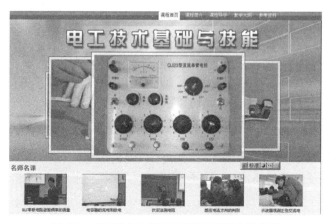

图 6.2　电子技术应用专业群落产教结合教育网

---

① 教育部.电子技术应用专业群落产教结合教育网[EB/OL]. http://www.dzjsyy.com,2018－02－04.

案例6.7

教育部主办"全国职业教育网络学习平台"。2011年1月，由职业教育与成人教育教育司主办的"全国中等职业教育数字化学习资源平台"（http://www.zhiyejiaoyu.roboo.com/）开通，以方便全社会和广大职业院校师生共享优质教学资源，进一步促进了职业教育的均衡发展①，如图6.3所示。

图6.3　全国中等职业教育数字化学习资源平台首页

五、信息化帮助职业教育突破发展瓶颈

职业教育是面向就业的教育，与经济社会发展的动态紧紧相连，因而不能忽视信息化在推进与引领产业变革方面的功用。当教育体系向信息化开放时，职业教育不应该消极地持观望态度，而应该站出来，主动承担起应有的责任，敏锐地觉察到客观环境的变化动向，把握机遇，以变应变，突破自身发展瓶颈，加快自身硬件设施升级。

随着社会发展对职业技术人才的需求不断加大，职业教育发展规模也在不断扩

---

① 教育部.全国中等职业教育数字化学习资源平台［EB/OL］. http://www.zzxxw.com.cn/Foreground/default.aspx,2018－02－04.

大,使职业教育发展进入攻坚期,职业教育发展困境重重,尤其是职业教育输送的人才与产业人才需求矛盾凸显。想要突破职业教育面临的重围,必然要有所行动。职业教育将利用信息化发展机遇,借助信息化工具和信息技术,把握社会发展方向,整合资源,判断信息技术发展带来的市场对人才需求的变化,及时把握人才市场的需求动态,找准自身定位,调整人才培养计划与教育教学行为。同时,借助信息化平台、信息化教学资源,采用信息化教学方法,优化教师教学和学生的学习,培养适合社会发展的高素质、信息化的职业技术人才,突破职业教育的困境。

第三节　信息化引领职业教育新发展

信息技术的发展使世界瞬息万变,我国职业教育也要站在时代前沿,利用信息技术引领职业教育的新发展。我国在《教育部关于加快推进职业教育信息化发展的意见》(教职成〔2012〕5 号)中提出职业教育信息化的工作机制是"政府主导、行业指导、企业参与、专家支持、学校创新"。我们可以看到,职业教育信息化的发展,并不能只依靠政府或者职业院校的作用,而是要求政府、社会和职业院校共同作用,加强产教结合、校企合作,促进职业教育信息化的新发展。

一、政府主导

政府教育部门作为教育信息化的主导者,主要负责职业教育信息化的全局蓝图规划。在引导全国教育信息化建设与发展中,既要颁布相关政策推进职业教育信息化、调研并发布年度职业教育信息化工作要点,也要回顾建设成果、反思建设中存在的共性问题。对职业教育信息化统一标准,对有条件进行创新的地区,鼓励区域先行先试,形成区域职业教育信息化建设特色。

此外,政府还要担当协调者的角色,在职业教育信息化建设过程中,既要推动相关部门的资源整合,也要兼顾各方主体权益,以免挫伤各方参与职业教育信息化建设的积极性。在促进信息化的推进中,既不能采取放任自流不作为的管理方式,也不能实行强迫式的管制。政府教育部门既要明确职业教育信息化建设的动力,鼓励其参与,整合各地教育电视台、电化教育馆以及现代教育技术中心等相关机构的资源,尊重其参与创新的精神,共同促进职业教育信息化建设,也要分析建设中的阻力,积极引导协调,如有的相关部门出于利益得失的考虑持不配合态度或观望态度,对此则要采取积极措施进行引导与调节,使其明白职业教育信息化体系的构建思路和运作模式,并积极参与到职业教育信息化当中。

二、社会协同建设

(一) 行业指导

每个行业都有其自身的发展规律及指导方法,职业技术人才的系统化培养离不开其行业本身的指导。相反,经过系统化培养、掌握行业技术的人才也能促进行业的发展。要实现各行业职业教育教学指导委员会(以下简称"行指委")对职业教育信息化的指导,首先要健全行业指导机构,行业指导机构的健全是对其行业的现代职业教育体系建设和职业教育改革发展进行指导的前提。为了强化行业对职业教育信息化的作用,统筹对中等和高等职业教育的指导,教育部对行指委进行了重组,并批准增设10个行指委。目前,53个行指委基本覆盖国民经济行业分类中的所有门类,人员结构更加优化,力量更加强化,机能更加完善。其次,加强自身建设。行指委只有建设好了自身,才能更好地对本行业职业院校的教育信息化提供指导。因此,需要各行指委根据规定的自身职能要求,结合本行业特点和实际工作需要,细化工作职责,完善日常运行机制,不断加强自身建设。最后,还可以利用自身优势,开发网络资源平台,为职业教育专业发展提供资源,构建企业与职业院校的产教合作平台,促进企业和学校的交流沟通,促进行业内职业教学资源共享和资源互通。①

(二) 企业主动参与

职业人才的培养一方面需要学校的教育,另一方面需要实训教学,让学生在学习理论知识的同时,掌握实际操作技巧。因此,没有企业行业的参与,职业教育信息化是难以推进的。企业参与职业教育信息化有两条途径,一是借助自身优势,与职业院校进行合作,根据市场需求,合作开设专业,或者设置企业所需专业,制定学生培养和员

---

① 鲁昕.提高行业指导能力　深入推进产教融合　加快发展现代职业教育——在全国行业职业教育教学指导委员会工作会议上的讲话[EB/OL]. http://old. moe. gov. cn/publicfiles/business/htmlfiles/moe/moe_176/201301/147350. html, 2018 - 02 - 04.

工培训方案。让学校的学生到企业进行实训，参加企业的项目增强自身技能，或者让企业职工到学校进行再学习。德国的"双元制职业教育"就是企业和学校合作培养职业人才的典型案例。二是有条件的企业自身举办职业院校，拓展社会资本参与职业教育信息化的空间。相对于职业院校来说，由于利益驱动，企业更关注产业信息化和动态，举办的职业院校也更能够适应行业需要和市场需求。职业教育集团是职业院校、行业企业等组织为了优势互补、实现资源共享、合作发展而组织的教育联盟团体，它加快了职业教学改革和资源开放共享，也是一种新型的职业教育合作模式。但是，企业在校企合作中难免会更加追逐利益，这就需要政府进行调节，让企业在校企合作中既能确实获得利益，又感受到社会责任。

案例6.8

"中国职业教育微课程及MOOC联盟"成立于2014年4月，由全国中等职业学校校长联席会、同济大学职业技术教育学院、上海景格科技股份有限公司、上海蓝卓教育信息科技有限公司等机构发起成立。作为由教育部职业技术教育中心研究所指导，自发形成的、公益性的、不具备法人资格的民间组织，中国职业教育微课程及MOOC联盟各成员单位立足地方、辐射区域、面向全国，发挥自身优势，致力于推动职业教育领域微课程应用，致力于推进职业教育微课程领域研究，致力于开发高质量的职业教育微课程资源（MOOCs）及在线平台，致力于借助微课程改革职业教育传统课堂教学模式，配合国家实施的重大政策及项目实施工作，加强各成员单位工作的交流与合作，广泛深入开展协作研究，提高信息与资源共享水平。

中国职业教育微课程及MOOC联盟的核心任务是："针对职业教育微课程的政策咨询、信息交流、典型示范、促进合作、工作研究、成果推广等"，是典型的政府、企业、学校等多方共建的职业教育平台。①

———————————

① 鲁昕.提高行业指导能力　深入推进产教融合　加快发展现代职业教育——在全国行业职业教育教学指导委员会工作会议上的讲话[EB/OL]. http://old. moe. gov. cn/publicfiles/business/htmlfiles/moe/moe_176/201301/147350. html，2018-02-04.

三、学校创新

（一）职业院校积极转型

信息化不是工业化的继续，就像工业化不是农业化的延伸。但是，就像工业社会是建立在农业社会基础之上的，信息社会也是工业社会量变积累产生的质变结果。传统的教育观念是与工业社会的特征相吻合的，工业社会为了促进生存，发展所需的物质材料和帮助生活条件的改善，采用大规模流水线的生产方式，教育也是同样的流水线式的生产。而进入信息社会，人们的实践对象已经发生变化，由物变成了人，体现了对人的服务，与工业社会对物只是生产、改造及发现不同，信息化更加反映个人情感的诉求。因此，职业院校要从塑造型学校向着服务型学校转型，将信息技术与教育教学深度融合，这为职业院校寻找转型共同体提供了一种思路，也是职业教育信息化建设的内在动力。对于人才的培养来说，各职业院校需要在各行指委的指导下，根据职业活动的环境、内容和过程改革人才培养模式，进行教学过程和学习过程的变革，促进教学与生产的对接，提高学生职业道德、职业技能和就业创业的能力，促进学生的全面发展，培养高素质强技能的职业人才。传统意义上的教学已经难以满足现代信息化环境下新的学习需求，需要职业院校转变传统的教育思维，变革职业教育的课堂教学模式，在信息化基础上引导职业院校的教育教学改革。

（二）教师提升信息技术能力

随着职业教育信息化的推进，信息技术开始作为一种教学辅助手段参与到教学过程之中，变革了教师的教学，也成为教师转型的契机。信息技术随着科技的进步快速更新，同时也拓展了人们获取信息和知识的途径。知识能够通过信息技术转换成为数字信号，因此知识的传授就可以由计算机网络协助，进行信息加工完成，教师由此脱离了繁重的知识传递任务，教师的作用也由此得以强化。教师对学生的培养，则不只是知识的传授，更重要的是培养学生解决问题的能力，能够利用相关的数据和信息，形成有效的策略。由此，教师在教育教学过程中发挥作用的方式发生了变化，教师在教育中不仅是知识的传授者，更是朝着培养学生运用知识解决问题的能力的引导者、辅助者和促进者方向转型。职业教育信息化带来的教与学方式的变革，促使职业教育教师在传统教师观的基础上得到升华，明确职业教育人才培养目标，着力提升自身信息技术能力和利用信息技术进行教学的能力，为促进经济社会的发展培养高素质的劳动者和技术技能型人才。

第四节　职业教育信息化推进要点

随着教育信息化的不断推进，我国职业教育信息化快速发展，各方面都取得了一定的成效，加速了对高素质技能型人才的培养，但与发达国家相比，我国信息技术与职业教育在深度应用、融合创新方面仍存在差距。因此，还是要领会《教育信息化十年发展规划（2011—2020 年）》中提出的"加快职业教育信息化建设"的要领，在我国教育信息化战略的基础上，借鉴德国、日本等发达国家的经验，结合我国职业教育信息化现状，不断健全职业教育信息化保障体系，加大对基础设施建设的投入，培养职业教育教师的信息化意识，提高信息化资源的利用率，推动我国职业教育信息化的可持续发展。

一、政府主导，健全职业教育信息化保障体系

职业教育信息化不仅仅是学校的问题，也不仅仅是教学问题，还包括数字化校园、电子化图书馆、数字化管理等，涉及很多影响因素。信息化教师、信息化基础建设、信息化资源、信息化标准等职业教育信息化的执行环节，是职业教育信息化实践高效推进的重要执行保障，安全、投资、体制等是影响职业教育信息化整体进程的强大动力保障，这些都是职业教育信息化的重要组成部分。

我们可以观察到，发达国家为了保证职业教育信息化的可持续发展，不断对其保障体系进行完善。德国在职业教育信息化的推进过程中形成了完善的保障体系，在"数字化教育世界 2030"和"职业教育 4.0"背景下制定《职业教育法》、"职业教育条例"等职业教育信息化相关法律法规和标准，鼓励相关企业参与到职业教育信息化中，促进相关产业的发展。日本政府在制定相关政策法规、项目和规范之外，还大力提倡并鼓励民间企业为职业学校的信息化提供服务，鼓励学校在校园网公开相关资源。这些措施逐渐成为德国和日本的保障体系的重要环节，如今这两个国家的职业教育信息化保障体系逐渐健全，职业教育信息化也逐渐走向可持续发展的道路。

虽然我国已经制定了相关政策和法律法规来促进职业教育信息化体系的建设,但相关的政策、法规和标准、评价体系、考核机制、产业环节、管理措施、共享原则等都还不够完善,直接影响着职业教育信息化的进一步发展。因此我国在职业教育信息化的进程中,要在政府的主导下,充分利用已有资源和现有的职业教育信息化体系,通过相关政策和法律法规来推进职业教育信息化体系的建构,为职业教育信息化的可持续健康发展提供保障。

二、 齐头并进,加快职业教育信息化基础设施建设

信息化硬件设施是实现职业教育信息化的物质基础和先决条件,职业教育信息化需要硬件的基础设施作为支撑,良好的信息化设施及环境是开展教育信息化的必要条件。各国在职业教育信息化中都会投入大量资金和人力资源在基础设施的建设上。例如,德国的"联邦-州数字化协定"中规定在数字化校园建设中投入数亿欧元,"促进跨企业培训机构及能力中心数字化"项目投入大量资金支持相关企业购买和维护数字设备。此外,德国还建设了职业教育信息互通共享网络平台。日本的职业院校的校园网配备率达到99％,教学用设备已完全普及,职业学校图书馆也向着信息化和数字化的方向迅速发展。

近年来,我国职业教育招生规模逐年扩大,大部分资金用于校舍和基本实验设备投资,而用于投资信息化设施的资金极其有限。还有很大一部分职业技术学校的教育信息化基础设施停留在校园网和一般的机房建设层面上,对于信息化所需的教学资源、专业实验信息化设备、电子图书馆等的建设几乎是空白,且存在着教育信息化应用水平层次各有高低、基础设施建设不平衡,以及教学中知识教育与职业技能脱离的现象,这些基础设施建设的滞后严重限制了职业教育信息化的发展。

因此,各职教部门需要制定顺应职教社会信息化趋势的发展战略,"两手"齐头并进。一手狠抓城市职业院校网络远程教育和在线移动学习的质量,加大投入力度,并结合实际需求加强职业教育信息化资源建设,加快自主开发优秀的职业教育资源的步

伐和技术标准规范建设,提高资源利用率;一手推进职业教育信息化落后的山区、农村和薄弱地区学校的基础设施建设,阶段性分步建设信息化基础设施,提高职业教育信息化的硬件装备水平,定期更新和维护老化的设备,大力推进信息技术与课程的整合,促进整个职业教育领域的教育资源均衡与共享,实现教育信息化的大众化和现代化发展。同时,倡导多渠道、多来源的投资,通过信息技术与课程整合,努力提高职业教育质量。

三、 完善制度,持续提高职业教育教师信息化水平

教师是信息化的主要执行者和信息化推进的关键因素,职业教育教师信息化水平在一定程度上决定了职业教育信息化发展水平。为了提高职业教育教师的信息化水平,德国设立专门的计算机中心,组织专业的咨询团,对教师进行信息技术和信息化教学模式的培训,并解答教师问题;日本开启多个项目对职业教师进行培训,并利用具有丰富的信息技术经验的无业人士对教师信息技术教育研修和使用计算机授课进行指导和辅助。

《国家中长期教育改革和发展规划纲要(2010—2020年)》中提出"大力加强职业教育'双师型'教师队伍建设",《教育部关于进一步完善职业教育教师培养培训制度的意见》中也提出了对我国职业教育教师的培养办法。教育部在2017年3月发布的《职业院校教师素质提高计划项目管理办法》对职业院校的教师培训做了规划,并连续八年举办全国职业院校信息化教学大赛,一定程度上提升了教师的信息化水平。但是从总体上看,政府、行业主管部门和学校对职业教育教师信息素养培养的重视程度依然不足,职业学校教师信息素养依然普遍比较薄弱,存在着教师的教学观念保守、教学方法老套、教学模式单一、信息技术掌握不足、信息意识淡薄、信息知识有限等问题,从而不能很好地将信息技术融入自己的教学实践,这也是当前职业教育信息化发展的最大瓶颈,严重限制了职业教育信息化的有效推进。在信息化社会条件下,教师必须掌握信息技术,结合自己的专业特色,在自身原有的知识领域的基础上进行信息搜索、信息

加工整合、信息创新和信息传递。

因此，面对职业教育教师信息化水平不足的问题，我国政府、相关行业主管部门和学校应该充分认识到对教师信息素养培养的重要性和职业教育教师培养培训制度建设的紧迫性，加强统筹规划和整体设计，完善和落实职业教育教师培养的制度框架，培养具有信息化素养，能够利用信息技术和信息化教学手段培养高素质的职业技术人才的教师，促进职业教育信息化的有效推进。

第七章

广阔天地：非正规教育中的信息化发展和应用

第一节　信息化满足教育长尾：非正规教育

一、作为"长尾"的非正规教育

1968 年，美国教育学家菲利普·库姆斯(P. H. Coombs)发表《世界教育危机：系统分析》。该书指出，20 世纪 50 年代，几乎所有国家都在积极推行传统的正规教育，使其以线性方式在世界范围内扩张。但实践证明，这种传统的自上而下的教育模式无法满足整个社会全面发展的需要，从而导致了世界范围的"教育危机"。非正规教育作为传统正规教育的有效补充，从此应运而生。非正规教育突破了正规教育的限制，以其针对性、灵活性、实用性等特征获得了广泛的发展空间。如今，许多国家都把非正规教育纳入国家教育发展战略，并作为缩小社会等级差距、开发国家人力资源、提高国民素质、维护社会稳定的重要手段。

关于非正规教育的定义，国内外的学者大多将其依附于正规教育，通过与正规教育和非正式教育的辨析中归纳出非正规教育的概念。[①] 正规教育和非正规教育的对比如表 7.1 所示。

表 7.1　正规教育和非正规教育对比

	正规教育	非正规教育
是否获得文凭	是	否
办学灵活性	义务教育阶段灵活管理，其他灵活性较强	灵活性强
教学方式	按年龄、教育层次分班，明确入学要求，进行班级授课制条件下的标准化教学	不分年龄、不分性别、不考虑教育背景，学习组织不固定，教学方式比较灵活

---

① 崔吉义，张健. 国内外非正规教育与非学历教育的概念辨析[J]. 高教学刊，2016(20)：1—2.

续表

	正规教育	非正规教育
学制	学制固定,阶梯连续性	学习者可以根据自己的时间和需求安排,不一定遵循"阶梯式"体系
学习的目的	获得文凭	个性化需求
是否需要具备专业资质	是	非必需

正规教育一般包括学前教育、基础教育、高等教育等。通过完成正规教育的学习,学生可获得相应阶段政府颁发的文凭或证书。非正规教育是指正规教育制度外,针对特定对象和学习目标所进行的有组织、有目的、有学习目标的教育活动,以培养人的知识、技能或态度的各种教育形式,包含成人教育、社区教育、岗位培训、课外辅导、语言培训、兴趣爱好培训等多种形式。非正规教育由机构、组织或者其他代理商提供,可能没有国家的支持,也没有营利性机构的资助,甚至并非一定具备专业的资质。

随着信息技术的进步与发展,教育的概念、内容、形式和方法等方面在不断丰富和发展。作为整个教育体系的重要组成部分,非正规教育同样也面临信息化带来的巨大机遇,甚至从某种意义上讲,正是由于信息技术的突飞猛进,才使得非正规教育的教化功能得到前所未有的彰显。

二、 非主流的长尾教育需求

2004 年,美国著名编辑克里斯·安德森(Chris Anderson)在《连线》杂志(*Wired*)就以亚马逊(Amazon)和奈飞(Netflix)为例的商业网站及其经营模式进行分析,提出了长尾理论(The long tail effect)。该理论诞生于网络技术和电子商务高速发展的背景下,世界进入了"丰饶经济学时代"。长尾理论的核心在于如果把世界上所有的文化产品或者商品作受众统计,会形成头部非常庞大、尾部非常长的曲线,当足够多的尾部非热门产品组合到一起,实际上就可以形成一个堪比与热门市场相匹敌的市场,如图7.1 所示。

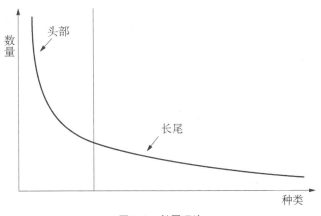

图 7.1　长尾理论

长尾理论源于经济领域,却也很好地解释了正规教育和非正规教育需求的关系,如图 7.2 所示,正规教育占据教育需求的"头部",而非正规教育则覆盖了教育需求中的"长尾"部分。现代科技打破了传统教育的"围墙",使得教育无边界化;学习需求的多样化和个性化空前膨胀,使得众多个性化、非主流的需求聚合成了堪比与大众共同

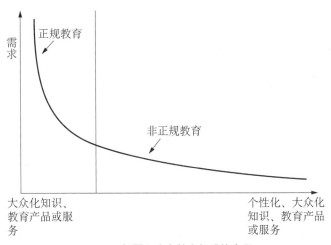

图 7.2　长尾理论在教育领域的应用

需求相匹敌甚至更大的市场。仅仅学校的学习远远不能满足学习者的需求，非正规教育越来越受到社会的认可和推崇，国内语言类网校的快速崛起以及 MOOC 模式对传统大学课堂的颠覆都是很好的例子。从这个角度可以说，非正规教育既是正规教育的有机补充，同时也是长尾理论的天然应用领域。①

　　根据安德森的理论，当前我们的文化和经济重心正在不断加速从需求曲线头部的大热门（主流产品或市场）向尾部（非主流的产品或市场）转移，教育也不例外，这种趋势带来的是教育市场对学生个性化需求的进一步重视。教育领域长尾的形成，不能简单理解为非主流的教育产品或服务多于主流的产品或服务数量的总和，而更应重视长尾中的个性化教育需求与头部共性化需求之间的联系。

---

① 杨晓宏，周效章.我国在线教育现状考察与发展趋向研究——基于网易公开课等 16 个在线教育平台的分析[J].电化教育研究，2017(8)：63—69、77.

第二节　国际视野中的非正规教育信息化

一、非正规教育中信息化的发展路线

由于正规教育与非正规教育内容的不同，导致两者在信息化的驱动、对象及模式等方面存在差异。正规教育中的信息化主要依靠政府和科技驱动，对学校进行教育信息化的建设，其重点在于教育信息化基础设施建设、师生信息技术普及程度的提高、教育管理信息系统的构建等。与正规教育相比，非正规教育信息化的核心在于教学模式及教学内容的升级与创新，以改善学习者的学习方式并提高学习效率。结合教育信息化的特征，非正规教育信息化可以定义为将信息技术作为一种工具，改变学习者在非正规教育中的参与方式，使学习者能够更好地掌握所需技能的过程。

联合国教科文组织认为，教育信息化的发展过程一般可以分为四个阶段：起步、应用、融合和创新。从技术的角度来看，非正规教育的信息化过程同样呈现出明显的阶段性特征，并可以总结为四个阶段，即网络化、数字化、集成化和智慧化。如图 7.3 所示，非正规教育的发展演变是随着技术的进步一路走来的：20 世纪 90 年代，非正规教育主要以技能培训和函授为主，采用的还是传统的线下教学模式。幻灯、投影仪、广播、电视、录音、录像等教学媒介刚刚兴起，这些教育信息化的工具在一定程度上缩短了信息传递过程，提高了教育的效果。20 世纪 90 年代末，PC 互联网的广泛普及使得远程教学第一次可能实现，网络学院开始起步。进入 21 世纪，多媒体技术开始普遍应用在教学当中。同时，随着传统线下培训机构线上覆盖度的不断提高，在线教育开始走入千家万户，教育资源开始进入融合期。随着第四次工业革命的到来，互联网开始变得无处不在，移动互联网迎来爆发式发展，渗入到各行各业。教育领域也不例外，各大教学平台强势占领市场，互联网学习社区、公开课等多种模式以"互联网＋教育"的方式高速发展。展望未来，云计算、大数据、物联网及人工智能技术不断成熟，非正规教育即将迎来创新发展期，智能教育、智慧教育时代即将到来。

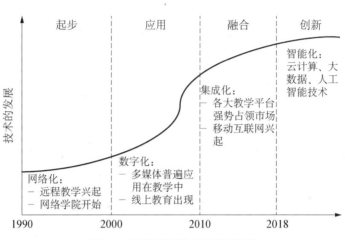

图 7.3　非正规教育信息化发展阶段

二、非正规教育未来发展——技术革新教育

信息技术不仅改变着现在的非正规教育,未来非正规教育领域将持续被新科技所革新。人工智能技术的日趋成熟推动教育环境迎来智能化浪潮,同时,扁平化、立体化的趋势也将不可避免,如图 7.4 所示。在这三大趋势的影响下,非正规教育场景下学

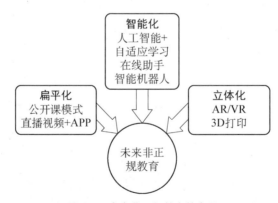

图 7.4　未来非正规教育的发展

习者的学习过程及方式正在逐渐被改变,教育的效率和规模化亦将提速,优质教育资源的获取将更加便捷,非正规教育的形态也终将被重新定义。这里选取发达国家非正规教育实践中技术应用的典型案例进行分析,以期更加直观地感受科技进步对非正规教育发展的重要意义。

(一) 智能化

智能化发展的核心在于人工智能的普遍应用,人工智能技术目前已在医疗、金融、传媒、旅游、家居等各个领域有了较为成形的应用。在教育场景下,人工智能可以与学习过程中的"教、学、练、评、测"五大环节相结合,利用其对图像、语音等信息的识别功能对问题进行分析,通过对数据的深度学习、自适应和计算,产生适合学习者的个性化的解决方案和有效反馈意见。可以根据深度学习特点、智能识别技术以及大数据集成功能,将教育智能化模式分为四类:自适应学习、在线助手、信息化管理、智能机器人。除了信息化管理在多数情况下用于学校教育外,其他三个模式在非正规教育体系中均已有相对广泛的应用,如表7.2所示。

表7.2　非正规教育智能化案例

智能化模式	主要产品模式	应 用 案 例
自适应学习	自适应题库系统,自适应课程系统,分级阅读系统	美国D公司推出了一款以游戏为基础、针对K8(幼儿园到八年级)数学课程的自适应儿童在线学习工具。学生在玩数学游戏的同时,该工具的分析系统将根据学生在游戏中的表现,不断调整游戏进程的内容,并为老师、家长和学校管理者发送分析报告,该平台目前已有超过720节的在线课程。
在线助手	智能助教	加拿大K公司推出了一款课堂智能助教产品,主要功能是帮助老师建立、审查作业,并反馈指导意见给学生,目前该产品已经覆盖超过80个国家和地区。
智能机器人	教科机器人,儿童机器人	日本S公司打造的教育机器人K,主要面向中小学生编程教育,在通过编程使机器人发动的过程中培养儿童的思考力和创造力。这款产品由一种立体积木构成,每块积木上面都有八个接口用于和其他积木连接,在使用K组成的每个物体中,存在控制器以及传感器,儿童可以通过移动APP对其进行程序编写,实现自己所创造的物体具备行走、听声、循迹等多种功能。

（二）扁平化

扁平化指的是未来非正规教育将有效打通学习主体间的信息传播屏障，使优质的学习资源能够直接从供给者到达学习者。21世纪前十多年，非正规教育扁平化的主要实现模式是线上公开课，该模式的核心在于互联网技术和录播视频技术，互联网的高度普及使得一些高质量的学习资源能够更加便捷地传送到学习者面前；录播视频技术的进步使得高清远程授课、非连续非固定式的学习方式成为可能。当然，从实践看，尽管线上学习方式拥有诸多优点，但在学习体验、社交属性等方面仍与传统的线下面对面教学存在差距，因此线上公开课最终往往只是定位于线下教学的补充，无法从根本上改变大多数使用者的学习习惯。

近期，随着技术的不断迭代，直播平台开始渗透至非正规教育领域，它以传统互联网教育平台提供的开放数据为基础，更加有针对性地为学习者提供个性化的学习方案。与纯粹的线上公开课模式相比较，直播平台具有内容丰富、即时感强、易互动等优势，从趋势上看，有进一步打通线上、线下教育的可能，同时有望在未来进一步重塑非正规教育的传统形态，成为扁平化趋势新的代表模式。需要注意的是，尽管直播模式已成为互联网教育的大势所趋，但要真正做到线下教育的优化与替代，仍需在课堂要素等方面做到真正充分地理解，否则用户体验无法快速提升，替代周期亦将进一步放缓。

1. 线上公开课应用案例

早在2011年，美国斯坦福大学便利用互联网开设了免费对外开放的三门计算机类课程，被称为MOOC。随后哈佛大学、哥伦比亚大学等常青藤名校及时跟进，陆续设立了相应的网络公开课学习平台，MOOC开始走进公众视野。目前，MOOC风潮已经遍布全球，其中最具代表性的是Coursera、edX、Udacity三大平台。

与其他两个平台主要由著名大学发起不同，Udacity是由几家全球顶级IT公司联合发起设立，包括谷歌、微软、Facebook等，目前并没有和大学结盟。内容方面，Udacity已涵盖计算机科学、数学、物理学、统计学等科目的多门课程。虽然没有各高校授权的学位，但Udacity设有自己的平台学分和证书——"纳米学位（Nano degree)"，以资作为对使用者学习成果的肯定。同时，除了提供课堂视频内容外，Udacity还建立了自己的学习管理系统，内置编程接口及社交论坛，使得平台应用更加丰富，进一步提升了用户的体验。

2. 直播平台应用案例

S公司是一家位于日本的在线教育平台，成立于2014年2月，平台内容以面向成人的经管、商业、科技与IT课程为主，其中80%是通过直播的方式呈现，在打破传统教育地域限制的同时，提升了一般在线视频平台所没有的现场感与互动性。作为一家以技术为主导的平台，S公司十分注重直播技术和模式的开发，以一小时的标准课程为例，S公司会将其分为两个半小时，其中上半小时由教师在线授课，下半小时增加学生提问与讨论，在不断丰富课程内容的同时，让网站课程的互动沟通环节变成独特的亮点。

（三）立体化

立体化主要是指教育科技将扁平化的知识变得生动、立体、可感的一大发展趋势。通过VR、AR、3D打印等技术将文字、图片等教育内容转变为可视、可感的立体场景，可实现更加丰富的学习体验，在提升教学生动性、趣味性方面，以及学习者的存在感、直觉和专注度方面具备明显的优势。相比传统多媒体教学或书本的形式，VR教育的优势在于教学效果和效率得到大幅提升。

美国Z公司是一家为VR教育提供解决方案的典型公司，该公司产品由一台独立电脑和VR显示器组成，并配备有触控笔，帮助学生操纵虚拟3D物体，加强学习体验。此外，公司还成立了专门的STEM实验室，每个实验室标配12名学生、一位老师，帮助学生更好地学习数学、物理和生物等课程。

综上所述，从上述三大趋势在非正规教育领域的发展看，受益于技术成熟、成本低廉等因素，扁平化有望在近三年基本达到全覆盖；智能化作为新的实践方向，其技术仍需继续迭代以达到普及，但资本市场的大力支持使得其很快将实现较大规模应用，同时将在基础教育领域得到更为广阔的应用和发展；立体化方面，受制于现有技术难题尚未取得重大突破、与教学内容较难融合以及软硬件成本高企等问题，其应用或在未来十年内逐步成熟。

三、 发达国家非正规教育中信息化典型应用

非正规教育的理论基础是实用主义教育思想、教育系统三分观点和终身教育理念的结合。[①] 非正规教育的教育对象是任何有教育需求的全体社会人员并贯穿人的一生，在学前、K12、大学、工作等阶段都有相应的产品和服务提供。根据受教育者的年龄，我们可以把非正规教育分为学前、K12、成人三个阶段。如表 7.3 所示，非正规教育的三个阶段具有不同教育需求及教育形式。对此，我们将通过国外发达国家非正规教育中信息化典型应用案例，逐一分析各个阶段的学习者特点以及非正规教育产品。

表 7.3 非正规教育三个不同阶段特征

非正规教育阶段	非正规学前教育	非正规 K12 教育	非正规成人教育
年龄阶段	0—6 岁	7—18 岁	18 岁—
学习目的及技能需求	胎教、启蒙等	升学考试、竞赛、兴趣特长、语言等	出国考试、职业证书、终身学习、兴趣爱好等
非正规教育的主要教育形式	孕期培训中心、早教机构、亲子社区、APP 等	线上课程、线下培训、在线平台、APP 等	线上课程、线下培训、在线平台、公开课、线下社群、私人定制、APP 等

（一）非正规学前教育中信息化典型案例

关于学前教育，我们把那些由政府授权的单位组织，有固定的场所，聘请专职幼教工作人员依照国家政策运作的托幼机构视为正规学前教育，包括托儿所、幼儿园等。除此之外的有组织、有系统进行的学前社会教育形式都看作非正规教育。非正规学前教育的核心需求主要在智力启蒙、天性开发以及学校教育的学前衔接等方面。随着移

[①] 崔吉义，张健. 国内外非正规教育与非学历教育的概念辨析[J]. 高教学刊，2016(20)：1—2.

动互联网终端设备在"80后"父母人群的普及，他们的下一代儿童也将直接享受到智能设备带来的便利。从智能设备支持的APP应用软件看，目前以早教类产品居多。从儿童阶段的认知能力特点出发，该类应用以内容趣味性和形式多样性为主要的产品设计思路，从而达到寓教于乐的效果。

例如面向2—7岁的儿童教育方面，美国已出现了诸如D公司这样的服务商，通过旗下多款APP覆盖儿童教育、娱乐、游戏等类别，以原创的图画、角色、动画、音乐等为核心特色，受到用户的普遍认可。

（二）非正规K12教育中信息化典型案例

非正规K12教育主要是指小学、初中、高中正规教育体系之外有选择地进行有组织、有系统的活动，主要包括中小学课外辅导以及兴趣培训两方面。需要注意的是，从非正规K12教育的参与者看，尽管真正的用户是学生，但是实际内容和形式的选择决策权却在学生家长或老师手中，市场化教学产品的购买权亦不在学生本人。所以，在非正规K12教育的实践中，体验者（学生）、消费者（家长）、决策者（家长或老师）三个角色需求与选择权的分离也是该阶段的重要特征。

在K12阶段的课后辅导领域，美国服务商W公司以互联网平台为基础，一端聚集教师及课程资源，一端吸引学生用户，以家教领域的"大众点评"方式指导学生及教师实现一对一对接，解决了美国家教资源不均衡的问题，提高了家教市场的整体效率。

（三）非正规成人教育中信息化典型案例

根据非正规教育的定义，我们认为非正规成人教育主要是指岗位培训、职业资格培训、考前辅导等不授予学位学历的成人教育、培训项目。该阶段的学习者普遍拥有较强的自主性，一方面对自身的学习内容需求情况非常了解，另一方面往往希望利用碎片化的时间来进行学习。非正规成人教育的这一需求特点对技术提出了更大的挑战，教学者及教育机构在进行教学设计时，不仅要对个性化内容进行资源的优化匹配，更要关注这种定制化方案的最终效果，以及能否有效提升整体教育效率的意义。

创立于纽约的 K 公司作为世界三大教育集团之一，在成人职业教育领域拥有较强的影响力，近些年来通过互联网平台，将财务会计、商务、健康护理、建筑、房屋评估等方向的课程陆续引至线上，逐渐从最初的课后培训业务提供商发展成为全球领先的综合教育服务提供商。

在科技内容学习方面，美国亦有 L 这样的在线教育平台，帮助人们学习软件、创新商业技能，以实现个人和职业目标。平台提供的教学视频包括如何制作苹果、微软以及 Adobe 等平台最流行的应用，几乎涵盖了从网页设计到如何使用 Excel 这样的教学内容。平台视频课程主要来自行业专家、专业人士以及经验丰富的教师，实现了内容的权威性和即时性。

第三节 蓬勃发展之中孕育的破坏性创新

哈佛大学商学院教授克莱顿·克里斯坦森(Clayton M. Christensen)认为创新主要有两种形式：持续性创新和颠覆性创新。其中持续性创新是指利用资源与技术使现有的教育产品或服务发生一些连续性的更新进步，比如更方便、更快捷或更便宜；颠覆性创新为不连续的变化，可能是通过技术上的能力破坏，比如未来智能家教系统可能对传统家教的替代。

正规教育和非正规教育在组织机构、教育对象、培养目标等方面存在很大差异，受各种因素影响，信息技术给两种教育形式带来的创新主要有：以学校为代表的正规教育，由于长期以来所形成的资源分配制度、过程和价值观过于稳定，不易突破已有群体网络而形成颠覆性创新，主要以持续性创新为主；以教育服务为代表的非正规教育，受外界限制较小，办学灵活性较强，新技术将会重塑教育的服务模式，从而形成颠覆性创新。

一、STEAM 教育：不只是一种创新课程

STEAM 教育最初的形式为 STEM 教育，这个概念早在 1986 年便由美国国家科学委员会提出，其本身是为对理工科知识逐渐失去兴趣的美国学生而设立的课程，随着相关实践及研究的不断发展，后来在 STEM 中加入了 Arts(艺术)类课程，最终形成目前的以 Science(科学)、Technology(技术)、Engineering(工程)、Arts(艺术)、Mathematics(数学)为主的 STEAM 教育体系。如表 7.4 所示，STEAM 的概念处于不断发展的过程中，从 STEM 到 STEAM 经历了三个阶段，其变化的核心在于艺术(Art)的参与程度。STEM 在最初提出来的时候是为了解决劳动力短缺的问题，通过整合科学、技术、工程与数学用以解决现实问题，艺术在其中并未受到关注。为解决工业设计缺乏，提升竞争力，在由政府推动的 STEM 基础上加入艺术和美学，形成了

STEM 的第二个阶段。STEM 的第三个阶段则依靠教育工作者推动,艺术在整个 STEAM 课程中的地位进一步提升,成为 STEAM 教育的入口,以提升学生的创新能力。

表 7.4　STEAM 发展阶段

	STEAM 的第一个阶段	STEAM 的第二个阶段	STEAM 的第三个阶段
背景	缺乏 STEM 劳动力	缺乏工业设计	缺乏软技能与创新
目的	工作	竞争	创新
主要推动力	政府	政府	教育工作者
核心内容	整合科学、技术、工程与数学	进一步将艺术设计与美学加入 STEM	艺术成为一种有效的学习工具并成为 STEM 入口;在真实 STEM 环境中运用
核心原则	项目服务于特定目的;运用工程设计方法整合并运用数学和科学以创造解决现实问题的技术与方法;对于劳动力发展、国家安全与移民政策均有影响	出众的产品与交互界面设计带来竞争优势;这些项目旨在教授学生批判性思维,在数学与科学的基础上使用工程或设计方式解决现实问题。STEAM 项目借鉴设计原则,在 STEM 课程的基础上增加艺术;但是 STEM 仍关注通过工程获取数学与科学技能;只需要 STEM 技能可以支持经济增长即可	通过艺术活动增加学生动力与 STEM 成功的可能性;艺术成为一种提供更多不同学习机会与获取更多接触 STEM 机会的方式。艺术同时也提供多样的沟通与展示机会
艺术的参与程度	不关注艺术	在 STEM 中加入艺术因素	艺术作为入口

有别于传统的重学科、重书本知识的教育方式,STEAM 教育不仅要求学习上述五个学科知识,还强调运用这五门学科的相关能力,即把学习到的碎片化的知识与机械过程转变成探究真实世界相互联系的不同侧面的综合能力。STEAM 教育提倡的是一种新的教学或学习方式:它将各个领域的知识通过综合的课程融合起来,加强学

科之间的相互配合，发挥综合育人功能，让学生在全面的环境中学习与实践，应用多个学科知识解决实际问题。STEAM教育强调真实世界中问题的开放性而非学科性，重视学习者的兴趣和情境，注重生活探究与工艺创意的渗透，以基于问题的学习（PBL）、基于设计的学习（DBL）与问题解决为主。

教育的根本在学以致用，STEAM教育满足了信息化社会在未来的教育模式，能够有效促进工学、理学、社会学、人文学和艺术学之间的交流、合作与创新，给学生提供更为完整的知识背景，使其在系统化的知识体系中加深对每个学科内容的理解。

在儿童的成长阶段，STEAM教育重视创新和创意，是对基于标准化考试的传统教育理念的转型，代表着一种现代的教育哲学，让孩子们创造能够应用于真实生活的知识，具有跨学科、趣味性、体验性、情境性、协作性、设计性、艺术性、实证性和技术增强性等特点。

所以说STEAM不仅仅只是一个新的课程，它是一类新的教学模式，一套新的教学体系，也是一种向全面高素质看齐的新的教育理念。

二、"互联网+教育"：不只是一种创新技术

自从作为一种基础设施普及到千家万户以来，互联网正在以极快的速度改变并影响着各行各业的生态及人们的日常生活。教育也不例外，从一开始线下资源走上线上的简单应用，到各类学习平台、移动互联网应用的爆发，技术在生活中的应用在短短几年内的发展可谓一日千里，但人们对于知识的渴望不仅没有退却，对于得不到知识的焦虑反而愈加增长。

互联网教育并非仅仅是互联网技术在教育上的简单应用，也不仅仅是教育用互联网技术建立各种教育、学习平台的技术手段。互联网教育更是一种创新思维，通过互联网与教育的深度融合，推动教育的效率提升和服务创新，实现对传统教育的颠覆性创新。

相较于传统教育，互联网教育具有以下重要特征：

第一，打破地域限制，实现教育资源全覆盖，解决优质资源不均衡的问题。互联网消除了地理区隔，解决了传统教育难以跨越的空间问题、师资覆盖的问题，并让优质的教育资源可以均衡覆盖到不发达地区。

第二，可以提供个性化的学习选择。互联网教育可以利用后台能随时获取手机用户学习时长、正确率等大数据这一优势，向用户匹配自适应学习系统，通过分析用户个人学习情况进行学习进度控制，提供个性化需求的差异化教育产品和服务，以提升学习效果。

第三，知识共享化，降低获取知识的成本。互联网教育扩大了覆盖面，所以降低了学习成本，很好地实现了优质教育资源的共享和学习，一节昂贵的课程可以由成千上万的人分摊，从而实现单位成本最小化。

互联网教育的市场规模不断扩大，也在激发更多人的教育消费方式从传统线下培训逐步与在线教育融合。目前来看，除应试和考证这类需求外，人们越发关注职业发展、技能培训和语言学习等个人能力提升的教育投资，互联网教育从应试类向能力提升类发展。未来，互联网教育将从"输出知识"转变为"输出机会"，所有人通过互联网学习能获取更多、更平等的成长机会，从而满足社会发展对人才的需求。教育机构也将通过精准的用户匹配，把自身优质的学习内容呈现在目标用户面前，教育资源线上与线下深度融合的趋势更加明显，互联网教育将成为给用户及企业输出机会对接双方需求、更好地实现未来发展的"钥匙"。

第四节　亟需加强的引导和规范

一、我国非正规教育中引导和规范的缺失

（一）全社会有限的认可度导致参与主体规范度的不足

《国家中长期教育改革和发展规划纲要（2010—2020 年）》提出："到 2020 年,基本实现教育现代化,基本形成学习型社会,进入人力资源强国行列。"实现这一战略目标不仅要重视正规教育的主导作用,也不能忽视非正规教育带来的积极效应。然而,从目前国家和社会的认可度看,非正规教育仍被视为"二等教育",不仅难以得到来自顶层自上而下的重视,而且存在体系不完善、管理混乱等问题,参与者以各类市场化机构及部分民间组织为主,各类主体鱼龙混杂、良莠不齐,与发达国家正规教育与非正规教育两翼齐飞的格局相距甚远,从而使得整个社会的教育体系不尽完善。以中小学课外辅导机构为例,相关主管部门尚未出台相应的法律法规、部门规章,对该类机构的准入资质等缺乏统一规范要求,使得进入者门槛较低,用学生家长们的话说就是"一个人,一间房,一本书就可以搞个辅导班",不鼓励、不承认、不研究非正规教育和学习。

（二）质量保证的缺失造成非正规教育的另一短板

与正规教育相比,非正规教育在质量保障的各个层面存在不足。首先来自国家对非正规教育的重视程度有限,在政策、资金、人力等方面的支持仍与正规教育存在较大差距。其次从全球范围内对非正规教育的观念上看,不论是发达国家还是发展中国家,均存在持怀疑和挑剔态度的现象,使得非正规教育大都处于边缘地带,无法从系统上保证整体的教育质量。[①] 最后,非正规教育的教师素质良莠不齐,教师队伍不稳定。

---

① 朱震旦.英联邦共同学习体(COL)非正规教育质量保障框架研究及启示[J].中国电化教育,2014(2)：6—12.

当下非正规教育从业者很多并非专业教师背景出身，大多缺乏规范的岗前培训、管理培训，在缺乏有效监督、市场竞争日益激烈的背景下，人员流动频繁，教学质量的稳定性难以保证，从而进一步影响了学生学习的连贯性。

（三）非正规教育的成果未得到合理评价

从我国目前的实践情况看，虽然非正规教育在职业培训、成人教育、社会教育和儿童课外教育等方面已呈现蓬勃发展之势，但由于政府相关主管部门的重视程度不足，使得非正规教育仍处于缺乏合法地位、缺乏合理评价的尴尬状态。进而言之，在非正规教育的参与者中，不论是政府、教育机构还是学习者，往往都认为非正规教育仅仅是正规教育的入门砖而已，这种"辅助功能"的定位再次反映出当下我国学习、成才渠道的狭窄性、单一性。总而言之，就是教育服务的不足、法律与政策的缺位，教育尤其是非正规教育长期对社会发展的贡献和作用没有得到充分发挥。不论与发达国家相比，还是与周边国家相比，我国非正规教育的发展都显得薄弱。

二、 非正规教育中发达国家规范建设典型案例

综观国际上非正规教育的发展，非正规教育的主要功能是补偿性和实用性。而以政府为主导力量的非正规教育体系的建立主要集中于成人教育这一阶段，有关学前和K12阶段的非正规教育建设主要来自市场化的推进。目前，部分发达国家已经出现成熟的应用模式，这里主要选取以美国和瑞典为代表的发达国家的非正规教育进行研究。通过对这两个具有代表性国家的非正规教育实施模式及其发展情况进行总结和经验提取，从中得出对我国非正规教育建设有益的建议。

（一）美国非正规教育实施模式

美国是世界上最早开展非正规教育的国家，其非正规教育的出现可以追溯到美国建国时期。二战之后，美国开始重视高等教育，同时非正规成人教育迅速发展并逐步

进入大众化发展阶段。随着经济社会发展水平的不断提高，非正规教育体制也相对完善。然而，最能体现美国非正规教育水平和特色的非正规教育组织则是社区学院。目前，美国社区学院约有1500所，其初始目的只是为了提高全体公民的技术素养以及培养与工作相关的技术、技能，从而促进个体竞争力。自终身教育的概念提出后，社区学院在教育领域的地位越发重要，其主要承担的任务包括大学预备教育、职业技术教育、成人及继续教育、补救性教育和社区教育。拥有百年历史的美国社区教育在开放性、包容性和时效性的办学特征之下，在管理及实施中也具有许多独特之处，其成功经验也被世界许多国家学习和借鉴。①

1. 政府主导的支持机制

从美国社区学院的发展实践来看，社区教育快速发展的背后是政府的关注和支持。美国联邦政府主要以劝导性而非强制性的政策或法律法规对社区教育提供支持，并以财政援助作为引导。同时，各州政府还设立专门管理机构对社区教育进行规范管理。②

2. 协同治理的管理体系

在美国，社区学院主要采取的是协同治理的管理体系，在学校几乎所有部门及所覆盖领域（包括学术、财政、课程等）均设立专门的委员会，其主要目的是为了让所有的社区学院相关人员都能参与到各项重大事项的决策中，建立内部民主决策机制、互相监督，以保证决策执行的民主性和公平性。

3. 院企结合的运营模式

企业和社区学院合作一直受到各界重视，美国社区学院不断开拓与企业的合作方式，多种合作形式在提高公民技术竞争力、促进美国经济发展等方面做出了重要贡献，被认为是美国国家创新体系的重要组成部分。在这种合作互动中，合作企业给予社区学院以人力、物力、财力方面的支持，主要表现在三个方面：第一，企业的优秀员工或

---

① 张建军，徐在福.美国社区学院教育管理特色探析[J].工业技术与职业教育，2015(4)：54—55.
② 王亚琼，周丹.美国社区教育的经验及其对我国社区教育的启示[J].湖北广播电视大学学报，2012(8)：12—13.

高层领导担任社区学院兼职教师；第二，企业为社区学院的学生提供技能训练、实习的场所；第三，企业向社区学院提供有偿服务，共享训练设备和提供相互支持以及赞助的课程。①

(二) 瑞典非正规教育实施模式

瑞典作为世界上综合竞争能力最强的创新型发达国家之一，高度重视公民教育、技能创新与经济发展之间的密切关系，尽最大努力提高国民整体文化素质。2014 年经济合作与发展组织(OECD)在瑞典国家教育报告中指出，瑞典终身教育体系是高度完善、包容和发达的。非正规教育在瑞典成人教育中的影响及作用远高于正规成人教育，其主要模式为学习圈和民众教育。②

1. 学习圈

学习圈起源于 19 世纪末，其设立的主要目的是为了提高公民知识水平，公民主要通过三种方式参与学习圈的学习：(1)通过所在的组织加入学习圈；(2)通过媒体信息获取当地学习圈信息；(3)民众就某类问题或兴趣自由组织并向其中一家学习协会寻求帮助。这类低成本的学习圈的学习效率反而超过某些拥有专业教师、高成本的学校教育或培训，其主要原因在于学习圈具有低门槛、人人平等、主动学习这三大特征。如今，瑞典组织的学习圈每年约有 30 万个，覆盖的人群高达 200 多万人，而其发展主要得益于政府的经济资助以及非政府组织多样化的学习活动。

2. 民众教育

最早的社区教育起源于北欧，1844 年科隆威在丹麦建立了世界上第一所民众中学，标志着民众教育的正式出现。③ 后来，民众教育在北欧逐渐发展起来，并在瑞典形成成熟的应用模式。民众学校包括民众中学和民众大学两种社区教育形式，主要面向的都是非正规成人教育这一阶段的学习者。除了政府和社会组织的支持外，民众教育

① 王梦云，杨苗苗. 美国、日本社区教育与企业结合模式分析[J]. 职教论坛，2016(33)：64—69.
② 孙玲，和震. 瑞典非正规教育模式探析[J]. 职教论坛，2017(7)：80—84.
③ 赵小段，李媛. 国外不同类型教育机构承担社区教育之比较分析[J]. 成人教育，2017(9)：84—86.

能够迅速发展的最重要原因是其丰富的特色课程。各民众中学由于所隶属的机构性质或议会的地方特征不同,其办学宗旨和开设的课程科目各具特色,例如"陶乐然民众中学"隶属于反酗酒协会,除了科学、语言、技能几种基础课程外,该校还专门开设许多关注青少年问题、毒品等与社会问题相关的课程。

三、 我国非正规教育引导和规范的推进策略

从上述分析及讨论可以看出,尽管我国在非正规教育信息化建设的进程中存在诸多问题,但发达国家及部分发展中国家的成功案例给我们提供了丰富的实践经验,结合不断迭代的技术环境,可以总结出"政府引导,标准规范,提高质量"的推进策略,具体如下:

(一) 出台相应法律法规,发挥政府引导职能

1. 正确认识非正规教育

政府管理部门要逐步消除对非正规教育的偏见,接受多种教育形式。要肯定非正规教育在促使教育公平、缩小社会等级差距、提高国民素质等方面的重要意义,帮助非正规教育在中国的发展与探索。

2. 明确非正规教育的法律地位

非正规教育体系的构建不是一个自发的自然过程,在其没有得到完全普及和广泛接受,社会和个人还没有主动自觉地提供教育机会或接受教育的愿望的情况下,通过法律法规的形式肯定非正规教育是非常必要的。在教育法和各教育专门法中,应明确说明"本法"所指的教育(包括各级教育)界定为"正规教育、非正规教育和非正式教育"。这已经是国际惯例。并且应进一步明确非正规教育的服务机制、实施非正规教育的主要机构等。①

---

① 张建军,徐在福.美国社区学院教育管理特色探析[J].工业技术与职业教育,2015(4): 54—55.

3. 建立相应的政府机构

在教育部或人力资源和社会保障部建立"非正规教育司"，以协调各部委的非正规教育政策，并建立与企业、私营部门、非政府组织等社会各界在非正规教育领域的合作关系，服务地方的非正规教育发展。

4. 加强政府管理能力，建立相应保障机制

加强政府的管理能力建设，包括教师、经费管理、质量标准的监督以及引导民间资本的投入。建构经费投入保障机制，确立以政府为主导、多方参与的多渠道经费投入办学机制。

（二）建立非正规教育全面质量管理体系

2010 年，国际标准化组织（ISO）发布新标准 ISO29990：2010（《非正规教育及培训的学习服务　学习服务提供机构的基本要求》），旨在改进非正规教育和培训的质量，涉及职业培训、终身教育和企业内部培训等。该标准增强了非正规教育和培训学习服务的透明度与对比性。

非正规教育质量的评估和保障，与其利益相关者都有密切的关系。一个成功的非正规教育案例，不仅要考量教育者的思想、教学水平、教学方法和教学资源的建设情况，还对支持项目的管理者提出了一定的要求，包括教学设施、学习支持服务等方面，甚至还需要观察研究受教育者的能力水平、价值观的改变、对社会的贡献情况等方面。因此，非正规教育的质量是全面的、多方位的。要切实提高质量，就必须对非正规教育的诸多因素进行全面、科学、有效的质量控制。

监管制度的落实与推进可有效提高培训机构的准入门槛，将促使非学历职业教育市场规范化运行，淘汰违规、教学质量低劣企业，保证市场长期健康稳定发展。

（三）提高质量

1. 深入对非正规教育课程的研发

一方面，积极探索如何在技术、课程、课件、教学设计和支持系统层面满足学习风

格的多样性和各领域学习层次的多样性；另一方面，讨论如何激励学习者，支持他们从非正式学习过渡到非正规教育，甚至帮助有继续学习愿望者参加正规教育。在教育信息化的大环境下，我国非正规教育企业需要不断完善自身的平台构建，同时还需要在内容端提升内容质量。

2. 与正规教育融通，促进终身教育

与正规教育相比，非正规教育有独特的优势。正规教育与非正规教育相结合，可以更大限度满足多方面对教育的需求。通过非正规教育获取的证书可以作为参加正规学习免修课程的凭据，正规学历获得者参加非正规学习可以不断更新能力。各国开展的"同等学历教育"使那些没有机会完成基础教育的人获得第二次机会，并可以根据证书的规定转入正规学校继续学习。各国际组织已经或独立或与有关国家合作开展非正规教育活动，并颁发非正规学习证书。

另外一方面是资源共享，允许学生、教育从业人员和机构分享免费、开放的教育资源，鉴于开放教育资源在促进学习，尤其是个性化学习方面的积极作用，以及互联网的免费与分享的特点，这些国家和地区大多采用在线教育资源免费开放的方式为教师和学生提供资源，由此激励教育工作者、研究者、学习者基于互联网开展教育与学习。

2015 年，欧洲职业培训发展中心制定了《欧洲非正规与非正式学习认证指南》。该指南认为，通过开放教育资源获得的知识、技能和能力应加以认证，即"对通过非正规和非正式学习（包括通过开放教育资源）掌握的知识、技能和能力进行认证"。在该指南中，开放教育资源被定义为"向教育工作者、学生和自学者免费、开放地提供用于教学、学习和研究的数字资料，包括学习内容、软件工具等，以及开放许可证等执行资源；开放教育资源也指可以调整并不限制他人使用的累积数字资产"。开放教育资源可能包括来自世界各地的数字媒体，包括各类课程、课程模块、课程大纲、讲座、家庭作业、测验、实验室和课堂活动、教学材料、游戏、模拟以及其他资源。其中，大规模开放在线课程和开放课件就是开放教育资源的一种。

3. 与社会福利的有机构成

每位非正规教育的参与者无论身份、社会地位如何，无论持有何种学习动机，都能在活动中平等地沟通交流，这使得参与者能自由地汲取知识，获得真正的乐趣，这也是瑞典非正规教育能够吸引众多民众并持续发展的主要原因。

近年来，我国的社区教育也有所发展，但仅限于发达城市的部分社区，而且常有资源不能满足社区群众需要的情况。基于此，政府应当在立法、政策及资金支持方面借鉴瑞典，将非正规教育的支持落到实处，大力扶持目前发展良好的社区，争取打造出社区教育的典范，为其他地区社区教育发展提供借鉴。同时，各个社区也应当充分认识到组织社区成员参与非正规学习的重要性，努力营造出积极向上的社区学习氛围，注意整合社区内现有学习资源，提高资源有效利用率，关注社区内不同群体的需求，并主动宣传组织具有相同兴趣或相近需求的社区成员组成学习小组，丰富社区学习内容的多样性和灵活性。我国在发展社区教育时应当以公益性为出发点，兼顾公平性、多样性、灵活性，并尝试探索社区教育与正规学校教育之间的衔接路径。

第八章

管中窥豹：教育信息化在一线

当今世界，国际竞争风云激荡，波谲云诡，表面上看是各国经济、军事、科技到综合国力的博弈，但归根结底还是知识的竞争、人才的竞争和教育的竞争。在信息化浪潮滚滚而来的时代背景下，信息化水平的高低已经成为衡量一个国家或地区核心竞争力或现代化程度的重要标志，并成为影响社会生产力发展的重要因素。

教育是信息化应用最为典型的方向之一。在教育信息化的推进过程中，来自一线的实践不容忽视。目前，教育信息化已在基础教育、高等教育和职业教育等领域进行了卓有成效的建设和实践，并积累了诸多来自一线的真实案例，可作为教育信息化在一线的具体产物，并反馈教育信息化的推进效果。这些案例不仅是教育信息化在一线发展的缩影，还反映出教育信息化在当下社会情境中的闪光点或瓶颈与问题，不管是从回顾历史的总结，还是从展望未来的借鉴，都为后来的实践者及研究者带来重要启示，也为教育信息化在一线的全面推进提供一定的指导，从而具有非常重要的意义。因此，本章从国际和国内一线的经典案例出发，站在一线，提供一个深入基层、更加直观的视角，为教育信息化的发展情况进行成效总结，并为我国教育信息化的未来推进提供可借鉴的经验。

第一节　国际视野中的经典案例

在国际教育领域，教育信息化是一个备受重视的话题。技术促进教育变革和教育创新已经成为当下全球教育领域的热点，大数据、区块链、VR、AR、人工智能等新兴技术逐渐闯入教育领域并融入到一线课堂中。技术的介入不仅可以调动教师的教学效率，还能提高学生的学习热情，进而也将提升课堂效率。教育信息化在一线的案例（课堂案例或课堂拓展模式）可以让人真实地"触摸"教育信息化的"鲜活体态"。

通过一线案例的分析可以了解到教育信息化政策的落地与实施情况，以及教育信息化在一线实践过程中的背景文化、基础设施水平、师资力量、信息化资源体制的健全和完善程度，同时还能真实地感受在教育信息化过程中，依托信息技术开展教学活动的优势所在以及信息技术带来的"负面清单"，进而能够深入观察一个完整而真实的教育信息化"生态圈"。本节主要通过考察美国教育信息化在不同发展阶段中的两个实践案例,展现教育信息化在美国一线实践中的发展掠影。其中,案例 8.1 以教育信息化在美国的初探为侧重点,案例 8.2 以教育信息化在美国的进一步发展为侧重点,两个案例的关系从浅至深,层层递进;经过科技的发展和时间的推移,可以发现应用到一线课堂的信息技术呈高效化和多元化发展形态,其对技术环境支持下的课堂教学和学习效率的促进作用也越发明显。

一、案例描述与分析

(一) 美国教育信息化在一线:课程与技术的整合

美国的教育信息化一向注重信息技术与课程的整合,其发展水平也处在全球前列。这里以 20 世纪末《面向学生的美国国家教育技术标准——课程与技术整合》一书中的"名人墙"教学为案例,通过对其做初步的描述与分析,管窥美国教育信息化 20 世纪末一线实践的生态,以便对我国教育信息化在一线的推进提供一些有参考性的意见或建议。

案例 8.1

20 世纪末《面向学生的美国国家教育技术标准——课程与技术整合》一书中的"名人墙"对教育信息化在一线的教学活动有非常重要的影响。

首先,该案例中的课程设置以个人或小组为单位,选择一个感兴趣的著名人物,利用书本、报纸、网络等多种媒体和手段查询关于名人的生平及资料,分析名人的生平及他们之所以伟大之处,然后制定关于评价名人的标准,最后以书面、网页、幻灯片等多种形式向他人介绍。该专题面向小学 3—5 年级的学生,所涉及的学科包括语言艺术、美术、信息技术等。

其次,该课程的实施过程分为以下几个阶段:

(1) 提供资源阶段:教师提供给学生不同时代和文化背景下的一些著名人物,学生以个人或小组的形式选择感兴趣的人物作为本课程的研究对象。

（2）独立思考阶段：学生阅读名人的传记，并通过各种文献、网站、多媒体光盘查找该人物的信息。

（3）小组讨论阶段：首先，思考一个人为什么会著名或伟大，然后小组讨论，并记录讨论后的结果，以作为后续阶段性的汇报成果或补充性资料；其次，小组设计代表该名人业绩的符号，然后将符号和人物图片贴在教室里的"名人墙"纪事年表上，或者放在电子文档中；接着，基于小组的发现，在班级内提出界定"著名或伟大"的标准，在以后的活动中基于此标准选择新的著名人物，并对标准不断加以修订。

（4）技术操作阶段：制作电子作品，以幻灯片或网页的形式展示名人照片、生平事迹以及他们之所以伟大的地方。

（5）评价阶段：学生相互评价关于某名人的演示作品，并邀请家长、学生和其他教职人员参与学生的作品展示活动，在无提示的情况下请家长将传记人物的姓名和"名人墙"纪事年表上的符号进行匹配，检验学生所设计符号的有效性。

然后，对该教学活动进行分析。这是教育信息化初期技术与课程整合的形态，该案例也是一次依托技术实施并开展、以学生为主体的探究性学习活动。在学习过程中，学生通过自我独立思考来决定研究内容和研究思路，并主动借助各种信息技术从网站、电子资源库找寻自己或小组需要的资源，再将个人或者小组的作业以文字、图画、电子作品等形式展示并提交，这就很好地展现出技术与课程的整合，也体现出技术对教学和学习的促进作用。正如我们所见，在学习过程中学生不仅仅是为了技术本身而使用技术，而是使用技术手段便捷资源、内容的获取，这也将有效提高学习过程中学生之间的找寻信息、获取内容、甄别信息、团队协作、组织策划、语言表达等能力。在这个过程中，信息技术与教学理念相辅相成，共同促进学生学习效率的提高。①

案例 8.1 以《面向学生的美国国家教育技术标准——课程与技术整合》一书为背

---

① 孙莹，王吉庆. 美国信息技术与课程整合的案例及分析[J]. 全球教育展望，2002(3)：44—46.

景,抽取其中一个典型的案例进行描述与分析,展现了当时美国教育信息化在一线的具体实施情况。本案例针对各个教学活动环节以及其中融合的技术使用情况,展现了在当时的社会背景下,信息技术与一线课堂无缝连接的实施途径,解决了信息化在当时教学过程中的一些问题,对课堂教学和学习效率的提高起到了积极的促进作用。该案例说明,从教育信息化发展之初到现在,在不同历史时期会有不同的信息技术出现在教学活动中。随着科技的发展和时代的进步,技术手段可能会从多媒体向电子白板再向平板甚至更高端的技术转移,但本质上都是从不同层面来提高教学和学习效率,也会在课程设计的不同维度提升课程实用性,并在长时间的实践与整合中提升学生和教师的信息素养,为教育信息化的推进提供一线的、可借鉴的实践经验。当然,由于当时该地区教育信息化基础设施覆盖率的限制,案例中的成功经验未能将这种教学模式应用到该地区的每一所学校,所以基础设施的普及问题成为阻碍教育信息化初期阶段发展的重要因素。

(二) 美国教育信息化在一线:课堂与技术的融合

时代在发展,科技在进步,任何教育环境下都有信息化发展的痕迹,并将其深深烙印在一线教学案例中。与案例 8.1 相似,美国教育信息化继而出现了类似的一线具体实施的案例,并且已经到了课堂与技术融合的程度。这里以美国 21 世纪初的教育信息化在"那辆车花了多少钱"的一线教学为案例,对信息化在教育一线中的影响和促进作用做一定的描述和分析,呈现在该阶段美国教育信息化在一线的推进情况和相关信息。

案例 8.2

课程设计的主要目的是使达到驾车年龄的学生清楚买一辆二手车需要多少钱,并且应该怎样去银行获得贷款完成支付。值得注意的是,学过代数或高等代数的学生可以利用周期复利或连续复利得出买车要花费的金额。该课程设计属于数学学科,所适用的年级为美国的初中或高中,时间安排为普通课程一节课的时间,或者将课程分为两段各20分钟，或者分为三段各15分钟。具体安排为：教给学生利率的知识，其中可允许学生讨论一小段时间，在报纸上查找要购买的车的类型，并把相关信息下载下来或者通过扫描文字，生成便于处理、展示的文件；在互联网上查找利率信息创作电子数据表和相应图表，分析信息并决定选择哪一种贷款；前期准备工作都做好之后，详细描述并打印出想要进行的计划，这些细小的环节都是有时间限制的，每一个步骤都要在一定的时间内完成，不仅是因为课堂时间的限制，也是为了提高学生使用信息技术的效率。在实施教学活动之前，有两方面的准备工作。

教师方面：教师应该提前了解如何创作电子数据表和图表，搜寻并标记有关利率信息的网址，如果使用扫描仪，教师应该熟悉扫描仪的使用以及把图片转变成文字处理的流程。

学生方面：要有一定的基本技能。学生要熟悉电子表数据的格式、计算的公式以及设计和编排基本的图表格式。如果学生对这些基本操作不太熟悉的话，教师要花三到五分钟为学生进行讲授，以便他们可以更加迅速地接受这些信息，并对这些基本技能有一个初步的了解，从而更好地在课堂中完成任务。[①]

在案例8.2中，发生在课堂中的教学主要是为了培养学生对于信息技术的使用能力，也为了提高学生的信息素养。在选择主题之前，教师就经过了全面而系统的思考，将问题的落脚点定位到日常生活能力，一是学生的对于日常交通工具的需求，二是学生对日常消费方式的选择。这些主题与生活都息息相关，不仅可以增加教学活动的乐趣，还会在一定程度上培养学生基本的生活素养。

在案例8.2中，课程设计主要是促进教育与技术的整合，秉持"以学生为中心"、"以探究合作为主线"、"以信息技术为工具"的理念开展和实施课堂教学。技术与课堂融合不仅是教育信息化政策的引导与号召，还是教育资源、师资力量、教育信息化应用于实践的体现。教育信息化并非简单地将技术使用在教育中，而是要根据不同的教育

---

① 白娟，嵩淑芳.美国信息技术与课程整合的案例分析及思考[J].中小学电教，2004(2)：31—33.

情境，科学、合理地将技术融入到课堂中，借助一些技术手段或者平台将教育与技术深度融合。在实践过程中，教育者要根据自己的专业技能和多年的教学经验进行教学设计，将信息技术的有用性和易用性落实到真实教学环节中，实现技术与课程的融合，以促进教育信息化在一线实践中的开展及其实施力度和有效性。在教学活动过程中，发挥技术的潜在价值，以提高技术在课堂中的有用性和易用性，使技术服务课程设计、优化教学活动，在提升教育质量的同时培养学生的信息素养。此阶段基本保证了基础设施的正常投入使用，但是基于技术环境以提高学生信息素养为目标的课堂开展还存在一定的问题。在信息技术支持的教学开展过程中，教师的教学活动和学生的学习活动并未最大限度地发挥技术的价值，这不仅不利于信息化教学的高效快速开展，而且对师生信息素养的培养与提高也有不利影响。因此，教育信息化在一线的发展既要关注一线课堂与技术的融合过程，也要关注师生信息素养的培养过程。

基础设施覆盖率不足的问题阻碍了教育信息化进一步的发展。而随着科技的发展，教育信息化发展的延迟进一步阻碍了教师、学生信息素养的培养与提高。

二、启示和经验总结

国外教育信息化在一线应用的案例很多，早期主要涉及信息技术、科学等课程，随着技术的发展和时代的进步，科目逐渐向一般科目进行扩展，K12是教育信息化开展并实行的主要阵地。其主要形式是信息技术和教学活动、学习活动的结合，主要场所也从课堂走向课外。教育技术的进步，不仅促进了教学资源的多元化、教学模式的人性化、教学方式的智能化、教学服务的个性化和教学支持的精准化，保障了信息化教学活动的顺利开展和实施，更为教育信息化在一线的落地提供了有力的支撑。技术与教育的融合主要体现在教学活动过程的各个环节之中，例如在课前可以将课程资源借助信息技术的手段上发送到学生端，使学生在课前对于即将要学习的知识有一个清晰的认识与大致的了解；在上课过程中可以将信息技术融入到教学活动中，借助信息技术的优势与便捷性，活跃课堂氛围，调动学生学习积极性，促进课堂教学效率。一方面，信息技术为一线的信息化教学带来了福音，也为一线教学提供了技术服务支持；另一方面，信息技术在一线课堂的出现或普及，也对信息时代教师和学生的信息素养提出了新的挑战。在技术环境支持的教学过程中，可能由于教师和学生当下的状态不能与课堂教学中使用的信息技术手段保持同步，甚至滞后于技术使用，导致教师、学生信息素养不能被全面培养；也可能由于信息技术的发展受限于当下的社会发展或者多元文化背景，使得信息技术不能够完全满足于当下的课堂教学要求，导致教学效率低下，从而降低教师的信念，增加教师在技术环境下的教学焦虑。因此，学生和教师的信息素养需要被及时、适时培养，直至其发展为常态化。

（一）技术在课堂中使用的实际效果

通过案例 8.1 和案例 8.2，我们可以发现信息技术在一线课堂中的使用取得了一定的成效。而且从美国教育信息化在一线实践案例发展的速度来看，信息技术在一线从引进到整合运用再到融合的速度飞快，几乎以年为单位飞速发展。相比传统课堂，信息技术的介入使课堂教学效果明显提升。因为信息技术在课堂中的角色与定位，不只单单作用于课堂教学环节，还融合到课堂交互、课堂管理、课堂评价（互评、自评等）等环节，这是一个完整且闭合的教学过程，技术在这些环节中的作用不可或缺。在上述案例中，教师引导学生借助信息技术进行资源的检索、查找，借助信息技术不仅可以便捷地找到相应的资源，还能随时链接学习者当下需要拓展的资源，还可以通过信息技术将资源与小组成员共享，不仅节约了时间，提高了课堂的效率，同时在很大程度上还锻炼了学习者在完成课堂任务过程中的信息检索能力和独立思考能力，学习者需要根据自己的思路检索相应的资源，在这个过程中学习者的信息素养也得到了潜移默化的提升。

教育信息化落地一线，不仅使 K12 的教育质量、发展水平、办学层次与社会发展水平、科技发展速度保持了接近的程度，表现出了当下社会文化背景下教育信息化应有的高度，而且对培养未来学生和教师提出了新的要求，使其具备更全面的信息素养，可以迅速发掘教学和学习过程中技术手段的内在价值并转化为具体实践。案例 8.1

和案例8.2为教育信息化在一线的发展指明了方向：在技术环境支持下的课堂，不仅要关注信息技术对课程内容各个环节的支持，还要关注技术在整个教学过程中其他方面的引领与提升作用，更要关注信息技术在教师和学生等信息素养培养过程中的重要角色和使命，以达到技术促进教育变革与创新的目的。

（二）一线课堂中存在的教育信息化隐患

根据案例8.1和案例8.2的整理与分析，可以发现：技术环境支持下良好的教学活动或教学实践是以信息技术为手段，以学习者为主体，以培养学习者的学习效率和信息素养为目的的理论与实践的结合。所以，在教育信息化过程中不可以为了用技术而用技术，也不应该夸大技术的影响以及过分依赖技术进而造成重技术轻教学实践的隐患，而应该通过合理使用信息技术，使技术与教育在实践过程中相互融合、相互促进、相辅相成。一方面要发挥技术的辅助作用，另一方面要实践先进的教育理念，从而实现教育改革与教育创新的目标。

在教育信息化推进过程中，信息化基础设施普及率低会直接影响一线课堂的顺利开展和实施。在案例8.1和案例8.2所处的社会文化背景下，技术并未发展到现在的成熟程度，对于当时的信息化课堂教学虽然有一定的促进作用，但仍然限制了当时教育信息化的普及发展。通过与近几年教育信息化发展的对比发现，基础设施和科技发展仍然是阻碍教育信息化发展与推进的因素。因此，在任何时期，基础设施都是保证一项实践活动顺利进行的基础，而科技发展是保证基础设施投入使用的动力。所以，上述美国的教育信息化在一线案例中存在的技术隐患之一是受限于当时技术的发展，信息化基础设施不健全。再者，案例8.2中有的教学活动环节采用传统的小组讨论更为合适且高效，但是在教学过程中，教师仍然将信息技术强加进来，这就导致信息技术并未发挥其价值，反而增加了教师和学生的负担。比如在案例8.2中：教师要求学生将下载下来带有文字的图片进行扫描，生成便于文字处理的格式进行展示，其实这个环节是可以省略的，因为使用图片进行展示也是对信息技术的利用，反而更加直观、清晰，同时也略去繁琐的扫描过程。信息技术的使用多种多样，应用的环节亦丰富多彩，要学会利用信息技术的便捷性、易用性等特性，使其成为课堂教学的助手，而不是造成额外的负担。将信息技术的甄别与使用在课堂中常态化，这就是培养教师和学生信息素养的过程。而信息技术负荷过载则是影响信息素养常态化培养的一个因素，反思以上美国一线课堂的实践案例，我们应该合理使用信息技术，将信息技术科学地与课堂实践相融合，在促进教学革新与教育信息化发展的过程中，培养并提高师生的信息素养。

（三）一线案例带来的经验

美国教育信息化在一线的实践案例为我国教育信息化在一线的推进与发展提供了丰富的可借鉴经验。教育信息化在一线的发展要与当下的教育理念和教育基础设施的完善速度相匹配。对于教育信息化在一线的推进，首先，要保证基础设施的全面覆盖，因为基础设施是开展一项工程的基石与保障；其次，要使教学内容、教学方法更加科学，以学生为中心，在教育信息化推进过程中开展信息化教学时，使教师与学生的信息素养得到培养与提高；接着，在使用信息技术过程中，要合理利用信息技术，以促进学生的学习效率和效果为目的，不能为了使用技术而使用技术，应该在合适的场景利用合适的技术，以发挥信息技术在一线教学过程中的潜在价值为导向，进而促进教育与技术的深度融合。总之，美国教育信息化在一线的发展过程中折射出许多可借鉴的经验，在适合本土教育环境和教育背景的情况下，与国外的教育信息化在一线的经验进行比较，可以取长补短，以科学的方法和合适的理念促进本土教育信息化在一线的演进，也将为我国教育信息化本土推进过程中可能出现的问题和瓶颈提供预见性的指导。

第二节 来自国内一线的经典案例

"互联网＋"的迅速发展,使全球教育信息化发生深刻的变革。相较传统教育,教育信息化在一定程度上打破了教育资源不平衡的障碍。教育信息化已成为提高全民素质、增强创新能力和国家竞争力的重要战略手段。我国教育信息化的发展正在进入以信息技术全面支持教与学全过程、逐步改变传统教学模式的新阶段。2012 年,教育部正式颁布了《教育信息化十年发展规划(2011—2020 年)》,该规划为我国教育信息化的发展指明了方向,强调了信息化在教育公平、教育改革、素质教育中发挥的重要作用,提出教育行业信息化的投入呈快速增长的态势。① 一线教育信息化应用对教师、学生和家长都有一定的要求,对学校、家庭、教育公司等机构来说既是机遇也是挑战。如何看待教育信息化推进过程中的阻碍,已然成为一个亟待解决的问题。在人的方面,可以从教师信息素养、学生信息能力素养、家长的信息化教育背景、课堂教学模式等方面进行考虑;在设施和资源方面,可以从教育信息化平台支持和有效数据利用率等方面进行界定。

教育信息化是一项复杂的系统工程,需要政府和教育者等多方积极汲取国内外先进的教育信息化成果和经验,进行全面反思和吸收,为促进我国教育信息化的发展贡献积极的力量。中国作为一个教育大国,既需要放眼全球,跟进国际前沿,又需要立足国情,实事求是,以我国教育信息化基本现状为基础,遵循教育信息化的发展规律,走有中国特色的社会主义教育路线,进而捍卫中国已有的教育信息化成果和学术科研地位,更加积极地探索教育信息化多元化的发展方向。本节主要针对在教育信息化过程中可能出现的各种问题和瓶颈,找寻解决问题的成功实践经验。比如:当前"科技驱动教育进步"成为风尚,科技与教育的结合是大势所趋。而在一线的教育信息化过程

---

① 余胜泉.推进技术与教育的双向融合——《教育信息化十年发展规划(2011—2020 年)》解读[J].中国电化教育,2012(5):5—14.

中，这意味着我们需要更多地思考如何改变教育理念、教学范式和学习方式，从而实现三者的结合。在教育信息化推进过程中，出现了很多真实而富有代表性的案例，一方面便于对当下教育信息化推进过程中取得的一些优势成果进行应用推广，另一方面还可以将教育信息化推进过程中出现的问题与瓶颈进行描述、分析进而引起人们的关注，为解决这些问题提供建设性的意见或建议。

一、案例描述与分析

（一）上海某中学的云课堂案例

自《国家中长期教育改革和发展规划纲要（2010—2020 年）》提出"加快教育信息化进程"，教育部从 2012 年底启动"教学点数字教育资源全覆盖"项目以来，上海市作为经济相对发达的一线城市，在教育信息化一线的推进过程中取得了明显成效，如案例 8.3 所示。

案例 8.3

上海市长宁区某九年一贯制中学（以下简称"案例中学"）作为教育信息化浪潮中的先行者，其在基础设施建设、办学政策、师资水平、教师培训、课程改革等教育信息化实践方面都有一定的典型性和代表性，并于 2013 年 12 月成功申报课题"基于云课堂的中学移动学习实践研究"。通过跟踪案例中学在项目推进过程中面临的种种困难和挑战，并进行深入了解和分析，能够从侧面反映教育信息化在中小学一线实践中遇到的问题与瓶颈。

1. 案例中学介绍

案例中学于 2008 年 9 月成立"信息化教学实验班"，为每位上课学生提供一台手提电脑，并配备课堂互动软件。2013 年申报课题成功后，该校进行了一次全校的信息化程度调研，全校共有 119 位教师和 1327 位学生参与了调查。经过数据统计分析发现：超过半数的学生(57.1％)将移动设备作为主要的上网工具，教师中仅有 1 位老教师表示平时不喜欢上网。教师日常主要通过台式机进行教学，而使用移动设备的则只占 1/3。在针对学生上网情况的进一步调查中发现，学生使用手机进行资料查找、休闲娱乐等行为的比例远远高出平板。调研结果显示该校师生对信息化的态度和使用情况良好。基于这一背景调查，案例中学草拟了"基于云课堂的中学移动学习实践研究"的课题计划。

2. 案例中学课题情况介绍

"基于云课堂的中学移动学习实践研究"缘于该校信息化实践中发现的不足，如单一的学习终端(PC 机)制约了学习的便捷性等。为了提升学生学习的"便捷性"和交互性，案例中学提出，以信息化教学实验班和试点学科为对象，依托移动终端(包括平板电脑、PC 机、手机、电视终端等)和专业网络平台，构建并实践可满足"随时、随地、随需"学习的云课堂环境，探索移动学习的开展途径和实施策略，希望能够总结出一套基于云课堂的移动学习构建方略、实施操作和管理策略，让云课堂教学从试点实验推广成为日常教学。图 8.1 为课题开展的主体内容，共包含四个子课题：(1)架构基于互联网的"云课堂平台"；(2)开发基于"移动学习"的学习资源；(3)研究基于学生个性的"移动学习"实施策略；(4)研究基于生命独特成长的"移动学习管理"。

该课题的核心在于构建符合学校教学需求的云课堂平台，以实验班和实验学科作为试点，以期探索更广泛、更便捷、更有效的互动式移动学习。课题的难点除了要解决如何开展图 8.1 中四项子课题之外，还在于如何促成三方有效的合作，以及学校如何调动一线教师的积极性，切实推进信息化资源的开发和应用。下一节将选取其中两个具体实施案例，对具体的实施过程进行陈述和分析，得出相关的经验并分析尚存在的问题。

3. 云平台的需求分析和开发进程

该课题的核心是学校、高校研究单位及软件公司三方合作开发的云课堂平台系统，所有的课程开发、教学改革、学生个性化管理等都需要依托这一平台展开。通过对案例中学初一到高三的 1327 名学生进行调查发现：(1)多数中学生已经具备进行"泛

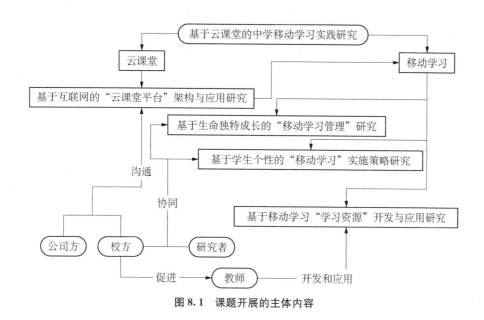

图 8.1　课题开展的主体内容

在学习"的硬件条件：1327 名学生中有 1000 名学生拥有智能手机，并且能够使用手机进行日常的在线学习，其中有 704 名学生常使用手机作为上网设备，有 207 名将平板电脑作为日常常用的上网设备。(2)多数中学生几乎每天都能接触到网络且对网上学习有很大热情：55% 的调查者每天都会使用网络；有 66% 的学生很喜欢上网，但认为自己有一定的自控力，不会上网成瘾。(3)中学生移动学习设备使用的总体水平较高：超过半数的中学生在遇到问题时首先采取上网寻求解决方案。可见，中学生已具有一定的自主学习能力，能够主动利用网络进行知识的获取。(4)中学生普遍能够使用异步工具与他人进行沟通交流：945 名中学生已开通微信，并且会使用。39% 的中学生喜欢使用异步交流工具(如 QQ、微信、飞信、易信、email 等)和家人、朋友进行联系。(5)对于使用移动终端的泛在学习，中学生普遍都持积极的态度：高达 72% 的中学生认为手机可以作为学习工具。另外，从调查中还发现，高中生相较于初中生，配备智能手机和开通微信的人数更多。但目前多数学生使用网络还是进行游戏和聊天，也有部分学生使用网络进行资料的查找和学习。由此可知，处于"数字原住民"时期的学习者普遍都具备了良好的网络信息素养，且对数字化学习充满热情。若能很好地引导学生利用身边的移动设备进行学习，为学习者提供泛在学习环境，则能更好地帮助中学生有效地利用网络。

除了对学生的网络使用进行需求分析之外，项目主要通过以下几种途径来推进云平台的功能完善以及调动教师参与资源开发。

第一，每周三方例会。公司与学校：案例中学在课题开展前已经应用了课堂互动教学软件，但是软件交互功能的缺失和对多媒体学习资源支持的不足掣肘了教学改革。因此，学校决定与专业公司合作，定制特色化平台。为了最大限度保持平台开发迭代的速度，校方、公司方和高校研究者每周进行面对面的会议，校方就前一周平台使用情况进行信息收集和汇总，向公司方提出优化建议和功能需求。会上针对提出的功能进行讨论，并由公司方在下周会议前完成讨论后的修正方案。学校与研究者：为开展"研究基于学生个性的'移动学习'实施策略"和"研究基于生命独特成长的'移动学习管理'"子课题，校方邀请高校研究者加入了课题组，提出实验方案和教学设计，与一线教师进行对接。在每月第一周例会上确定下个阶段的主要任务，交流拟定的实验方案，确定参与实验的学科及学科教师，高校中相关专业的教师和学生跟踪日常的试点课堂，后续例会对实验情况进行汇报和商讨，并在月末进行阶段性的小结。在这一方面，在课程设计时，如何扭转讲授式课堂的思路对教师而言是一个挑战，而对研究者而言，在不影响日常授课的前提下难以收集有效和充足的数据，则是目前案例中学学习分析难以有效进行的主要原因之一。

第二，学科教学竞赛。为了促使教师突破传统的教学方法，开发电子资源是该子课题必要的一环。为调动一线教师的积极性，案例中学瞄准中青年教师团体，在中青年教师中以学科课程竞赛的形式，一方面组织教师开展理论学习和信息技能专项培训，引导教师创作微课；另一方面通过小组竞赛、学科教学竞赛等活动，促使教师在平台上建设学习资源，形成学科体系和规模，尤其利用平台提供的思维导图，对优质资源进行整合利用。学校以科研经费的形式给予一线教师支持，并以信息化公开课大赛等一系列赛事为载体，为教师提供信息化课程的开展舞台，以学科小组为单位的竞争模式有利于建立对信息化有经验的教师与无经验的教师之间的帮带关系。目前已开展研讨课40余节,对象涵盖了中学所有学科。然而,制作研讨课的课程资源为教师带来了较大的工作负担。

第三,研究基于学生个性的"移动学习"实施策略。为了构建以学生为中心的课堂,获得不同学科在"移动课堂"中的一般性规律,案例中学通过在实验班级应用移动端和云课堂平台进行学科教学实践试点。并且与高等院校研究单位对接合作,相关专业的教师和学生跟踪日常的试点课堂,并通过每周例会进行反馈。

第四,研究基于生命独特成长的"移动学习管理"。为了促进学生个体生命独特成长,案例中学通过试点课堂探索对学习资源的个性化组织与管理、对学习过程和结果的管理与评价等对学生的成长影响。试点课堂在平台上留下的数据为实现学生的个性化教学和管理提供了帮助,但是数据之间缺乏印证关系是目前案例中学学习分析难以有效进行的主要原因之一。

通过和多方团队以及与教师的深入交流,目前课题产生了两个定制化的平台成果:"云学习"和"微校"平台。2015年2月,一期平台"云学习"正式上线投入应用,2016年12月,二期平台"微校"开始投入使用。云课堂平台提供的功能可以归纳为六个方面,具体的平台功能见图8.2。接下来通过两个课题具体的实践案例,阐述微课资源在日常课堂教学中的应用。

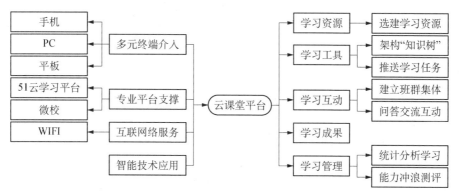

图8.2 云课堂平台功能介绍

（二）云课堂平台上应用微课的实践研究——以六年级地理"巴西"一课为例

案例8.4

案例中学以六年级地理"巴西"一课为例，将微课融入日常教学，并期望从实践中得出一定的教学经验，分析尚存在的问题。案例中学与长宁区教育局和教育学院合作，组织专家和区内优秀教师建设各学科、各学段的学习资源。在课题建设过程中，发布在云平台上的微课资源多达四千多个。同时，案例中学的老师也积极利用平台进行教学创新，例如在初中六年级地理课上的"微课支持的协作问题解决学习"案例研究。选取《巴西》单元作为教材内容，设立协作问题解决主题为"保护巴西热带雨林计划"，预期的教学目标为学生能够在解决巴西热带雨林困境的过程中了解巴西热带雨林的各个方面，最后达到对巴西整体的了解，以及学生能够在学习过程中掌握协作技能及问题解决的一般过程。研究将协作问题解决学习的一般过程设定为：学会协作，分析问题，制定计划，小组探索解决方案以及评价结果。希望通过微课的支持，学生能够更有效地进行问题解决学习，有效地达到学习目标。图8.3是微课支持的协作问题解决学习模型设计。

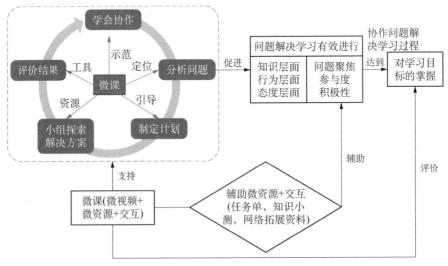

图8.3　微课支持的协作问题解决学习模型设计

案例 8.4 中微课支持的地理问题协作学习包括以下元素：(1)三段微视频：前两段用于学生的课前学习,有两个重点内容——巴西的地理位置及巴西文化；后一段是小组成员用于协作解决问题的微视频,作为引导学生掌握问题解决协作学习的一般过程和协作技能的工具。(2)小组学习单：学习单中包含了解决问题的过程,每个步骤的活动相当于一个微序列。(3)微反馈：微反馈的表现形式是知识小测,检验学生对微视频内容的知识掌握程度。(4)拓展资源：为学生解决问题的过程中收集信息提供资源。课程将利用两课时将单元内容完成。教学实施时间为 2014 年 12 月 9 日到 21 日。在上课前 10 分钟打开每台笔记本电脑上的录音功能和课堂录像机,目的在于记录整个课堂的流程和学生在协作问题解决过程中的细节,便于后续观察分析。通过分析学生在微课支持协作问题解决学习模式课堂上的表现,可以得到微课对学生协作问题解决过程的支持作用。研究结果表明,微课能够帮助学生更好地进行协作问题解决。通过对学生线上的协作行为进行编码,并统计 10 个小组在协作过程中的相关行为频次,与地理教师根据学生所填写的保护巴西热带雨林对策的成果的分数进行相关分析,得到结果如图 8.4 所示。

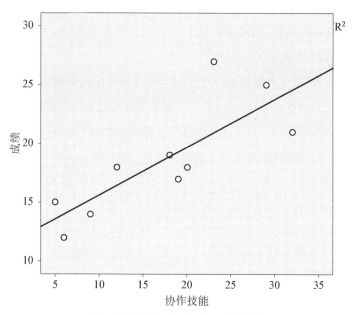

图 8.4　协作技能与成绩之间相关性散点图

从图8.4的散点图可看出学生的协作技能与他们的最终成绩呈线性关系。即学生所表现出的协作技能会影响到小组的最终表现。可见,学生协作技能的掌握对最终完成学习目标至关重要。小组成员在解决问题过程中基本都能够主动提出自己的想法,赞同或反对他人的观点,在表达方面呈现较高的频次;成绩高的小组在协作中表现出更多的协作技能,包括听取、表达、反思和调控。协作技能高的小组,最终提出的策略比较好,角度多,观点丰富;而协作技能低的小组,提出的策略单一。除此之外,每个学习者都完成了协作技能的量表,研究者以小组为单位,计算了每组的协作技能平均分,再与统计出的学生协作行为作比较,发现协作行为好的小组在量表上的分数并不高,而协作行为不好的学生反而在量表中的分数更高。由此分析,协作技能高的学生可能对协作表现有更清晰的自我认识,同时也可知对于低学段的学生而言,量表并不能客观地反映出学生的实际表现,还是需要通过观察实际行为来验证其可行性。

同时,微课在问题解决过程中为学生提供丰富的材料作为微资源,为学生在探究解决方案,寻找资料时提供支持。从学生完成本节课的目标来看,10个小组里有9组学生都能至少提出两个合理的保护热带雨林的策略,并且从不同的角度分析为什么提出这个策略及其具体内容,完成率达到了90%。其中有两组学生顺利地从三个不同角度分别形成方案,且都具有可行性。

此外,通过分析学生对微课支持协作问题解决学习模式的问卷,得出大部分学生对微课这种模式的态度是积极的。82.76%的学生认为以教学微视频为核心的微课能够更好地引导协作学习,79.31%的学生认为该种模式有助于解决问题。77.59%的学生认为微课支持的协作问题解决学习能够帮助他们更快速地完成任务,他们对微课与课堂活动结合的模式很满意。70.69%的学生认为微课能提高他们的学习成绩,68.97%的学生愿意将微课这种形式推荐给他们的好友。对于整个教学模式的看法,学生们表示很喜欢这种方式,最关键的原因在于微课的设计让知识的学习变得更加有趣,而学习兴趣会直接影响到学习者学习的热情和注意力的集中度。

通过对教师和学生的访谈进行话语分析,得到如下结论:(1)微课支持的问题解决学习能够加深学生对知识的理解。协作问题解决学习与传统的课堂教学不同,它更强调学生群体自主地发现问题,利用一定的认知策略解决问题。这种教学模式把引导学生学习方法和技能方面的内容通过微视频可视化地展现,能较大程度减少教师课堂上进行策略引导的时间,从而可以用更多的时间参与到学生的学习活动中。从课改的角度来说,案例课抓住了该课的重难点,并提高了学生学习知识的境界,由知识的直接获取转变为学习方法、技能后间接地获取。因此,微课支持的协作问题解决学习是与信息化教学相适应的,应站在更高的视角来审视该模式带来的效果。(2)利用微课支持协作问题解决学习的方式对学生而言是有效的。这种教学模式有利于促进学生根据兴趣进行自主学习。一方面,微视频是针对解决一个特定问题,有很强的针对性,且时间短、内容精,学生在观看时注意力集中,对情境内容的理解也较为深刻,另一方面,通过小组实际解决问题,利用学习单和辅助材料提升小组解决问题的方向性。两位教师都认为这种引导学生学习问题解决方法的情境微课是一种创新的形式。(3)微课的设计与制作需要有可复用或通用的模板,减轻教师的备课负担。微课的设计与开发虽然能够提高教师的综合素养,但对于平日备课压力大,且没有一定信息技术素养的教师而言,制作微课还是非常耗时的。因此,根据教师的反馈,微课需要校企结合,企业需派遣专门制作相应微视频的团队帮助教师一起进行教学设计,形成固定、通用的教学模式,并且教师能够复用或套用模板。

(三) 云平台效能评价——以六年级数学"一次方程组"、"线段与角的画法"两课为例

分析案例 8.5 后发现:随着技术的发展和教育理念的更新,教育信息化受到广泛关注,云平台与微学习的深度融合正在教学过程中得到实践。正如 Gartner 新兴技术成熟度曲线(Hype Cycles)给我们的启示:技术成效并不等于学习成效。技术在使用过程中由于各种因素的影响没有发挥应有的价值与效应,不能及时、精准地促进教学与学习的效率,因此值得关注与思考。经过对后台学习行为数据分析,并结合问卷调查发现:学生的平台表现与实际成绩之间不存在显著相关性。这导致教师使用平台教学的积极性降低,对云平台教学失去信心,致使云平台应用的效能降低。经过教师

研讨和分析,云平台功能和教师推送的数字化资源并不存在明显的缺陷。因此,在教育信息化推进过程中,由云平台应用效能产生的问题与瓶颈的原因值得进一步深入探讨。

案例 8.5

案例中学在六年级数学"一次方程组"、"线段与角的画法"两课中,使用云平台进行教学,由于这两节课在期中课程之后,处于第六章、第七章之前,所以可以排除学生对平台生疏、不适应的可能性。通过这两节课的学习效果对云平台效能进行测试,以进一步改善、优化课程结构与技术手段的使用。

二、 启示和经验总结

通过以上案例,我们主要对学校的基础设施及覆盖率、云平台应用中的学习协作和教师信息素养、云平台应用效能三大方面进行了逐层分析。在教育信息化落地一线的过程中,经过与一线学校和教师研讨、技术团队的技术支持以及多方共同策划与交流,不仅为一线教师教学提供了科学的方案,而且形成了高校研究团队与中学教师合作开展研究的系列创新模式。通过多方合作交流,针对云课堂环境下技术的应用、教学方法的设计、个性化学习方案的推动,对技术环境下学与教的实施产生了深刻的影响和多方位的研究成效,为基础学校逐渐承担国家社科研究课题的学术角色与定位、学术价值与使命、实践模式创新示范等方面提供了参考,同时也为云课堂的实施、教育信息化在基础教育中的实践提供了经验与示范性的案例指导,很好地达到了该国家课题最初的预设目标与研究高度。

从案例得出,在教育信息化推进过程中,首先,要满足基础设施覆盖率达标的要求,因为基础设施是推进教育信息化的基石,①只有基础设施有保障,才会有教育信息

---

① 顾小清,郭日发.教育信息化的回顾与展望:本土演进研究[J].电化教育研究,2018(2):1—7.

化后续的推进；其次，在基础设施得到满足的基础上，要提升教师信息素养，并要引导学生在线协作，因为在"互联网＋"时代，教师要有洞察新技术并将其快速转化为自身专业技能的能力，才能培养学生的协作学习能力，这是新时代教师信息素养的重要体现，教师信息素养会直接影响教学的质量；最后，云平台应用效能需要精准提高，技术促进教育变革的过程中，一些技术、云平台等介入教学中，但是没有发挥技术应有的价值，也没有产生切实的效果，如 Gartner 新兴技术成熟度曲线给我们的启示一样，技术已经融入课堂的各方面，而且形式灵活多样，但并未对教学效果起到积极的促进作用。基于案例，我们逐一进行分析。

（一）教育信息化在一线进程中取得的现实效果

透过上述背景和案例我们会发现：教育信息化系列发展规划、报告都会将"以发展教育信息化带动教育现代化"作为一个未来实践的标准和方向。技术手段已经全面融入教育工程中，教育信息化是发展教育、提升教育的强有力手段，也是推进教育现代化的前提。众所周知，教育信息化对于发展、推进教育进程有诸多好处：有利于教育现代化的实现、有利于提高国民素质、促进创新人才的培养、促进先进教育理论的发展、促进教育信息化产业的发展等，这些都是当下教育信息化发展过程中可见或可预见的积极推动力。当下各国的教育质量都在凭借技术力量迅速提升，技术的先进性、与教育的融合度决定教育信息化的竞争力和领跑力。一些新兴教学模式的出现也促进了教育信息化的推进，比如在中国，"平板＋云平台"教学形式已经逐渐走进大部分地区，基于云平台的诸多便利条件，学生人手一台 Pad，利用平板随时随地享受云平台上经过教师筛选、整合、重构的海量资源，这种形式不仅突破常规教学定时、定点、定量的学习方式，还在一定程度上激发了学生的学习兴趣和动力，真正实现学习的碎片化、智能化、个性化、人性化，在教学深度推进的过程中，实现了教育与技术的深度融合，也实践了技术促进教育变革的理念。相信在未来，各国基础教育信息化水平会随着信息技术的发展和国家政策、经济资助等方面的支持有更高的提升。

教育信息化已经是国际公认提升教育质量的关键点，许多国家在政策上确立了教育信息化在国家战略中的地位。基础教育信息化呈现出多元化发展的趋势，包括课程类型的拓展（如翻转课堂、微课、STEM课程等的发展）、课堂应用技术的拓展（如人工智能和增强现实等先进技术在基础教育课堂中的应用）、课堂硬件的拓展（如手提电脑、手机/平板电脑等愈来愈便携的设备进入课堂）、课程培养目的的拓展（从知识的掌握到关注问题解决能力、协作能力等数字技能培养等），都是教育信息化发展过程中催生出的成果。在基础教育信息化建设进程中，中小学的教育改革和教学创新更是各方关注的重点。教育信息化是一个复杂的过程，是一个由多因子组成的系统，与主体、环境及关系密切相关。教育信息化的进程不由独立的个体或群体控制，而是涉及参与教育改革或教学创新的多方利益相关者。在这一趋势下，与教学相关的不仅仅是教师、教学管理者，还包括了发行数字教材的出版商、与学校合作开发教学平台的软件公司。此外，为了进一步优化教育信息化实践的成效，有必要对学校信息化建设的绩效进行考评，高校的研究者也成为信息化教育链条中必要的一环。因此，信息技术的高速发展和大规模应用，形成了信息化时代中由政府、公司、教师、学生和研究人员组成的整个教育链。

（二）教育信息化进程中面临的挑战

虽然教育信息化的推进得到大众重视，推进前景非常广阔，亦是必然趋势，但教育信息化在一线推进的过程并非一路高歌，在教育资源的创建、环境和平台的开发、教与学的信息化过程中会出现很多问题和瓶颈。当下如何应用技术促进和优化学习过程，帮助学习者学习知识、发展思维和培养能力，已成为教育技术领域的核心问题之一。①从实践层面考虑，教师是否接纳和需要数字化形式的课堂，技术能否适配这样的需求等是当前教育信息化推进需要解决的主要问题之一。尽管面向教育信息化的实践一直在推行，但是目前数字化课堂在学科中的应用仍处于体验性阶段，数字化课堂的日常化涉及师生的技术素养、课堂的环境与条件、教师的课程设计与安排、技术对课堂支

---

① 蔡慧英、陈婧雅，顾小清. 支持可视化学习过程的学习技术研究[J]. 中国电化教育，2013(12)：27—33.

持的效度等方面。如何有效结合数字化技术与课堂，目前数字化课堂环境下成熟的教学方法仍处于酝酿阶段。教育信息化并不是简单地将技术生硬地应用在课堂中，而是需要高效融合教育与技术，需要考虑诸多因素。在融合过程中，在学习者方面要考虑学习者的特点、学习风格、学习能力、接受知识能力等问题；在设施方面要考虑引进基础设施的完整性、全面性、科学性以及与课堂内容的匹配度；在媒体方面，也要考虑其科学性、实用性、易用性、舒适度等。此外，教育信息化并非全面依赖技术，教师的引导、人文关怀以及师生、生生之间的情感交互也很重要。而当下很多教学实践中出现为了用技术而用技术的现象，也产生了少部分将课堂完全交由技术主导的现象，这些都不利于教育信息化的科学、合理推进，也没有发挥教育信息化的真正作用。虽然现在教育过程已经很重视技术与教育的深度融合以及师生、生生面对面的情感交互，但基于当下教育信息化一线实践状况，要改善并提升这两种目标建设仍将是一项艰巨的任务。

现阶段及未来一段时间内，教育信息化建设的工作任务需要切实探索引入的新概念与学校、教师和学生相契合的存在状态。当前制约教育信息化进程的主要不是技术，而是配套的策略和方法。我们应该深思教育信息化进程中实践层面的现状，重点关注如何能有效并高效地将技术深度融入课堂，并为教学过程提供基于技术的策略、方法与手段。当下教育信息化推进已经取得一定的成效，只是在实践过程中出现部分不尽如人意的状况。因此，我们应该遵循教育信息化进程发展的大方向，深入、科学地思考并解决出现的问题，采取一定举措以使教育信息化实践更加全面，改善当下的不足。通过案例研究的方法，可以进一步了解教学管理者对信息化实施的领导力，分析信息技术对课堂教学产生了什么影响，以及探索信息技术与课程整合的成功经验，从而为广大教育信息化践行者提供有益的借鉴。

第三节　教育信息化在一线的瓶颈与突破

一、基础设施覆盖全面化

在前述的国内几个案例中，目标学校虽然配备了基础设施，但覆盖并不全面，比如并不是每个教室都配备完全成套的教学设备，总会缺少一些相关的设备，这就会导致"教学链"运作受阻，不能取得最大的教学效果和学习效率；资源的共享共建也没有最大限度地满足学生学习和教师教学的需要，教师在需要某些资源的时候还须通过其他渠道来获取，从而满足不了自身教和学生学的需求。

首先，要充分发挥教育信息化在一线过程中各种设备的效能。随着"三通两平台"建设的深入贯彻以及"互联网＋"时代技术的飞速发展，教育信息化已经成为一项重要的工程。教育信息化发展的理论基础基于国家的教育信息化政策。习近平总书记指出，因应信息技术的发展，推动教育变革和创新，构建网络化、数字化、个性化、终身化的教育体系，建设"人人皆学、处处能学、时时可学"的学习型社会，培养大批创新人才，是人类共同面临的重大课题。纵观教育信息化发展的图景和趋势，信息化已经覆盖了教育的许多方面，但是仍然存在不足，比如许多学校或教育机构的信息化基础设备齐全，但是很多资源都没有被利用起来，致使其成为教育信息化过程中的"冷设备"，不仅耗材耗资，还会影响教育信息化的进程。

其次，要大力通过完善教育信息化设备来促进教育均衡发展，缩小数字鸿沟。虽然教育信息化水平会促进区域教育的发展，然而由于经济发展水平、个体信息素养、受教育水平等因素的限制，信息技术在教育领域的广泛应用不仅没有缩小数字鸿沟，反而有愈来愈扩大之势。综上所述，在教育信息化的进程中，教育信息化基础设施覆盖不全面，信息技术环境下设备利用率不高、与设备匹配的资源短缺等都是现阶段存在的问题，只有将这些问题解决好，教育信息化进程才会加快知识更新的速度（因为数字教材的更新远比纸质教材更新快），而且还可以培养学生的高级思维能力，因为利用信息技术，可以创建丰富、多元化、个性化的学习环境和工具，对学生创造力和批判性思维的培养起到极大的促进作用。此外，还可以实现碎片化学习，跨越时间、空间的阻碍，加强课堂与现实生活的互动与联系，更利于学生全方位的发展。

再次，教育信息化在一线要实现突破，需要总结和借鉴国内外一线案例的经验。美国和我国教育信息化在一线的发展经验以及相关案例表明，不仅要保障教育信息化推进过程中基础设施的覆盖率，还要将合适的基础设施利用在合适的场合或教学场景，这样才可以充分发挥信息技术的价值，在合理且充分使用信息技术的基础上进行教学改革及创新。

二、 信息素养培养常态化

教师信息素养是影响教师自身发展和学生发展的重要因素。教师的信息素养和能力是信息技术与教育融合的关键，也是"互联网＋"时代一个很重要的因素。现代信息技术和网络技术的迅速发展，为教师信息素养带来了新的机遇和挑战。云课堂平台上应用微课的实践研究案例中，学校教师虽然身处教育一线，但仍有少部分教师的信息素养未达到信息化教育中对教师的角色定位要求，比如有的教师有关理论知识讲得很顺，但很少结合自身信息化教学实践经验给予学生一些其他方面的补充，不能使学生在课堂上获取到生活中可使用的信息技术"经验性知识"；有的教师授课能力很强，但通过信息化手段对学生的管理却有所欠缺，这不仅会影响学生的学业成就，更会影响学生的健康成长和全面发展。

在解决瓶颈问题和经验总结的基础上，教师的观念首先应从单纯使用技术转变为合理地将技术融入教学。将教学视频作为云资源成为微课中的技术工具，其主要作用是利用它的情境性、多媒性等特性，将抽象的知识点或认知过程用视频、图文、音频等方式外显出来，利用其"微"的特性更有效地使微课与具体教学活动相结合。教师和学生角色的转变，给教育信息化过程中的教师也造成一定的影响。比如，在信息化教学过程中，课堂的导入环节通常的形式是一个微课，或带有情境性的动画，理论上可以提高学生的学习兴趣和学习动机,但对于教师来说,制作课前的微课、动画已经演变成一种压力和负担,因为需要花费大量的时间和精力;此外,如果采用微课、动画的形式在课堂中常态化,随着时间的推移,微课、动画的质量也会不尽如人意。

在互联网信息时代、课程改革、信息技术与课程整合等多方面的推动下,应该加强教师信息素养的专业培训。教师信息素养水平落后有很多原因,比如学校或教育机构没有很好地利用现代信息技术系统地、有针对性地对教师加以培训,导致教师无法高效地将自己的信息素养与教学完美地融合;有的学校或教育机构没有为教师信息素养的培养与提升创造良好的网络环境,没有搭建良好的信息化平台。此外,教育信息化在一线还是一个循环往复、井然有序运行的系统过程。教育信息化是一个不可逆、可操控的过程,理应借助互联网、现代信息技术对其进行完善,这是时代的要求,亦是我们的责任。综上所述,教师只有提升自己的信息素养,才能利用信息技术高效组织学生进行网络探究,培养并提高学生的信息素养。

信息素养培养常态化是一项长期且复杂的工程,不仅需要国内外教育信息化一线案例的经验来支撑,也需要把自身的发展与传承作为突破口展开具体实施。同样,美国和我国教育信息化在一线的发展经验以及相关案例表明,我国教育信息化在一线的发展应该以学生为中心,以培养学生的信息素养为抓手,促进教育与技术的全面、深度融合,在解决教育信息化在一线过程中遇到的问题与瓶颈的同时,加速教育信息化在一线的传承与创新。

三、云平台应用效能精准化

云平台效能的发挥是"管窥"教育信息化在一线的一个重要指标。云平台效能的发挥会影响教育信息化在一线推进的力度与效率。提升云平台应用效能是一个复杂的过程,需要从评价方式、平台功能迭代速度、基于数据分析和可视化支持的个性化教学与学习等方面来稳步提高。众所周知,随着"互联网+"的迅速发展,不论是教学还是学习,都需要技术环境的支持,云平台有效、科学的使用也依赖于信息技术的支持。

在教育信息化过程中,使用信息技术的目的是为了促进教学和学习高效地发生、开展与进行。技术促进教育变革是教育信息化推进的手段之一,在技术环境的引领和支持下,要尽最大可能实现教育信息化的智能化、人性化、个性化、精准化。这不仅可以最大限度地发挥云平台的精准化效能,还可以在教学评价方式、数据可视化等方面为教学的精准性提供支持,从而达到更加良好的效果。

(一) 教学评价方式多元化发展是提升教学效果的关键

教学评价是研究教师的教和学生的学的价值的过程,强调的是过程而不是结果。云课堂案例8.3中的上海某中学在教学评价方式方面虽然已经做出了较大的改进,几种评价方式会交错使用,但仍然偏重结果而且维度比较单一,不能客观地对学生的学习过程做出评价,难以起到及时反馈的作用。而且,在云课堂平台上应用微课的实践研究案例(案例8.4)中,学生的协作学习意识和能力也没有得到很好的培养,因此,学习评价效果方面还有待提高。过程性评价是记录教师教或学生学的过程性行为轨迹,挖掘学生的学习印记,这种评价方式对于帮助教学更有益。随着信息技术的迅猛发展,在技术促进教育变革的同时,教学评价方式也在不断更新进步,学校或教师越来越重视对学生的过程性评价,这样可以对学生的阶段性学习成果进行诊断指导,并及时给予反馈,为学生接下来的学习指方向、定步调。

因此,致力于评价方式多元化走向常态化的发展过程,才是提升教学效果和学习效率的有效途径。此外,如果教师不能够通过评价方式及时地获取学生的学习反馈,就不能有效地进行接下来的教学工作,而且会导致教师教学的压力增大。在学和教的过程中进行评价,并使评价方式趋于多元化,不仅会减轻教师的教学压力,还会使教师更加明确自己的教学重点,实现学生的个性化学习。

(二) 平台功能优化速度是满足教师需求的必要条件

在云平台效能评价案例(案例8.5)中,移动云学习平台是由公司方为案例学校进行定制开发的。这种方式能够最大限度地满足校方的个性化需求,也能够及时收集一线师生进行教学实践的反馈并进行功能优化。学校方每周召开例会,邀请一线教师、公司方以及高校研究人员进行研讨,共同解决平台使用过程中产生的问题并确定下一步的优化方案。虽然部分问题在讨论后得到解决,但是教学平台功能的优化仍然遇到了两方面的难题。一是各方的专业领域和知识背景差异,使得教师的需求难以具化到需开发的功能模块。二是平台功能优化速度满足不了教师的需求,功能开发需要一定的时间,而更新过程中出现问题,就会阻断教与学的完整回路,从而严重影响教学效果。

教师应该熟练地将信息技术环境下的云平台融入课堂教学中。在技术支持的学习环境下,教师的需求越来越大,对学习平台的要求亦越来越高。教师需要在平台上上传各式各样的资源,包括文本阅读材料、教学视频、作业要求、学生学习行为记录、阶段性成果记录和讨论交流帖等,如果学习平台功能有欠缺,改进、更新速度比较慢,就不仅满足不了教师的教学需求,反而还会增加教师的教学压力。因此,平台功能优化速度是教育活动取得成功的一个必要保障。可见,学习平台支持的教学活动对教师的挑战也越来越大。

(三) 数据分析和可视化是高效支持个性化教学的基础

在云课堂平台上应用微课的实践案例(案例 8.4)中,学习平台利用效率低,已收集数据的内在含义与学生的外在课堂表现不相符合,这就会错失得到学生真实反馈和给予学生有效反馈的机会,从而无法为不同层次的学习者提供个性化的学习资源,无法为学习者观察自己的表现提供依据,无法帮助他们做出自我调整与提升。然而,如果上述问题得到有效解决,再结合数据分析和可视化呈现,当学生在学习过程中遇到问题时,学生就能得到及时的指导与反馈,从而优化学习内容的设计,促进教师的个性化教学。众所周知,可视化在视觉和认知等方面都有利于促进个性化教学和学习。基于数据分析,将一系列学习多模态数据进行可视化,可以为教师和学生提供一些可参考的价值。教师可以根据学生情况的可视化分析调整教学内容,根据学生的学习状态、学习风格、学习兴趣进行个性化教学,学生也可以按照自己的学习步骤制定新的学习计划，根据可视化分析查漏补缺，为学生的个性化学习提供基础。

大数据时代的来临，引领学习者的学习方式发生变革，基于大数据学习分析技术的个性化学习成为教育学和认知科学的研究热点问题。提供给学生有针对性的个性化学习是教育发展的方向，是技术回归教育本质的实践。数据分析在教育活动中发挥着不可替代的作用，可以用多模态的数据类型来呈现学生在学习过程中的学习行为和学习表现，从而为学生的学习提供更优的学习路径，给予更适合的学习选择，规划更明确的学习方向。学生可以在学习过程中按照自己的时间分配来安排学习，自定步调，实现学生的个性化学习。此外，数据分析后的可视化呈现，对于个性化学习过程来说也是不可或缺的。数据可视化可以更加直观地呈现学生学习的反馈与建议，分析预测个性化学习行为，使个性化学习评价方式更加多元化，从而进一步推进个性化学习。综上所述，不论使用何种数据分析技术，研究者试图达到的目的大致都是一样的，即刻画学习者的学习画像，给予学习者一个客观的评价。[①] 通过这种方式，加深教师与学生之间的相互了解，便于实现教师的个性化教学和学生的个性化学习。同样，国内外教育信息化在一线的真实案例表明，我国要会使用、使用好信息技术，如云平台，一定要将其效能精准化，不要将信息技术生搬硬套到一线课堂教学环节中，而应该以促进信息技术效能与提高师生教学、学习效率为目的，以学生为中心，以信息技术为手段，以国内外一线案例经验为突破口，注重教育信息化在一线的实践和发展，解决教育信息化在一线遇到的问题和瓶颈，总结并传承从教育信息化在一线的案例中汲取的经验，实现我国教育信息化的改革与创新。

[①] 顾小清,舒杭.信息技术的作用发生了吗——用学习分析技术刻画学习行为印记[J].现代远程教育研究,
2016(5)：10—19.

第九章

融合创新：推进中国特色的教育信息化发展

回顾 20 年的历史,我国教育信息化经历了三个战略发展阶段,从最初的从无到有,到 1.0 阶段的关注量变,强调应用驱动、融合发展,再到 2.0 阶段的由"融合发展"向"创新发展"的转型,关注质变,注重"人"的体验,致力于实现人的现代化、注重创新引领、生态变革。目前,我国教育信息化已进入到深入发展阶段,国家出台了一系列政策指导教育信息化的发展,我国教育信息化推进工作已取得显著成效。信息化作为一项重要战略决策,在引领教育事业发展中的作用越来越显著。教育信息化的发展离不开教育信息化政策制度设计、环境设计、资源开发、人才队伍建设、应用、技术或产品提供等全方位全生态的支持。面对新时期教育信息化的历史任务,我们要解析我国教育信息化在基础教育、高等教育、职业教育和非正规教育阶段的政策、环境、资源、队伍、应用等领域遇到的问题,借鉴欧美等教育发达国家的成功经验,明确未来的发展目标,探寻具有中国特色的教育信息化发展之路,从而推动我国教育信息化不断向前发展。

第一节　问题诊断： 我国教育信息化推进现状

一、教育信息化政策

回顾 20 年的历史,我国教育信息化形成了以政府主导、政策推动的具有中国特色的教育信息化发展之路。国家在教育政策制度层面的设计是我国教育信息化在过去20 年飞速发展的关键推动力,实现了我国教育信息化从无到有、从量变到质变的跨越式发展。信息化作为一项重要战略决策,在引领教育事业发展中的作用越来越显著。教育信息化的发展离不开教育信息化政策的制度设计保障。20 世纪末以计算机硬件设备和计算机网络为代表的教育信息化基础设施初步建成。21 世纪以来,尤其是自2010 年以来,我国的教育信息化相关国家政策相继推出,具体为,2010 年《国家中长期教育改革和发展规划纲要（2010—2020 年）》、2012 年《教育信息化十年发展规划（2011—2020 年）》、2012 年"三通两平台"、2016 年《教育信息化"十三五"规划》、2016

年《2016 年教育信息化工作要点》、2016 年《"十三五"国家信息化规划》、2017 年《2017年教育信息化工作要点》、2017 年《新一代人工智能发展规划》。这些政策文件的出台,对我国的教育信息化发展确实起到了高屋建瓴式的引领作用,使我国教育现代化实现了跨越式发展,登上了新的台阶。若要发挥政策推进的更大作用,还需关注以下这些问题并提供适当的解决策略。

(一) 全局性政策与地方性政策的互补性有待加强

回顾过去 20 年,我国教育信息化已经形成了中央的全局性政策与地方性区域政策携手共同推进的机制。国家层面的教育政策一经推出,地方即着手落实并制定符合地方现状的相应地方政策,进行政策的推进与实施工作,两个层面相互配合,起到了非常好的政策推进作用。然而,从具体两个层面的政策实施来看,全局性政策与地方性政策在互补性上略显不足,特别是,根据区域的实际发展情况制定地方性发展政策以体现与国家政策的互补性方面尚显不足,导致政策实施中难以有效调动地方教育实践主体的自发性和自主性,难以针对教育实践主体迫切需要解决的教育信息化问题提出政策解决方案,致使教育主体无法从内心认识到教育信息化的重要性而只能被动接受。

(二) 政策可执行性需提高

就教育信息化战略本身的制定而言,我国教育信息化战略多是从宏观上来描述教育信息化的发展目标,更多的是针对各教育阶段和教育部门提出目标与要求,对学生、教师和学校领导者的要求则显得比较模糊[①],所以教育信息化建设的框架显得条理不甚明晰。这样就造成了政策的可执行性较弱,同一政策各自解读,最后执行出来的结果也是千差万别。

---

① 唐夏夏,闫志明,袁杰,付加留.新加坡教育信息化新战略述评——以 Master Plan 4 为蓝本[J].现代教育技术,2016(11):27—32.

（三）微观层面的信息化推进缓慢

目前我国教育信息化已经从基础设施等硬件设备的宏观层面的信息化，开始走向理念与应用的微观层面信息化。大数据精准教学、个性化学习、定制化、自适应等微观层面的教育信息化应用，仅靠国家政策制度的推进已经无法实现。这些微观层面的信息化最显著的特征就是在地化和差异化，需要的是在地化的软土深掘。而国家政策制度长于宏观层面的同质化大规模推动，短于差异化的精准服务。因此，已经进入深入发展的教育信息化，需要在政策制度层面引入其他民间力量，共同参与微观层面的教育信息化。

（四）市场化参与不足的供给难题

在经济学理论中政府主导与市场化是一组悖论，二者是此消彼长的关系。中共十八大以来，关于市场在资源配置中起决定性作用的政策成为坚持社会主义市场经济改革的方向和指导原则。同样，在教育信息化的推进过程中，也要引入市场提供的信息化服务。政府作为教育信息化的顶层设计和规则制定者，要为包括市场在内的教育信息化生态制定规范、规则，并承担对规则、规范的监督者角色，让市场充分参与解决教育信息化的供需矛盾，引领教育信息化生态的有序发展。

二、 依然存在的资源问题

2017年底，教育部副部长杜占元指出，我国将把教育信息化作为推进教育现代化的强大动力和教育制度变革的内生要素，推动实施教育信息化2.0行动计划。① 教育信息化2.0中提出的要努力做好从专用资源向大资源转变，成为未来教育信息化资源环境发展的重要指引。要顺利达成教育信息化2.0阶段的目标，就需要先摸清信息化

---

① 杜占元.教育部将实施"教育信息化2.0"行动［EB/OL］. http://www. ict. edu. cn/p/liaoning/wlgl/n2017122710659. html，2018－02－25.

1.0 阶段在基础教育、高等教育、职业教育以及非正规教育阶段的资源环境构建情况,解决教育信息化1.0阶段遗留的问题。

(一) 基础教育阶段资源环境建设的供给不足

基础设施建设方面,我国主要倾向于建设数字学习环境,实现中小学校校园网络覆盖,让每个孩子都能够访问互联网。截至中共十九大前夕,我国中小学互联网接入率已达90%、多媒体教室比例已增加到83%,[①]教育信息化基础设施有很大改善,但仍存在网络带宽不足和人机比相对较高的问题。这种不足在中、西部地区表现尤为明显,直接影响着教育公平的实现。信息化2.0阶段提出的人的现代化目标的实现,其第一步要做的就是要解决东、中、西部地域学生装备不均衡的问题;此外,以往的教育资源如常见的教育APP和PPT课件,通常是满足多数学习者需求的教育专用资源,促进了传统学习方式向信息化教学方式的转变,但并不能很好地支撑个性化教学和多元人才的培养。而且以往资源环境建设,多是政策导向型的,各级政府、学校、企业依据政府政策文件推动教育资源环境的设计工作,这使得资源环境设计大众化、同质化严重,无法满足不同地域、不同学校、不同教师、不同学生的实际教学与学习的需要,从而产生资源重复建设、资源闲置和资源浪费,造成功能性供给不足。

(二) 高等教育阶段资源环境建设仍需持续深化开放与共享

经过多年的建设,我国高等教育信息化基础设施建设已经取得重要进展和成就,高校信息化基础设施的建设为学习型社会的形成、终身学习理念的构建以及"双一流"大学的建设起到了重要的支撑作用。在网络和宽带的覆盖、数字化学习资源建设、数字化校园建设等方面取得了巨大的成就,为面向开放共享的高等教育提供了有力的硬件支持,但仍要持续升级和健全信息化基础设施建设,为未来更加开放、优质的高等教

---

① 蔡继乐. 以教育信息化全面推动教育现代化——访十九大代表、教育部副部长杜占元[N]. 中国教育报,
2017 - 10 - 23(001).

育做准备。2017年"第四届中国MOOC大会"指出教育的信息化、全球化、智慧化时代正在到来，未来中国教育将更加具有开放性，更加个性化，更加智能化。可见，开放、共享、智能化、个性化在未来的教育改革与发展中将扮演更为重要的角色。目前，国内在开放与共享的资源环境建设方面已经形成了"高校主体、政府支持、社会参与"的局面，已在开放与共享资源打造上实现了以下建设成果：一是政府层面的国家精品课程资源网升级改造为精品资源共享课，目前已经发布了上千门课程；二是MOOC建设与应用，以跨区域、跨校、跨学科专业等各种形式组建的慕课联盟覆盖面逐步扩大，推动跨校、跨区域共享与应用模式不断涌现；三是"共享教育理念"越来越受到各方的关注和重视。尽管已经取得这些成绩，但相比我国高校的体量以及优质教学的要求，目前的开放与共享资源仅仅只是开始，应对即将到来的更加开放、共享、智能的未来教育，高等教育在资源环境建设方面仍有很大的差距。

(三) 职业教育阶段资源支撑环境建设不足

随着国家不断加大对职业教育的投入，职业教育信息化发展也取得了一些成就。运用信息思维和网络思维，加快建设职业教育信息化发展环境，有效提高职业教育实践教学水平，从而有力支撑高素质技能型人才培养，促进了我国经济社会发展。例如，在网络基础环境建设方面，截至2016年，全国56％的职业院校已经建成了自己的校园基础网络，此外在计算机人机比和信息化图书馆等方面也取得了不俗的成绩。在职业信息化教育资源建设方面，院校和各组织机构建设职业教育资源平台，鼓励教师开发数字化教育资源，实现了我国职业教育信息化平台和资源从无到有的过程，也逐渐形成了职业教育资源体系。但是，作为国家技术专业人才的培养基地，职业教育阶段仍然面临信息化资源环境建设不足和资金投入不足的窘境。

(四) 非正规教育资源环境建设呈现无监管状态

非正规教育由于有别于一般的学前教育、基础教育、高等教育等正规教育，需要通过完成正规教育的学习，学生方可获得相应阶段政府颁发的文凭或证书，是目前政府政策及资源政策的盲点，成为终身教育中最易被忽视的一环。目前，非正规教育的资源环境建设由市场自发进行，缺乏政策的统一引导，处于无监管的发展状态。也因为此，非正规教育的资源环境建设必将是未来教育领域的新蓝海。

三、人的问题是关键

教育信息化的开展，师资是关键。在基础教育、高等教育、职业教育和非正规教育等不同阶段，教育信息化的具体任务有所差异，因此对教育信息化师资的要求也有所不同。

（一）基础教育阶段师资队伍教育信息化培训仍需加强

基础教育阶段已经开展了多轮教师信息化教学能力的培训，包括对校长和教师的信息化素养与信息化能力培训。例如，2004 年，教育部颁布了《中小学教师教育技术能力标准（试行）》，随后又在全国开展了教师教育技术能力建设计划，采取培训、考试、认证等措施，把我国教师信息技术培训引向了"全面提高教师教育技术应用能力，促进教育技术在教学中的有效运用，全面提高广大教师实施素质教育的能力水平"[1]的能力建设方向。2014 年，教育部又颁布《中小学教师信息技术应用能力标准（试行）》，各地区纷纷启动教师信息技术能力提升工程，旨在完成全国 1000 多万名中小学教师的信息技术应用能力培训，以提高教师的信息技术应用能力。针对学校校长，利用"校长国培计划"，每年对中小学校长进行集中培训和考核，以提高学校校长对教育信息化的认识，提升校长的信息化管理能力。[2] 截至 2015 年，占我国教师总数 50% 以上的 600多万名中小学教师，5 万多名中小学校长、20 多万名职业院校教师参加了信息技术应

---

[1] 教育部. 教育部关于印发《中小学教师教育技术能力标准（试行）》的通知［EB/OL］. http://www. moe. gov. cn/srcsite/A10/s6991/200412/t20041215_145623. html，2018 - 02 - 25.
[2] 教育部. 教育部办公厅关于印发《中小学教师信息技术应用能力标准（试行）》的通知［EB/OL］. http:// old. moe. gov. cn//publicfiles/business/htmlfiles/moe/s6991/201406/170123. html，2018 - 02 - 25.

用能力培训,全国县区以上教育厅局长均参与全员信息化培训。① 尽管如此,基础教育阶段仍然面临巨大的教育信息化人才缺口,不少教师仍未树立起教育信息化的思维方式,无法将信息化技术工具融入到日常的教育教学工作中。

(二) 高等教育阶段教育信息化高阶人才队伍不足

目前高校信息化队伍主要包括三部分人员:第一部分是信息化部门的全职人员;第二部分是分散在党政管理部门或者教学科研部门的兼职信息员;第三部分就是企业合作或者服务外包、驻校开发与维护的人员。这三部分人员共同构成了目前普遍意义上的高校信息化队伍。高校信息化人才队伍的培养面向三种类型的人才,一是需要兼具管理规划、统筹协调和深刻理解信息化本质的复合型领导人才,二是需要在信息化应用需求分析、技术对接和程序开发上具有较强业务能力的专业型人才,三是需要兼具创新精神、策划推广和技术指导能力的创新型人才。由此可见,高层次的教育信息化人才是目前高等教育所急需,这些类型的人才存在巨大缺口。

(三) 职业教育阶段师资队伍的信息素养有待提高

教师是信息化的主要执行者和信息化推进的关键因素,职业教育教师信息化水平在一定程度上决定了职业教育信息化的发展水平。如果教师的教学观念保守,教学方法老套,教学模式单一,信息技术掌握不足,信息意识淡薄、信息知识有限,就不能很好地将信息技术融入自己的教学实践,这也是当前职业教育信息化发展的最大瓶颈,严重限制了职业教育信息化的有效推进。为此,教育部在 2017 年 3 月发布的《职业院校教师素质提高计划项目管理办法》做了对职业院校教师进行培训的规划,并连续八年举办全国职业院校信息化教学大赛,以提升教师的信息化水平。② 但从总体上看,职业学校教师信息素养依然有待进一步提升。

---

① 任昌山. 教育信息化的发展成效与推进思路[J]. 中国教育网络,2015(7):12—14.
② 教育部. 教育部办公厅关于印发《职业院校教师素质提高计划项目管理办法》的通知[EB/OL]. http://www. moe. gov. cn/srcsite/A10/s7011/201705/t20170512_304448. html, 2018-02-25.

（四）非正规教育信息化专业人才匮乏

目前,投入到非正规教育领域的教育从业者中专业的教育信息化人才较为匮乏,其教育信息化人才队伍建设没有被纳入到全国教育信息化人才建设的框架中,目前多处于自我学习和自我实现的状态。因此,需要政府和正规教育等各方协助开展针对非正规教育从业者教育信息化能力及素养的培训,同时为从事非正规教育的企业、组织和团体输入更多专业的教育信息化人才。

四、评估是导向

教育信息化评估对信息化建设、信息化应用、信息化能力测评具有导向作用,也是信息化建设过程中以评促建的基本保障。目前,我国在教育信息化评估机制层面的建设尚处于起步阶段,在信息化建设、信息化应用和信息化能力测评等教育信息化标准制定和评估方面开始了初步尝试。

（一）教育信息化建设评估机制有待健全

过去 20 年,我国教育信息化在包括教育基础设施和教学与学习资源环境等领域迅速建置,实现了基础教育、高等教育、职业教育等领域信息化建设从"0"到"1"的飞跃,全国学校的校园信息化环境、人机比、人资比等达到或趋向于欧美等发达国家的教育信息化水平,但我国仍面临着信息化建设区域发展不均衡、有效供给不足等问题。要解决这些问题,首要的就是对各地区学校信息化建设水平进行全面评估,摸清学校信息化建设方面存在的主要问题,提供相应的系统解决方案。教育信息化建设评估,是从学校引进信息技术的目的和战略出发,考察信息技术应用给教育教学和学生学习带来的效果,对其信息化建置现状的全面评估。建设前期要建立可量化的项目建设目标和成功标准,再与项目建设后所取得的成效进行对比,并分析原因,找到其中的不足,以便在持续改进过程中"推广优点、弥补不足",从而消除信息系统建设成为一种投入是"无底洞"，而产出却"无人问津"或"无法问津"的现象。在教育信息化建设评估方面，我国的各项标准与评估机制建设还有待完善和提高。

（二）教育信息化应用评估机制有待完善

随着教育信息化的快速发展，我国教育信息化的基础设施和资源配置已有了一定的水平和规模，教育信息化已逐步从"建设"阶段向"应用"阶段迈进。教育信息化应用评估是了解教育信息化应用状况，促进教育信息化发展的重要途径。目前大多数教育信息化评估主要从信息化水平的整体发展角度出发，而专门针对信息化应用的系统性评估则极少。构建和完善有针对性的信息化应用评估机制，深入评估我国信息化应用水平如信息化管理水平、信息化教学水平、信息化学习水平和信息化科研水平等，是推进教育信息化应用发展的重要保障。

（三）教育信息化能力评估机制建设有待加强

目前，我国高等教育信息化发展迅速，已经从 1.0 阶段开始迈入 2.0 阶段，在教育信息化的基础设施、资源建设、人才培养、信息化应用、技术或产品提供等方面与国外发达国家教育信息化水平相比呈现出赶超之势。但在教育信息化评估标准及机制建设方面尚在起步之中，距离教育信息化有序化、标准化、规范化发展还有很长的一段路要走。在信息化能力培养和评估方面，我国虽然建立了一些标准和机制，但覆盖面不广，内容也不够全面。例如基础教育主要集中在教师与学生的信息素养和信息能力培养方面，为此教育部先后在 2004 年颁布《中小学教师教育技术能力标准（试行）》，在 2014 年颁布《中小学教师信息技术应用能力标准（试行）》。职业教育的信息化人才培养方面也作了一些规定，例如 2017 年颁布的《职业院校专业人才培养方案体例框架和基本要求》和 2018 年颁布的《职业学校校企合作促进办法》，但并没有涉及人才培养的评估。对各级信息化的管理能力、教师信息化教学的应用能力、学生的信息化素养与能力水平等评估标准和评估机制建设有待进一步加强，以深化对信息技术对教育的革命性影响的思想认识，解决信息化与教育教学"两张皮"现象，缩短与发达国家在深度应用、融合创新水平方面存在的差距，实现人的教育现代化。

五、 更复杂的问题体现在应用实践中

正如教育信息化 2.0 的目标中所阐述的"更加关注质变"，"注重'人'的体验"，"致力于实现人的现代化"，教育信息化的最终目的是要通过信息化的应用实现人的信息化、现代化。因此，无论是顶层的政策制度方面的设计，还是资源环境、人才队伍等方面的建设，其最终都要回归教育的本质，即人才是教育服务的对象，只有人才是教育的起点与终点。目前，我国教育信息化进程中存在的复杂问题，出现在各类应用实践过程中。

（一）基础教育信息化应用不均衡

基础教育阶段的教育信息化关键在于课堂，在于如何实现信息技术与教学的深度融合。在教学方式上，为激发孩子的学习兴趣，要鼓励学生参与课堂活动，积极与教师和同伴互动交流，进行自主学习、协作学习和探究学习。借助多媒体、互联网技术，为学生提供更加生动形象的课堂教学；在应用环境的使用与打造上，在富媒体环境下，学生能够更加便捷地访问、共享学习资源，开展互动教学。交互式电子白板、虚拟现实、电子书包、创客教育等技术与教学的深度融合，构建出数字化学习环境，助力于师生、生生、人机之间的互联共通，营造良好的学习氛围，有效地促进学生的学习。但由于投入有限且分布不均、区域及城乡差异、人才队伍建设不足、思想观念落后等原因，造成基础教育阶段应用实践存在不均衡的问题。

（二）高等教育信息化应用仍需继续扩大尝试

高等教育信息化应用主要集中表现在管理、科研和教学三个方面的信息化。在管理方面，进行教育管理信息化的尝试，如利用大数据和智能技术创建智慧校园，实现教育管理的信息化和智能化；在科研方面，进行教育理念和学习理念的科学研究，为教育

教学提供可行方案,如"互联网＋高等教育"、智慧教育生态的打造和终身学习理念的研究等;在教学方面,进行最新教学方式与学习方式的应用实践,如混合学习、教育大数据、学习分析、人工智能等最新技术的整合应用。高等教育在教育信息化的应用实践方面需要进一步放宽规则限制,提供更多便利条件,鼓励高校教师、学生在教育管理、科研和教学等方面等进行大胆尝试,实现高等教育在教育信息化领域的持续融合创新。

(三) 职业教育信息化应用有待进一步提高

职业教育主要聚焦于技术人才的培养,目前我国职业教育的信息化主要集中在:一是远程教与学,利用信息技术实现跨越时空的异地教学与实训;二是优质资源共享,实现职业教育资源的最大化利用。目前,由于职业教育在资源环境、师资队伍等方面的建设仍有待进一步加强,其教育信息化应用存在地域差异,仍有待各地区弥除教育信息化资源分布不均,进一步提高教育信息化应用的成效。

(四) 非正规教育信息化应用有待纳入规范

非正规教育与正规教育相对应,是教育完整拼图的极其重要的一环。目前,我国非正规教育信息化的应用并没有政策的介入与引导,处于市场主导的自由发展阶段。其应用对象广,涵盖从小孩到老人所有年龄层次;其应用范围相比较窄,主要集中于个人的碎片化学习和应试与考证等自发性能力补足的学习应用。但就发展前景而言,相对于开发成熟的正规教育,非正规教育具有广阔的发展前景。非正规教育信息化作为教育信息化不可或缺的组成部分,需要纳入教育信息化建设的整体规划中,需要进行相关规范的建设,保证非正规教育信息化的快速有序发展,共同推进教育信息化,进而实现教育现代化的宏伟蓝图。

第二节　明确目标：持续深化信息技术与教育的融合创新

从教育信息化本身的纵向比较来说，教育信息化始终随着技术的革新进步而处于动态的变化之中，从早期的视频、广播，到如今的互联网、人工智能等前沿技术，信息技术不断与教育进行融合，推动教育形态的创新。从各国教育信息化的横向比较来说，同欧美等发达国家的教育信息化相比，我国教育信息化由于起步晚，因此在政策制度、基础设施、资源环境、应用创新等方面尚未形成一套完整的教育信息化体系。2016 年教育部组织开展的"教育现代化（教育信息化领域）专题研究"报告中指出，我国教育信息化发展目标是：到 2020 年，我国教育信息化整体上接近国际先进水平，对教育现代化的支撑引领作用充分显现；到 2030 年，我国教育信息化总体水平进入世界先进行列，基本实现信息技术驱动下教育体系的全面创新和深度变革。2016 年颁布的《教育信息化"十三五"规划》明确指出要巩固已取得的教育信息化重要成果，加强信息技术在教育中的深度应用，进一步提升教育信息化的融合创新，以国家规划的形式确立了未来五年教育信息化工作的目标就是要持续深化信息技术与教育的融合创新。因此，明确了基础教育、高等教育、职业教育以及非正规教育领域未来几年的发展目标，持续进行信息技术与教育融合创新，不仅是实现赶超教育发达国家的历史使命的要求，是国家教育信息化战略的要求，更是不断革新的信息技术发展的必然要求。

一、建立指导明确、顶层统筹的教育信息化政策制度体系

政策制度层面的教育信息化顶层设计，为教育信息化提供了发展方向和发展的内容框架，因此它是教育信息化建设的核心组成部分。就像平地而起的万丈高楼，在建设前先设计好图纸方案，然后依据图纸协调各方共同施工。图纸先期描绘了高楼将展现的样貌形态，为施工提供方向和原则，保障了高楼建设能够安全有序地进行。教育信息化的政策制度就是高楼的设计图纸方案，引导信息技术与教育融合创新的发展方

向，也为持续深化信息技术与教育的融合创新提供了制度上的保障。

从国际经验来看，政策制度层面的教育信息化顶层设计一般出现在两类国家政策中，一类是国家信息化战略，另一类是国家教育改革与发展规划。例如，美国平均每五年制定一个国家教育技术规划（NETP）作为美国教育信息化发展的纲领性文件，它依据国情和教育现状制定，每份计划都提出适应当时教育信息化要求的教育系统改革的目标、要求和建议。美国 NETP 系列的制定与实施，推动了美国教育信息化全方位的发展，奠定了美国教育信息化建设和发展的国际领先地位。新加坡以教育信息化发展规划（Master Plan）进行教育信息化的顶层设计，每个 Master Plan 均从愿景、目标和实施策略三方面对新加坡教育信息化进程进行设计和规划，其制定和实施有力推动了新加坡教育信息化的发展。日本则是以"x-Japan"战略来进行本国的教育信息化顶层设计，先后历经了"e-Japan"、"u-Japan"、"i-Japan"等。从各国这两类国家政策的内容上看，无论是长期的顶层规划还是阶段性的顶层规划都有一个共同点，那就是每一份规划的发展目标清晰以及主题内容明确，也因此为规范国家信息化发展奠定了法律基础，保证了后续信息化发展的健康有序。这些教育信息化发达国家的教育信息化战略或规划，面向基础教育、高等教育和职业教育等，内容涵盖基础设施、资源环境建设、信息化应用、评估、技术或产品支撑等教育信息化的各个环节，为其教育信息化的全面健康发展提供了强有力的支持。

我国教育信息化的政策制度也具有明晰的顶层设计，在局部层面则还存在些许不足，如全局性政策与区域政策的互补性有待加强，政策指向性需更清晰。因此，为了完成教育信息化，进而实现教育现代化的目标，必须在政策制度的顶层设计上持续深化信息技术与教育的融合创新，明确政策规划的发展目标，强化顶层设计的统筹，发挥顶层设计对教育信息化的指导作用。

二、打造丰富多样、有效供给充足的资源环境

目前，我国教育信息化迈入 2.0 阶段，将全面推进教育现代化建设，并实现从服务

教育自身发展向服务国家现代化全局的建设转变，进而支撑我国建成社会主义现代化强国，为实现"两个一百年"的奋斗目标做出新的贡献。新时代的教育信息化建设目标是要构建起"网络化、数字化、个性化、终身化"的教育体系和建成"人人皆学、处处能学、时时可学"的学习型社会，为实现中华民族伟大复兴中国梦培养大批创新人才。资源环境建设（包含硬件基础设施环境和软件学习资源环境）是教育信息化的内容支撑，是教育信息化赖以发展的环境基础。信息技术的不断革新，从技术上改变了原来的信息化资源环境的状态。目前，我国教育信息化越来越趋向朝开放性、个性化和智能化的方向发展。也因此，作为教育信息化的重要组成部分，教育信息化资源环境建设必须随着技术的革新以及与教育融合的创新而持续地改进，以丰富多样、有效供给的资源环境，为未来智能化、个性化的信息化教育提供支撑。

纵观欧美等发达国家的教育信息化，其在资源环境层面的建设已经实现了全覆盖、全面升级。所谓全覆盖、全面升级，是指欧美等教育发达国家在基础设施领域实现了基础教育、高等教育和职业教育的网络、计算机等信息化基础设施的全方位覆盖。例如美国从 20 世纪 90 年代开始陆续制定了"信息化校园计划"、"国家信息基础设施行动动议"、"国家教育技术规划（NETP）"等战略计划，建立了覆盖全美的信息化基础设施，并持续对基础设施进行更新换代，以随时随地支持学生学习和教师教学。日本也通过持续制定的"x-Japan"战略计划，实现了信息化资源环境的全面建设，并根据信息技术的革新不断对基础设施等信息化环境进行全面升级改造。

相对这些教育信息化发达国家，我国教育信息化基础设施等资源环境的建设还相对落后且呈现区域不均衡的现象。例如，我国基础教育的信息化，存在着东、中、西区域和城乡教育信息化资源分布严重不均衡的问题，在网络宽带、人机比等方面还远远落后于欧美等教育信息化发达国家。在软件部分的学习资源建设方面，我国还存在着资源单一、技术落后、有效供给不足等问题。面对我国资源环境层面建设的短板，要实现教育信息化，就必须要持续深化信息技术与教育的融合创新，实现资源环境层面的跨越式发展。

三、 建立目标明确的教育信息化人才培养机制

教育信息化的作用并不主要取决于信息化装备或教育软件的先进程度，而是体现在教学中的有效应用。教师是实现信息技术与教学深度融合的关键，教师信息化教学能力不仅是信息时代赋予每位教师的责任，也是教育信息化师资力量实现可持续发展的根本保证。师资队伍的强大与否是教育信息化事业成败的关键，也是各类教育信息化人才培养成功的关键。也因此，在人才队伍层面尤其是教师层面持续深化信息技术与教育的融合创新，是教育信息化继续前进的必然要求。

纵观国际，随着信息技术与教育的融合，各国对教师的能力和角色提出了新的要求，制定了一系列目标明确的人才培养规划，尤其是事关教育信息化成败的师资队伍人才培养。例如，美国从 NETP1996 开始，就关注教师的 ICT 应用能力建设，NETP2000 提出所有的教师都应具备有效地运用技术促进学生高水平学习的能力，之后的每次规划都强调了对教师 ICT 应用能力的要求和培养，到 NETP2016 则在强调增加教师联结能力的基础上，提出转变教师角色的要求，明确教师应成为学生学习的引导者、促进者、激励者、共同学习者[①]。英国在 1998 年就颁布了《ICT 应用于学科教学的教师能力标准》(*The Use of ICT in Subject Teaching：Expected Outcomes for Teachers in England，Northern Ireland and Wales*)，对教师的 ICT 能力提出了要求；2004 年，英国教育与技能部启动了手把手支持项目(Hands on Support)，旨在提高教师整合 ICT 和教学的能力。新加坡从 Master Plan 1 就强调对教师 ICT 技能的培训，明确提出教师应具备 ICT 与课程整合的能力和信息化教学的能力；[②]Master Plan 2 强

---

① U. S. Department of Education Office of Educational Technology. Future Ready Learning：Reimagining the Role of Technology in Education ［EB/OL］. https：//tech. ed. gov/files/2015/12/NETP16. pdf，2018 - 02 - 25.

② Singapore Ministry of Education. Masterplan 1 ［EB/OL］. https：//ictconnection. moe. edu. sg/masterplan-4/our-ict-journey/masterplan-1，2018 - 02 - 25.

调教师应具备有效利用信息技术促进自身专业发展的能力；①Master Plan 3 提出转变教师角色的要求，提出教师与学生应建立学习伙伴关系；②Master Plan 4 则要求教师在学习伙伴角色的基础上，成为学生学习经验和环境的设计者。③

目前，我国教育信息化人才培养，涵盖教育信息化管理人才和应用人才培养，注重对校长等教育信息化管理能力培训、教师信息技术教学应用能力培训和学生信息技术应用能力培养，并已经取得教育信息化人才培养的丰硕成果。但同教育信息化发达国家相比，我国在教育信息化人才的管理能力和应用能力等方面仍有一段距离，而教育信息化发达国家在人才培养上目标明确、阶段推进的政策规划制定，对我国教育信息化人才培养具有一定的借鉴意义。因此，在完善我国教育信息化人才培养体系的基础上，要学习借鉴教育信息化发达国家的人才培养机制，明确各项政策和规划制定的教育信息化人才培养目标，提高长期目标与阶段性目标之间的相互配合度。在目标内容上明确教师培训和学生培养在每一阶段需要达到哪些具体目标，通过不断完成阶段性目标，实现我国教育信息化人才队伍不断壮大。

四、建立覆盖教育信息化全过程的评估体系

"不以规矩，不成方圆"，标准是为了在一定的范围内获得最佳秩序，经协商一致制定并由公认机构批准，共同使用和重复使用的一种规范性文件。④《教育信息化十年发展规划（2011—2020 年）》强调要"加强教育信息化标准规范制定和应用推广"，完善教育信息化标准体系要"加快标准制修订步伐，强化标准的宣贯，推动标准化实施，确

---

① Singapore Ministry of Education. Masterplan 2 ［EB/OL］. https://ictconnection. moe. edu. sg/masterplan-4/our-ict-journey/masterplan-2，2018 - 02 - 25.

② Singapore Ministry of Education. Masterplan 3 ［EB/OL］. https://ictconnection. moe. edu. sg/masterplan-4/our-ict-journey/masterplan-3，2018 - 02 - 25.

③ Singapore Ministry of Education. Masterplan 4 ［EB/OL］. https://ictconnection. moe. edu. sg/masterplan-4，2018 - 02 - 25.

④ 全国标准化原理与方法标准化技术委员会. GB-T 20000.1—2002 标准化工作指南：标准化活动相关的词汇［S］. 北京：中国标准出版社，2003.

保数字教育资源、软硬件资源、教育管理信息资源等各方面内容的标准化和规范化"。① 这一论述充分体现了教育信息化标准对我国教育信息化发展的重要性。教育信息化评估标准及评估机制的建立，能够实现对教育信息化的程度及其效果进行评估，发现教育信息化发展过程中的问题，提供相应的解决方案，为教育信息化各领域的改革和发展提供科学的依据。随着技术的不断革新，信息技术与教育融合的不断深入，教育的信息化正在走向"融合创新"，更加关注以人为本，更加注重人的教育信息化需求，更加迫切实现人的现代化。但是以什么样的标准和机制去衡量人的现代化，以什么样的标准和机制去评估教育信息化对人的现代化培养的效果，以什么样的标准去评估教育现代化建设的科学合理性……这些都需要教育信息化评估标准和评估机制的创建来实现。教育信息化是随着技术的进步和理论革新而持续动态发展的，相应的教育信息化评估标准和机制也应需随着信息技术与教育的深入融合创新而持续地创建、完善和创新。

纵览国际教育信息化评估机制的演变，尤其是欧美等教育发达国家，其教育信息化的评估标准和评估机制的建立相对完善，且还在持续不断的建立与完善之中。如美国从 NETP2010 开始，将评价列为教育信息化战略的五大内容领域之一，而最新的 NETP2017 仍将评价作为单独领域列入其中，并对评价领域和评价内容进行了进一步的调整，强调开发更有效的数据决策和技术评估工具。而新加坡从 Master Plan 1 开始就将课程与评估列为其首要的发展任务，Master Plan 2 延续了这一做法，Master Plan 3 则通过"我们的学习门户（We-Learn Portal）"项目的开展以及学生信息技术能力标准（Baseline ICT Standards）和学校信息化环境标准（Standard ICT Operating Environment）的实施，保障了评价政策的执行，Master Plan 4 更是提出要将 ICT 整合到评价中，以提高评价的效率和效果。英国为准确评估学校教育信息化建设的实际成效，在 2006 年由 BECTA 发布了学校信息化自我评估框架（Self-review Framework，

① 教育部. 教育部关于印发《教育信息化十年发展规划（2011—2020 年）》的通知［EB/OL］. http://old. moe. gov. cn/publicfiles/business/htmlfiles/moe/s3342/201203/xxgk_133322. html，2018－02－25.

SRF)，并开发了相应的 SRF 网络评估工具，同时 BECTA 将推广应用 SRF 作为一项重要工作。与此配合，英国同时广泛开展了"学校电子成熟度"评估。由此可见，教育信息化评估机制在教育发达国家的教育信息化战略规划中占有重要的地位，这些国家重视信息技术与评估的整合，致力于建立基于教育全过程数据的实时性、过程性评价系统。

在教育信息化建设和发展的过程中，信息化评估机制是我国教育信息化的薄弱环节。虽然在近几年我国教育信息化的各种规划和工作指导文件中都或多或少提及建立教育信息化的评估机制，但只是提出了要求和方向，并未形成可操作的具体措施。因此，在持续深化信息技术与教育的融合创新中，推动教育信息化评估体系的建立和发展已经成为迫切的、不可回避的时代要求。

五、创建覆盖教学与学习的教育信息化应用

信息技术与教育的深度融合，无论对教育带来多么巨大的变革，其最终都要回归到教育的本质，即教育是为人的全面发展而服务的。技术的进步，丰富着教育在资源环境、产品或技术等领域的多样化和创新性的提供，催生着全新的教学方式与学习方式，为教育应用实践提供无限可能。《教育信息化十年发展规划（2011—2020 年）》、《教育信息化"十三五"规划》等国家各种政策、规划都在不断强调"要深化信息技术与教育的融合，加强信息技术在教育中的应用实践"。也只有不断强化教育信息化的应用实践，才能持续深化信息技术与教育的融合创新，在应用实践中融合，在实践应用中创新，循环递进推动教育信息化持续向前发展。

欧美等教育发达国家在教育信息化应用实践层面，非常注重信息技术融合课堂教学，尤其在基础教育领域，建立专业的基金项目对教师的信息技术专业能力进行培养和鼓励教师课堂教学的信息技术手段的应用。如，澳大利亚的信息通信技术（ICT）创新基金就是为了协助教师和学校领导掌握技术的使用，鼓励教师将 ICT 的创新使用融入课堂之中，并通过信息技术教学实践不断发展，从而创造更加有效的学习环境。

美国自 1997 年开始,建立了一系列基金项目,专门提升教师和学生的信息技术素养,鼓励教师的信息技术支持下的课堂应用,促进技术与学科教学融合。

我国 ICT 和教育的融合离深度应用尚有一定的距离。因此,要持续深化信息技术与教育的融合创新,创建覆盖教学与学习全过程的教育信息化应用,使信息技术与教育应用常态化,在应用中创新教学方式与学习方式,在创新中进行技术与教育的融合应用,不断推进教育信息化应用实践,最终实现信息技术与教育的深度应用,加速完成我国教育信息化目标,进而实现教育现代化尤其是人的现代化。

第三节　发展策略：探索我国教育信息化发展的特色路子

　　我国在 2016 年 6 月正式发布了《教育信息化"十三五"规划》，进一步提出 2020 年教育信息化发展目标，即基本建成"人人皆学、处处能学、时时可学"、与国家教育现代化发展目标相适应的教育信息化体系；基本实现教育信息化对学生全面发展的促进作用、对深化教育领域综合改革的支撑作用和对教育创新发展、均衡发展、优质发展的提升作用；基本形成具有国际先进水平、信息技术与教育融合创新发展的中国特色教育信息化发展路子。本节，在回顾我国过去 20 年的教育信息化发展历程，梳理当前我国在基础教育、高等教育、职业教育和非正规教育方面的发展现状后，借鉴欧美等教育信息化发达国家在政策制度的顶层设计、资源环境建设、人才队伍培养、信息化评估机制、信息化应用实践等方面的成功经验，结合我国特有的国情，提出了推进我国教育信息化发展的建议。

一、强化顶层设计的指导作用，完善教育信息化政策

　　我国的教育信息化战略建立在《教育规划纲要》的基础上，主要目的是在 2020 年基本实现教育现代化，这与"2030 教育议程"对教育发展的愿景相比仍存在提升的空间。它山之石，可以攻玉，面向 2030 全球教育愿景，借鉴欧美等教育信息化发达国家的顶层设计经验，针对我国教育信息化薄弱之处，提出符合我国国情的教育信息化政策制度改革与创新之路。

　　一是功能整合，中央统筹与地方协调补充。我国的教育信息化管理体制和运行机制，属于中央集权下的层级管理。中央统筹，地方配合补充，层层推进，强而有力，是我国教育信息化管理体制和运行机制的优势。从欧美等教育发达国家的教育信息化推进经验来看，建立以促进教育信息化建设和发展为核心业务的机制，确实能够有力推进教育信息化的快速发展。但我国相关的教育信息化推进机构过多，造成权力分散、

资金分散,没有发挥出我国应有的强而有力的中央统筹优势。因此,借鉴国外教育信息化行之有效的经验,结合我国教育信息化管理与推进的体制优势,有必要对涉及教育信息化的各机构组织进行功能整合,进一步完善中央统筹和地方协调补充的教育信息化推进机制,强化我国教育信息化政策制度层面顶层设计的指导作用。

二是主题突出,层层推进。从战略目标、主要内容和实施措施三个维度构建教育信息化建设框架和实践路径。同时,针对每个领域提出针对性的具体实践路径,通过树立长远的教育愿景、制定中期成果目标以及近期赋能目标,组合形成兼顾未来和现实、成果和过程的战略目标体系,并将主要内容划分为学生、教师、学校领导者和基础设施四个部分。在每个战略实施过程中集中力量,全力攻克其所处阶段最紧要的问题,战略制定也应注重更长远的考量,应具备连续性和渐进性,分阶段开展,层层推进。例如,基础教育信息化发展以"公平与质量"为重点,高等教育信息化发展以"开放与创新"为重点,以及职业教育信息化发展以"支撑和引领"为重点的政策倾向。

三是规划计划,统分协调。从各国(尤其是新加坡)的教育信息化推进体系看,规划体系和计划体系结合紧密,规划层面制定了战略目标和发展任务,计划层面则以一系列项目完成目标任务的实现,二者衔接得宜,总体战略思路明确、层次清晰,极大促进了战略的有效推进,顺利地完成了各战略目标。因此,我国的教育信息化战略制定也应注重规划体系和计划体系的结合,充分利用丰富的科研项目资源,有效地解析规划,有针对性地发展计划,形成逐层分解、逐层衔接的战略体系。

四是树立示范,强化指导。从各国发布的教育信息化战略中,我们可以发现其中包含大量研究成果和实践案例的介绍与引用,不仅有翔实的研究数据,更有充分的实践案例分析,具备很强的具体性、说服性和示范性,战略实践主体不仅知其然,更知其所以然,在执行上就更具备主动性,因此对战略的推进起到了很好的促进效果。因此,我国在制定教育信息化战略时也应基于高实用性和指导性,通过调查总结、理论引领和实践佐证的方式,强化示范作用,保证各实践主体推进战略的主动性,以教育信息化促进教育变革,全面推动教育现代化建设。

五是直指教育,明确要求。欧美等教育信息化强国在教育信息化的政策和战略规划制定时,其发展规划的战略目标和发展任务都是聚焦教育本身,并且明确教育信息化的直接参与者和执行者的任务及要求。从各国的实施效果来看,由于各方要求明确,反而更容易实现战略目标的达成。因此,我国在制定教育信息化战略时,应在制定总体目标以统领全局的同时,还要直指教育主体,分解总体目标,明确细化对教育中的人(学生、教师和学校领导者)的要求,发挥其能动性,推动教育信息化战略目标的实现。①

二、 立足均衡可持续发展理念，实现资源环境建设的供给侧改革

我国在教育信息化建设和推进过程中,已取得令世界瞩目的成绩,在世界最大规模教育体系里,初步构建了广覆盖、多层次的教育信息化系统,使农村、边远、贫困、民族地区缩小了教育差距和数字鸿沟,推进了教育公平;使优质教育资源惠及了广大师生,提升了教育质量。② 但同欧美等教育信息化发达国家相比,我国无论从硬件的基础设施资源环境,还是软件类学习资源环境,都存在相当大的差距。目前,我国仍是发展中国家,地域广大人口众多,地域及城乡间的经济发展不平衡,各领域都需大量的资金投入。因此,国家在教育信息化领域的投入有限,无法快速解决这种资源环境建设不均衡的问题,无法在最短的时间内实现追平和赶超。在这种基本国情下,要实现对教育发达国家的赶超,尽早实现以教育信息化带动教育现代化的目标,就需要创新我国教育信息化资源环境发展模式,探索具有中国特色的资源环境建设的可持续发展之路。通过汲取欧美等教育信息化发达国家资源环境建设的经验,结合我国教育信息化发展的现状,提出以下几条资源环境领域的改革和发展举措,实现我国教育信息化资源环境的可持续均衡发展。

一是改革机制,开放市场。回顾我国教育信息化 20 年的发展历程,可发现我国教

---

① 贾同,顾小清. 教育信息化战略比较研究——基于美、英、澳、日、新五国的国际比较[J]. 电化教育研究,
2018(7).

② 刘延东. 巩固成果 开拓创新 以教育信息化全面推动教育现代化——刘延东副总理在第二次全国教育
信息化工作电视电话会议上的讲话[N]. 中国教育报,2016 - 01 - 22(001).

育信息化资源环境建设,不管是教育信息化基础设施,还是信息化学习资源,都是以政府主导这一主线发展而来的。例如,"三通两平台"基础教育领域的基础设施建设,国家精品课程学习资源建设,都是政府主导的重大工程,确实收到了很大的成效,但也遗留诸如资源利用率不高、资源重复建设、资源闲置等问题,造成政府有限资源的大量浪费。究其原因,在于政府主导对于市场的感知能力弱,政策执行又滞后于市场发展,这也是政府的教育信息化工程建设往往无法满足教育市场真正需要的原因。而政府对教育信息化领域的资金投入本来就相对有限,因此仅仅靠政府主导、政府预算投入,根本无法快速实现教育现代化的历史任务。因此,必须创新政府教育信息化推进机制,变政府主导为政府引导,开放教育信息化庞大市场,引入"第三方服务"的理念,建立学校教育信息化服务需求外包、第三方服务满足需求的教育信息化建设机制,政府则对第三方服务进行规范与管理,让市场上庞大的资金、技术、人才队伍等在政策引导下服务于教育信息化建设。

二是重点投入,多方参与。欧美等教育信息化发达国家,在资源环境建设过程中形成了一个行之有效的成功经验,那就是政府在某一薄弱领域、主题方向上以项目基金的方式进行重点投入,这种集中政府资源于一点,大大提高了政府投入的效率,同时避免了分散、广泛投入、低绩效的做法值得我们借鉴。而对应我国教育信息化基本国情,在加强国家重点投入的同时,应该释放政策利多,吸引多方共同参与,集政府与市场的力量于一点,加快解决重点难题。如基础教育阶段的投入不足、不均衡、公平问题等。

三是政策帮扶,注重公平。我国东、中、西区域板块及其内部的城乡板块在教育信息化建设水平上存在严重的失衡和不公平,这种特殊的发展结构是我国目前教育信息化面临的独有的基本国情。要解决全国范围内的教育公平问题,应该要发挥我国社会主义制度的独特优势,发挥政府政策的宏观调节作用,即借鉴经济领域的"援疆、援藏"模式,施行教育信息化发达地区与教育信息化资源建设落后地区的"结对认领,一对一帮扶",从而解决教育公平问题。

四是优化供给,永续发展。教育信息化是一项需要长期投入的、复杂的系统工程。仅仅依靠政府,或者仅仅依靠市场,都不是教育信息化发展的长久之计。只有形成一个可自我发展、自我循环的教育信息化内生生态系统，才能实现教育信息化工作的可持续发展。所谓的内生循环系统，是要将正规教育学校（基础教育、高等教育、职业教育）、非正规教育组织机构、教育企业、市场等生成一个循环的生态系统。正规教育学校、非正规教育组织机构是资源环境需求方，教育企业是资源环境的技术或产品的供给方。高等教育和职业教育同时也是智力与技术的提供者，为教育企业提供教育方案设计、教育产品研发和技术开发人才。需求方形成庞大的教育市场，以市场培养优质的教育服务企业，教育服务企业提供服务供给，形成循环递进的教育生态系统。

三、加强规范、重视培训，创新教育信息化人才培养方式

持续深入进行信息技术与教育的融合创新，是教育信息化向前发展的客观要求，也对教育信息化人才队伍培养提出了新的要求。教育信息化的人才队伍，包括教育信息化管理者（学校领导）、教育信息化执行者（教师）、教育信息化维护者（技术人员、产品开发人员）和教育信息化直接使用者（学生）等。欧美等教育信息化发达国家对有关教育信息化人才队伍的培养，主要聚焦于教师队伍和学生的信息化素养与信息化能力的培养。由于我国教育信息化特殊的基本国情，在信息化人才队伍建设上，需要将教育信息化推进全过程中涉及的队伍情况纳入到教育信息化人才队伍建设的整体考量之中。教育信息化 2.0、《教育信息化"十三五"规划》都明确提出了要实现人的信息化，进而带动实现人的现代化。纵观我国教育信息化 20 年和欧美等教育信息化发达国家的发展历程，希望借助打通基础教育、高等教育、职业教育和非正规教育的人才队伍培养的全流程，探索教育信息化人才队伍培养的革新之路。

一是制定规范，强力执行。教育信息化人才队伍的培养，涉及不同层次、不同阶段的人才，包括学校领导、教师、技术产品开发人员、学生。每个层次、每个阶段在教育信息化中的分工不同、角色不同，那么对人才的要求自然也不尽相同。为了更有序地推进教育信息化人才队伍的建设，应该对身处不同层次、不同阶段的人才制定应具备何种程度的教育信息化素养和教育信息化能力的要求，并以此作为他们职业资格和职业

生涯准入考核的重要指标。并且由政府主导，以国家强制力推行，使教育信息化人才能够达到现实可用、后备充足的状态。

二是明确目标，阶段推进。借鉴欧美等教育信息化发达国家在人才队伍规划上的经验，人才培养长远目标与阶段性目标相互配合互为补充，应制定详细、针对性的目标内容，以阶段性目标的不断实现，进而实现长远目标，发挥人才培养的顶层指导作用。

三是加强培训，创新方式。欧美等教育信息化发达国家在人才队伍培养方面，会以战略规划的形式制定教师、学生的信息化培养目标，并以基金项目的方式执行对教师和学生的信息技术素养和信息技术能力的培训，如美国的"技术素养挑战基金计划"、"未来教师运用技术预备计划"等。创新传统的培训方式，让最新的信息技术与教育融合的实践成果应用到每一次的培训中，让每一次培训都富有成果，改变学校领导、教师和学生对教育信息化的认识，并激发他们的兴趣。

四是重点投入，扩大供给。针对基础教育、高等教育、职业教育和非正规教育面临的人才队伍建设问题，政府要扩大资金投入，辅以引入社会资金，重点投资亟需人才的培养，保证人才供给充足。例如，重点投资培养高等教育所需的具有科研能力的高端人才、职业教育所需的高专业技术人才和非正规教育所需的具有教育信息化视野的开发与管理人才。

四、 建立健全专业高效的评估体系，革新教育信息化评估机制

评价作为教育信息化的有机组成部分和重要环节，在教育信息化的理论与实践中都相当重要。而且，从长远来看，它能为下一阶段教育信息化的规划提供借鉴，为下一步的实践指明方向，并成为每个国家衡量教育信息化的绩效并进行投资的一个重要参考指标，也可充分暴露相关政策的不完备、不周密之处，借此作为下一阶段政策调整的重要依据。[①] 教育信息化标准对教育信息化的发展具有规范和引导作用，贯穿教育信

---

① 焦建利，贾义敏，任改梅. 教育信息化的宏观政策与战略研究[J]. 远程教育杂志，2014(1)：25—32.

息化的整个过程,是教育信息化迈向教育现代化的基本要求,受到各国的普遍重视。尤其是随着信息技术的飞速发展,世界各国已经步入全球范围的知识共享社会,我们正以前所未有的方式和速度创造数据星河,交换海量信息与知识,电子课本和电子书包、大规模开放在线课程、学习分析技术、教育大数据挖掘以及智慧学习环境等创新应用成为大势所趋。但是随之也出现了诸多问题,比如技术和应用水平参差不齐、资源共享困难、系统难以互通、数据孤岛普遍等。因此,通过制定标准来建立教育信息化的秩序,促进资源、应用和服务的共享与创新,对促进教育信息化的可持续发展具有重要意义。

一是建立专门的教育信息化监测评估机构。从国外教育信息化评估经验看,对教育信息化进行监测评估的重要性越发显现,各国政府纷纷自行组织或与第三方合作成立专门的评估机构,对教育信息化的全过程进行实时的过程性评估,有力保障了教育信息化的质量和教育信息化的效率。借鉴欧美等教育信息化发达国家的成功经验,应建立教育信息化部门直属的教育信息化检测评估机构,由政府牵头,统一对涵盖基础教育、高等教育和职业教育的正规教育信息化以及非正规教育信息化进行监测评估。

二是建立统一的涵盖教育信息化全过程的评估体系。借鉴国外成熟的教育信息化评估体系,建立涵盖政策规划、学校信息化环境、教师信息技术能力、学生信息技术能力、学习资源环境、教育信息化应用实践的评估标准,从而实现对教育全过程数据的实时性、过程性评价。在教育部的组织下,通过整合原有评价方法,完善评价指标,统一评价标准,以"研究—实践—研究"循环递进的行动研究模式,构建一个基于统一的理论逻辑、过程性与结果性相结合、量化易操作的新评价体系,并积极推广,以实现对我国教育信息化绩效的准确评估。

三是建立专业化的教育信息化评估团队。教育信息化的监测评估工作,是一项理论性、技术性、专业性要求极强的系统工程,需要组建专业化的专家团队,对教育信息化的全过程进行客观准确评估。专业化的专家团队应由来自基础教育、高等教育、职业教育、非正规教育和教育企业的教师、教授、专家组成,其工作范畴由两部分组成,即教育信息化评估和教育信息化评估体系的研究与构建。专家团队成员平时在原单位工作,评估时期由政府组织召集,进行相关的评估与科研工作。

五、 强化应用实践的规范与引导,加速信息技术与教育的融合创新

信息技术所带来的破坏性创新在教育领域有所显现。互联网开放、共享的特性,增加了每个个体的投入感。教师通过一些基本的技术实现了分层教学,满足了不同层次学生的需求。学生内隐的特质通过技术得到显示,教师通过数据可以得到更加客观的判断。在学校之外的非正式教育领域,技术的破坏性创新则体现得更多,社会经济领域中以消费者为中心的服务模式也渗透到了教育领域。一方面技术的进步推动着教学与学习形态的创新与发展,另一方面在教育领域的新技术应用实践反过来促进技术的不断革新。中共十八大以来,中共中央、国务院对信息技术的重视程度前所未有,《"互联网＋"行动计划》《促进大数据发展行动纲要》《新一代人工智能发展规划》等有关政策密集出台。其中,《促进大数据发展行动纲要》中明确提出建设"教育文化大数据",教育大数据建设已成为国家战略,迎来了重大的历史发展机遇。[①] 习近平总书记在致首届国际教育信息化大会的贺信中指出"积极推动信息技术与教育融合创新发展",[②]这种融合就是利用现代信息技术催生教育现代化变革的进程。面向我国基础教育、高等教育、职业教育和非正规教育的不同应用实践现状,探索适合我国教育信息化应用实践的创新发展之路。

一是在基础教育领域推动教育信息化的大数据精准应用。我国基础教育阶段由于存在中考、高考的升学压力,教师的教学任务和学生的学习任务繁重,使得学校、教师、家长、学生没有精力和时间愿意去进行教育信息化应用的尝试。也因此,教育信息化应用实践在基础教育领域能够顺利推行,关键在于信息化手段使用的便捷性和有效

---

① 国务院. 国务院关于印发促进大数据发展行动纲要的通知[EB/OL]. http://www. gov. cn/zhengce/content/2015-09/05/content_10137. htm, 2018 – 02 – 25.

② 习近平. 习近平致国际教育信息化大会的贺信[EB/OL]. http://www. xinhuanet. com/2015-05/23/c_1115383959. htm, 2018 – 02 – 25.

性，是否能够方便使用和快速地减负提效。这也是破解基础教育领域学校、教师、家长和学生抵触教育信息化手段应用的关键。例如，在基础教育领域推动教育信息化的大数据精准应用，即应用当前最新的大数据采集与分析技术和人工智能技术，由机器智能完成对每一个学生的学习者画像，即学情分析、个性化解决方案的提供、个性化学习资源推送，自适应考试等。让教师可以做到精准教学，省下大量原来备课、分析和管理的时间用于对每一个学生进行个性化辅导，让每个学生学有所得，实现教育公平。让学生可以做到精准学习，以最少的练习得到最高的成效，减轻作业负担，节省大量的时间用于其他兴趣的培养。

二是在职业教育、高等教育阶段放宽限制，鼓励信息技术与教育融合在教学、学习和科研形态变革上的尝试。高等教育阶段不存在诸如"升学"等的压力，其最主要的两大任务就是教学与科研。高校历来就是最新信息技术与教育深度融合创新的前沿阵地，也是信息技术与教育融合的传播基地。高校对最新的信息技术与教育融合开展科研与实践，当理论与应用成熟时，再向基础教育、职业教育等传播。职业教育是培养专业技术人才的基地，更加追求教学的实效性，教学内容对新技术更有接纳感，是最新信息技术应用教学的绝佳基地。因此，应该放宽对高等教育和职业教育阶段在技术与教育融合应用方面的限制，鼓励高校在信息技术与教育融合上先试先用。

三是非正规教育要加强产业化管理，将信息技术与教育融合应用纳入有序轨道。非正规教育与正规教育共同组成完整的教育拼图。与正规教育不同，非正规教育目前并不在政府教育部门的监管范围内，处于自发的市场发展阶段。非正规教育由于本身处于市场之中，是市场化程度最高的教育领域，也是感知最新技术最快的教育领域，可以与正规教育进行优势互补。政府应出于将非正规教育纳入到完整教育拼图的考量，建立相关规则，引导技术与教育应用实践的产业化，让信息化应用实践在非正规教育领域有序化，以此与正规教育形成良性互动，助力正规教育的发展。

参考文献

［1］ BECTA. Harnessing Technology：Next Generation Learning 2008 - 2014 ［EB/OL］. https：//core. ac. uk/download/pdf/4157793. pdf，2018 - 02 - 02.

［2］ BECTA. Next Generation Learning：The Implementation Plan for 2009 - 2012［EB/OL］. http：//publications. becta. org. uk/display. cfm? resID = 39547，2018 - 02 - 02.

［3］ Bundes ministerium für Bildung und Forschung. Berufsbil-dungsbericht 2017［EB/OL］. http：//www. bmbf. de/pub/Berufsbildungsbericht_2017. pdf，2018 - 02 - 03.

［4］ Department for Education and Skills. Harnessing Technology：Transforming Learning and Children's Services［EB/OL］. http：//webarchive. nationalarchives. gov. uk/201303210510 34/，https：//www. education. gov. uk/publications/eOrderingDownload/1296-2005PDF-EN-01. pdf，2018 - 02 - 02.

［5］ IT Strategic Headquarters. i-Japan Strategy 2015［EB/OL］. http：//japan. kantei. go. jp/policy/it/i-JapanStrategy2015_full. pdf，2018 - 02 - 02.

［6］ Office of Educational Technology. Higher Education Supplement to the National Education Technology Plan［EB/OL］. https：//tech. ed. gov/files/2017/01/Higher-Ed-NETP. pdf，2018 - 02 - 04.

［7］ Singapore Ministry of Education. Masterplan 1［EB/OL］. https：//ictconnection. moe. edu. sg/masterplan-4/our-ict-journey/masterplan-1，2018 - 02 - 01.

［8］ Singapore Ministry of Education. Masterplan 2［EB/OL］. https：//ictconnection. moe. edu. sg/masterplan-4/our-ict-journey/masterplan-2，2018 - 02 - 01.

［9］ Singapore Ministry of Education. Masterplan 3［EB/OL］. https：//ictconnection. moe. edu. sg/masterplan-4/our-ict-journey/masterplan-3，2018 - 02 - 01.

［10］ Singapore Ministry of Education. Masterplan 4［EB/OL］. https：//ictconnection. moe. edu. sg/masterplan-4，2018 - 02 - 01.

［11］ U. S. Department of Education Office of Educational Technology. Future Ready Learning：Reimagining the Role of Technology in Education［EB/OL］. https：//tech. ed. gov/files/2015/12/NETP16. pdf，2018 - 02 - 01.

［12］ U. S. Department of Education Office of Educational Technology. Reimagining the Role of Technology in Education：2017 National Education Technology Plan Update［EB/OL］. https：//tech. ed. gov/files/2017/01/NETP17. pdf，2018 - 02 - 01.

［13］ U. S. Department of Education Office of Educational Technology. Reimagining the Role of Technology in Higher Education：A Supplement to the National Education Technology Plan ［EB/OL］. https：//tech. ed. gov/files/2017/01/Higher-Ed-NETP. pdf，2018 - 02 - 01.

［14］ U. S. Department of Education Office of Educational Technology. Transforming American Education：Learning Powered by Technology［EB/OL］. https://www. ed. gov/sites/default/files/netp2010. pdf，2018 - 02 - 01.

［15］ U. S. Department of Education. Getting America's Students Ready for the 21st Century：Meeting the Technology Literacy Challenge. A Report to the Nation on Technology and Education［EB/OL］. http://files. eric. ed. gov/fulltext/ED398899. pdf，2018 - 02 - 01.

［16］ U. S. Department of Education. E-Learning：Putting a World-Class Education at the Fingertips of All Children. The National Educational Technology Plan［EB/OL］. http://files. eric. ed. gov/fulltext/ED444604. pdf，2018 - 02 - 01.

［17］ U. S. Department of Education. Evaluation of the Enhancing Education through Technology Program：Final Report［EB/OL］. https://www2. ed. gov/rschstat/eval/tech/netts/finalreport. pdf，2018 - 01 - 28.

［18］ U. S. Department of Education. Toward a New Golden Age in American Education：How the Internet，the Law，and Today's Students are Revolutionizing Expectations［EB/OL］. http://files. eric. ed. gov/fulltext/ED484046. pdf，2018 - 02 - 01.

［19］ UNESCO. Education 2030 Framework for Action-Towards Inclusive and Equitable and Lifelong Learning for All［EB/OL］. http://unesdoc. unesco. org/images/0024/002456/245656E. pdf，2018 - 02 - 05.

［20］ 蔡慧英，陈婧雅，顾小清. 支持可视化学习过程的学习技术研究［J］. 中国电化教育，2013（12）：27—33.

［21］ 邓小平. 邓小平文选［M］. 北京：人民出版社，2001.

［22］ 顾小清，张进良，蔡慧英. 学习分析：正在浮现中的数据技术［J］. 远程教育杂志，2012（1）：18—25.

［23］ 顾小清，郭日发. 教育信息化的回顾与展望：本土演进研究［J］. 电化教育研究，2018（2）：1—7.

［24］ 顾小清，舒杭. 信息技术的作用发生了吗——用学习分析技术刻画学习行为印记［J］. 现代远程教育研究，2016（5）：10—19.

［25］ 顾小清，王春丽，王飞. 回望二十年：信息技术在教育改革与发展中的历史使命及其角色［J］. 电化教育研究，2017（6）：9—19.

［26］ 国务院. 国务院关于进一步加强农村教育工作的决定［EB/OL］. http://www. gov. cn/zwgk/2005-08/13/content_22263. htm，2017 - 11 - 25.

［27］ 国务院. 国务院批转教育部 2003—2007 年教育振兴行动计划的通知［EB/OL］. http://www. gov. cn/zwgk/2005-08/12/content_21704. htm，2017 - 11 - 25.

［28］ 国务院. 国务院关于积极推进"互联网＋"行动的指导意见［EB/OL］. http://www. gov. cn/zhengce/content/2015-07/04/content_10002. htm，2018 - 02 - 05.

［29］ 国务院. 国务院关于印发促进大数据发展行动纲要的通知［EB/OL］. http://www. gov.

cn/zhengce/content/2015-09/05/content_10137. htm，2018－02－05.

[30] 国务院. 国务院关于印发国家教育事业发展"十三五"规划的通知[EB/OL]. http://www. gov. cn/zhengce/content/2017-01/19/content_5161341. htm，2018－02－05.

[31] 国务院. 国务院关于印发统筹推进世界一流大学和一流学科建设总体方案的通知[EB/OL]. http://www. gov. cn/zhengce/content/2015-11/05/content_10269. htm，2018－02－05.

[32] 国务院. 国务院关于印发新一代人工智能发展规划的通知[EB/OL]. http://www. gov. cn/zhengce/content/2017-07/20/content_5211996. htm，2018－02－05.

[33] 何克抗. 从 Blending Learning 看教育技术理论的新发展（下）[J]. 中国电化教育，2004(4)：21—31.

[34] 何克抗. 从"翻转课堂"的本质，看"翻转课堂"在我国的未来发展[J]. 电化教育研究，2014(7)：5—16.

[35] 焦建利，贾义敏，任改梅. 教育信息化的宏观政策与战略研究[J]. 远程教育杂志，2014(1)：25—32.

[36] 教育部. 教育部办公厅关于印发《2017 年教育信息化工作要点》的通知[EB/OL]. http://www. ict. edu. cn/laws/new/n20170216_39732. shtml，2018－02－04.

[37] 教育部. 教育部关于印发《教育信息化"十五"发展规划》的通知[EB/OL]. http://old. moe. gov. cn//publicfiles/business/htmlfiles/moe/s3341/201001/xxgk _ 82366. html，2017－11－25.

[38] 教育部. 教育部关于印发《教育信息化十年发展规划（2011—2020 年）》的通知[EB/OL]. http://www. moe. gov. cn/srcsite/A16/s3342/201203/t20120313 _ 133322. html，2017－11－25.

[39] 教育部. 中共中央国务院关于深化教育改革，全面推进素质教育的决定[EB/OL]. http://old. moe. gov. cn/publicfiles/business/htmlfiles/moe/moe_177/200407/2478. html，2017－11－25.

[40] 教育部. 抓住机遇，加快发展，在中小学大力普及信息技术教育——教育部部长陈至立在全国中小学信息技术教育工作会议上的报告[EB/OL]. http://www. moe. gov. cn/s78/A06/jcys_left/zc_jyzb/s3332/201001/t20100128_82097. html，2017－11－25.

[41] 教育部. 教育部办公厅关于印发《2016 年教育信息化工作要点》的通知[EB/OL]. http://www. moe. gov. cn/srcsite/A16/s3342/201602/t20160219_229804. html，2018－02－03.

[42] 教育部. 教育部关于印发《教育信息化"十三五"规划》的通知[EB/OL]. http://www. moe. gov. cn/srcsite/A16/s3342/201606/t20160622_269367. html，2018－02－03.

[43] 教育部. 面向 21 世纪教育振兴行动计划[EB/OL]. http://www. moe. edu. cn/jyb_sjzl/moe_177/tnull_2487. html，2018－02－03.

[44] 雷·库兹韦尔. 奇点临近[M]. 北京：机械工业出版社，2011.

[45] 李龙. "电教百年"回眸——继承电化教育优良传统开创教育技术辉煌未来[J]. 中国电化

教育,2012(3)：8—15.

[46] 刘延东.把握机遇　加快推进　开创教育信息化工作新局面——刘延东副总理在全国教育信息化工作电视电话会议上的讲话[EB/OL]. http://www. moe. gov. cn/srcsite/A16/s3342/201211/t20121102_144240. html，2017－11－25.

[47] 刘延东.巩固成果　开拓创新　以教育信息化全面推动教育现代化——刘延东副总理在第二次全国教育信息化工作电视电话会议上的讲话[N]. 中国教育报，2016－01－22(001).

[48] 鲁昕.提高行业指导能力　深入推进产教融合　加快发展现代职业教育——在全国行业职业教育教学指导委员会工作会议上的讲话[EB/OL]. http://old. moe. gov. cn/publicfiles/business/htmlfiles/moe/moe_176/201301/147350. html，2018－02－04.

[49] NMC. 新媒体联盟地平线报告(2014高等教育版)[EB/OL]. http://cdn. nmc. org/media/2014-nmc-horizon-report-he-CN. pdf，2018－02－05.

[50] 南国农,李运林等.信息化教育概论[M]. 北京：高等教育出版社,2011.

[51] 任友群,冯仰存,徐峰.我国教育信息化推进精准扶贫的行动方向与逻辑[J]. 现代远程教育研究,2017(4)：11—19.

[52] 任友群,卢蓓蓉.规划之年看教育信息化的顶层设计[J]. 电化教育研究,2015(6)：5—8、14.

[53] 任友群. 为教育信息化 2.0 时代打 CALL [EB/OL]. http://www. ict. edu. cn/news/n2/n20171226_46487. shtml，2018－01－17.

[54] 汪基德,刘革.教育信息化促进基础教育均衡发展[J]. 教育研究,2017(3)：110—112.

[55] 王永固,张庆. MOOC：特征与学习机制[J]. 教育研究,2014(9)：112—120.

[56] 维克托·迈尔-舍恩伯格,肯尼思·库克耶.与大数据同行：学习和教育的未来[M]. 上海：华东师范大学出版社,2015.

[57] 吴砥,彭娴,张家琼,罗莉捷.教育云服务标准体系研究[J]. 开放教育研究,2015(5)：92—100.

[58] 吴砥,王杨春晓,彭娴.教育信息化标准研究综述[J]. 电化教育研究,2018.

[59] 吴砥,尉小荣,卢春,石映辉.教育信息化发展指标体系研究[J]. 开放教育研究,2014,20(1)：92—99.

[60] 吴砥,尉小荣,卢春.中英高等教育信息化发展战略对比研究[J]. 中国电化教育,2013(2)：21—28.

[61] 吴砥,余丽芹,李枞枞,尉小荣.发达国家教育信息化政策的推进路径及启示[J]. 电化教育研究,2017(9)：5—13、28.

[62] 习近平.决胜全面建成小康社会　夺取新时代中国特色社会主义伟大胜利[N]. 人民日报,2017－10－28(001).

[63] 习近平.习近平致国际教育信息化大会的贺信[EB/OL]. http://www. xinhuanet. com/politics/2015-05/23/c_1115383959. htm，2018－02－25.

［64］杨宗凯.教育信息化2.0的颠覆与创新［EB/OL］.http://www.ict.edu.cn/news/n2/
　　　n20180104_46718.shtml，2018-01-17.

［65］余胜泉.推进技术与教育的双向融合——《教育信息化十年发展规划(2011—2020年)》解
　　　读［J］.中国电化教育，2012(5)：5—14.

［66］中共中央办公厅，国务院办公厅.国家中长期教育改革和发展规划纲要(2010—2020年)
　　　［EB/OL］.http://www.moe.edu.cn/publicfiles/business/htmlfiles/moe/moe_838/
　　　201008/93704.html，2018-02-03.

［67］中共中央办公厅　国务院办公厅.中共中央办公厅　国务院办公厅印发《关于深化教育体
　　　制机制改革的意见》［EB/OL］.http://news.xinhuanet.com/politics/201709/24/c_
　　　1121715834.htm，2017-11-25.

［68］祝智庭，彭红超.智慧学习生态：培育智慧人才的系统方法论［J］.电化教育研究，2017
　　　(4)：5—14.

［69］祝智庭，彭红超.智慧学习生态系统研究之兴起［J］.中国电化教育，2017(6)：1—10.

［70］祝智庭，沈德梅.基于大数据的教育技术研究新范式［J］.电化教育研究，2013(10)：
　　　5—13.